阿多诺选集

批判模式

［德］阿多诺◎著

Theodor W. Adorno

林南◎译

KRITISCHE MODELLE

上海人民出版社

国家社科基金重大项目资助

阿多诺哲学文献的翻译与研究（编号：20&ZD034）

总　序

　　如果没有特奥多·W.阿多诺,没有这个哲学家、音乐理论家和社会学家,就不会有批判理论。当然,还有其他人,为20世纪哲学的这个重要流派奠定了基石;也还有其他人,在这个学派的最初岁月里就公开地铸就了其知识形象(intellektuelles Erscheinungsbild)。马克斯·霍克海默开启了后来被称为"法兰克福学派"的批判理论传统,他于1930年被聘为社会研究所的所长,这个研究所是1923年在法兰克福建立的。在霍克海默还未被委以新任的时候,他身边就聚拢了一个由志同道合的科学家构成的圈子,一起以一种非正统的马克思主义精神来研究当时资本主义的结构和动力;此时他特别重视研究规划的经验性方向,采取学科交叉的项目形式,对西欧资本主义社会的实际发展——而不仅仅是假设的发展——进行探索。在开始的阶段,霍克海默认为意义特别重大的问题是,考虑到历史形势的改变,坚持马克思主义关于无产阶级革命潜力的旧有信条,是否还是合时宜的。与此相应的,是关于无产阶级成员的社会化条件和人格性形成的受精神分析影响的研究,这些研究从根本上规定了那时批判理论在公共领域中的形象。而阿多诺则相反,他受他的朋友霍克海默之托,在研究所从事哲学和美学方面的基础课题,从一开始就完全处于这种经验研究活动的阴影之中;他关于方法论、音乐理论和历史哲学的作品,虽然正合西方马克思主义的激

1

进代表人物的小圈子的兴趣,但是最初在研究所的内部并没有更大的影响。当社会研究所结束美国的流亡,迁回法兰克福之后,这个由霍克海默建立的批判理论,除了阿多诺之外,就没有任何别的名字能够代表,而这已然是 20 年之后的事了;又过了 20 年,阿多诺被西德学生运动视为理论学派的知识分子首领,人们将反抗联邦共和国国内复辟和固化的关系的本质性冲动归功于这个理论学派。如今,被称为批判理论或者法兰克福学派的东西,几乎等同于特奥多·W.阿多诺的著作。因此,这个思想家对这个 20 世纪哲学最重要的流派之一所具有的杰出意义,乃是源于其否定主义方法的激进性,源于其理论工作的令人惊叹的涉猎范围,源于其思想姿态的刚正不阿。

在特奥多·W.阿多诺,这个天资聪慧的学生于 1930 年成为社会研究所的成员之时,他才刚刚 27 岁;此时他已经在维也纳跟随十二音音乐之父学习了音乐理论,并在他的家乡美因河畔法兰克福学习了哲学。在他关于一种批判理论的方法论的诸多早期作品中,就已经显露出否定主义的特征了,这些在后来构成了他的整个哲学和社会理论的根本特征。在结束了对格奥格尔·卢卡奇的《历史与阶级意识》的开创性研究之后,青年阿多诺便认为,社会世界处于资本主义经济的统治之下;只有在对外部自然和内部本性的控制可能性的工具性计算形式下,这种经济才允许人类理性的潜能发挥出来。阿多诺哲学的独特面貌是在其因纳粹掌权而被迫于 1938 年流亡美国期间才获得的,而在此之前他已经在英国的牛津大学停留了 3 年作学术研究。在美国,当时快要40 岁的阿多诺,开始逐渐意识到,被资本主义强迫推行的理性单一化在当时已经达到了如此程度,以至于社会生活的所有冲动和实施都受到了它的损害。因此阿多诺从现在开始将蔓延到全球的资本主义统治理解为一种"总体的蒙蔽关联"(totalen Verblendungszusammenhang),在其中主体、自然,包括心理感受,都被按照同一种模型来处理,这种模型将所有鲜活事物都归结为某种单纯物性的可支配的东西。阿多诺这种否定主义最终影响如此深远,以至于他同时作为音乐理论家和作曲家能够辨认出,只有在现代的、加密的艺术作品中,还留有反抗理性的社会病理学的一席之地;阿多诺的所有后期著作,无论是《否定的辩证法》《美学理论》《最低限度的道德》,还是那许多文化批判文集,都是这种思考的见证,它试图对抗资本主义对我们理性能力的肢解,回忆那沉睡在艺术中的、一种非同一化的世界关系的力量。借助于这个动机和基本思想,特奥多·W.阿多诺成为了所有批判理论在精神上的核心人物;任何在今天努力接续法兰克福学派传统的人,都必须接受阿多诺哲学的严格、严肃和远见的衡量。

因为阿多诺的著作在20世纪哲学中是如此独一无二和不可分割,现在上海人民出版社已经作出决定,出版一套规模宏大的著作选集,以让中国的公众能够受惠,这是功德无量的。这勇敢的一步,不仅仅标志着东西方知识文化之间迟来的接近;而且,它还是一个明确的信号,即无论在东方还是西方,在经济的应用兴趣和政治的权力诉求重新占据主导地位的今天,都需要一种思维,这种思维在对工具合理性的批判中,呼唤我们真实理性的人道和负责任的潜力。我们,在西方想要推进批判理论传统的我们,只能希望,这个宏大的、令人钦佩的阿多诺著作中文出版计划,对它自己的国度亦不无裨益。

阿克塞尔·霍耐特
2020年7月于美因河畔法兰克福

目　录

总序 …………………………………………………………… 1

干预:九种批判模式

哲学复何为 ……………………………………………………… 5

哲学与教师 ……………………………………………………… 19

关于精神科学与教养的笔记 ………………………………… 37

二十年代 ………………………………………………………… 41

关于电视的开场白 …………………………………………… 50

作为意识形态的电视 ………………………………………… 59

当今的性禁忌与权利 ………………………………………… 72

清理过去意味着什么 ………………………………………… 92

意见,幻想,社会 ……………………………………………… 108

提纲:一些批判模式(续)

论哲学思维 …………………………………………………… 131

理性与启示 ……………………………………………………… 140

进步 ……………………………………………………………… 148

论名流 …………………………………………………………… 168

休闲 ……………………………………………………………… 174

教师职业的禁忌 ………………………………………………… 184

奥斯维辛之后的教育 …………………………………………… 200

回答这个问题:何为德意志的? ……………………………… 215

美国的科学经验 ………………………………………………… 225

辩证法附论

论主体与客体 …………………………………………………… 261

关于理论与实践的旁注 ………………………………………… 278

一些批判模式（再续）

批判 ……………………………………………………………… 303

弃绝 ……………………………………………………………… 311

术语索引 ……………………………………………………… 316

人名索引 ……………………………………………………… 323

干预:九种批判模式

厄运降临到语言头上,这不仅仅涉及它的一个个语词和它的句法 构造。在领先于并违背所有含义的情况下,许多语词就在交流的气息中黏糊成团了。卡尔·克劳斯①了解这一点,几乎是温情脉脉地遵循"扩大和深化"②这类写法。

这团东西也属于被禁用的那类干预,它惯于与过往并非无关痛痒的那种关系格局打交道。语言的误用也许太根深蒂固了,客观精神已无法戒除它。但过去发生于这些语词身上的事情,却很可以在语词上加以领会。倘若由这干预已经联想到了禁令,那么想要伸手干预的种种盘算据说至少会在隐喻的意义上令人想起这一点,至少会损害禁忌和共识。

从主题上看,有关所谓伟大哲学课题的各篇论文触及政治上的一些动机,进而触及一些相当短暂的动机;从职业—学院的经验到极不具有学院色彩的复合论题,应有尽有。叙述方式也是依此定向的;叙述的

---

① 卡尔·克劳斯(Karl Kraus, 1874—1936),奥地利作家、评论家,热衷于拔擢支持年轻作家,常在语言、文化与媒体等方面展开批评。其代表作有戏剧《人类的最后时日》(*Die letzten Tage der Menschheit*, 1918 年)。他从 1899 年直至逝世前常年主编《火炬》(*Die Fackel*)杂志。本书若无特别注明,页下注均为译者所加。

② 原文为"ausgebaut und vertieft",这是德语中的一种常见的手法,即通过意思相近的几个词的连用而强化文意,比如"in Grund und Boden"便是如此。阿多诺强调的是,这些词组在被人们有意识地区别开来之前,就混成一团,作为一个整体被使用了,类似于口头禅,主要用来表达一种情绪,其字面意思已经不重要了。

结合度和紧密度每次都依照所叙述东西的改变而改变。违背不断变幻的事情的要求而固步自封的语言绝不算什么风格。然而只要现实事物得到探讨,讨论就总是冲着一切个别事物都仰赖,同时却也只能在个别事物中显现的那同一个非本质(Unwesen)去的①。

由此自然产生一个关键词,该关键词无意中在多篇文章里重现:物化的意识;各篇论文试图干预这种意识,无论它们针对的是精神科学的②运行还是教师对哲学的态度,是关于"20年代"的陈腔滥调还是性禁忌的糟糕遗存,是电视里预制好的世界还是被放开不管的意见。这种统一同时也划定了边界:当意识成为它所担负的实在的反映时,意识便遭到批判。

458　　实践的远景被限制在这附近。一般而言谁提出建议,谁就很容易陷入共谋。关于人们厕身其间的"我们"的论说,已经包含了与丑恶事物的复杂牵连,也包含了一种错觉,即有善良的意志和共同行动的决心仿佛就能做成什么事了,其实那个意志是无力的,而与善意之人(hommes de bonne volonté)③的同化也是恶的某种伪装形态。然而拒绝干预的那种纯粹的信念,在它吓得后退时同样也增强了。矛盾的平息并不取决于反思;现实事物的形制操纵着矛盾。但在那种似乎与整体相关的实践处处遭到封锁的历史时刻,即便一些蹩脚的改革,也比它们原本具备的多出几分道理来。

1962 年 12 月

---

① 这个说法与阿多诺主张非同一性的思想有关。
② 本书中"精神科学"(Geisteswissenschaft)亦可译作"人文科学",鉴于阿多诺往往将精神科学与精神(Geist)关联起来讨论,我们直译为"精神科学"。
③ 法语常用语,这里语带讽刺,指看似光鲜实则陈腐的"好人"形象。

哲 学 复 何 为

对于像"哲学复何为"这样一个问题（我本人对这个问题的提法负责，尽管我对其业余味道并非不管不顾），人们一般会揣测某个答案，期待一个思想进程，该进程将所有可能的难点和疑虑堆积起来，以便最终多少有些谨慎地汇注到某个"无论如何"（Jedennoch）中去，并赞同某个花言巧语的可疑观点。①这个充满信任的过程符合乡愿派和护教派的姿态；该姿态将自身打扮成正面形象，凭着公众的认可进行算计。人们无以复加地满心信赖那样一个人会促进哲学，他因为职位的缘故教授哲学，他作为市民的生计仰赖于此；人们相信哲学会得到促进，而且这人一旦对此表达什么反对意见，就会损害他自己的切身利益。我之所以有资格不顾这些而提出该问题②，仅仅是因为我对答案根本不确定。

谁若是为被时代精神视作过时且多余而弃之不顾的某个事物辩护，他便处在最不利的位置上了。他的种种论证听起来就像有气无力的挣扎。"的确如此，但请您还是考虑一下吧"，当他努力说服他们接受其不愿接受的东西时，他这样说。这般厄运必定会波及不愿离开哲学的人。那人必定知道，哲学并不适用于它频繁与之交叉的那些掌控生活的技术——本义和引申义上的技术。哲学也根本不再提供像黑格尔的时代那样超越于这些技术之外的教养的手段；在短短几十年的时间

---

① 指流俗的讨论方式，即列出一大堆疑点之后，给出一个"无论如何，还是要怎样怎样的"之类的"结论"，实则并未得出真正意义上的结论。

② 指"哲学复何为"。

里,那时还很薄弱的德国知识分子阶层在其集体语言方面达成了共识。哲学作为公众意识中的第一学科,成为人文主义教养概念发生危机的

460 牺牲品(关于这场危机我毋庸赘言),因为大约自康德之死以来,哲学由于和实证科学(尤其是自然科学)不协调,使得自身很可疑。康德和黑格尔的复兴也无济于事,这两场复兴的名字就显得绵软无力。在专业化的普遍处境下,哲学本身最终也以特定专业自我标榜了,这是一个清除了事物所有内容的专业。由此哲学否弃了使它获得概念的东西:精神的自由,而精神并不回避专业知识的苛刻要求。通过戒除特定内容(无论那内容是形式逻辑和知识学,还是关于出离所有存在者之外的存在的传说),哲学同时也违背种种实在的社会目的,宣告了自己的破产。当然,它只认可在很大程度上与它自己的历史相当的一个过程。越来越多的区域从它这里被夺走和被科学化;留给它的选项,唯有它本身也成为一门科学,或者成为一片微不足道和被勉强容忍的飞地;而这样的飞地形象已经非它所愿了,它所愿者并非什么局部的东西。就连牛顿物理学也曾号称哲学。现代科学意识在这里仿佛看出了某种远古的遗迹,看出了早期希腊崇尚思辨的那个时代的残余,在那种思辨中,对大自然的具体解释与高妙的形而上学还在事物本质的名义下相互掺杂在一起。因此武断之士宣称这种古风是唯一具有哲学性质的东西,并企图恢复它。但深受分裂之苦的意识在急迫之下召唤已逝去的统一性,而这种意识与它努力给出的内容是矛盾的。因此它必定任意造就它原始的语言。在哲学领域如同在其他领域一样,复辟是徒劳的。哲学似乎必定要提防成长的势头,也提防世界观上的胡言乱语。哲学也不要自作多情地认为,科学理论上的专业工作或者其他冒充正经研究昂首阔步而来的东西是什么哲学。然而最终说来,禁止了这一切的一种哲学与主流的意识势不两立。它能为护教学的嫌疑开脱的东西也无非如此。一种哲学如果有自知之明,而且并不幼稚地绕到自身历史和真实

461 历史背后去,它的身家性命便取决于对当今流行的操练方式及其服务对象的抵制,取决于对为现成东西辩护的做法的抵制。

其至迄今为止对哲学思辨最大的提升,即黑格尔哲学,也不再有约

束力。依照公众意见的种种分类（没有任何在公众领域活动的人能逃脱这些分类），被编列到辩证法家之下的人恰恰必须说出与黑格尔的差别。这根本无关乎个人信念。个人信念反而受到事情本身的运行的挑战，而除了黑格尔之外再也没人要求在思想上彻底沉湎于事情本身了。传统哲学对总体性的要求在关于现实事物的合理性的论题①中登峰造极，该要求与护教学是分不开的。但这护教学却变得荒谬了。哲学若还是自居为总体之物，自居为体系，就会成为空想的体系。然而如果哲学放弃了对总体性的要求，不再要求从自身中展现出整体，而那整体据说就是真理，那么哲学就与它的整个传统相冲突了。这便是哲学摆脱其特有的空想体系之后，要自称是实在性的体系，就必须付出的代价。那时它就不再是一种自给自足、严格进行奠基的整体关联了。哲学在社会中的处境是它本应当穿透而不必否认的，与这种处境相应的是它自身对于将必然性表述出来的绝望状态，而这种状态如今又被机械装置当作荒诞不经。哲学仿佛是一切烟消云散后唯一要为此事负责的东西，它再不可自认为有力量支配绝对者，甚至为了不出卖思想，还必须禁止思想插手此事，但在重要的真理概念上却绝不自贬身价。这个矛盾是哲学的基本要素。这就决定了哲学是否定性的。康德著名的格言，即批判之路是唯一还开放着的道路，属于那样的一些命题，那些命题使它们所从出的哲学经受考验，而它们本身却在体系消亡之后残存下来。当然，批判的理念本身属于当今已被毁坏的那个哲学传统。如果说每一种认识的舞台都极容易被专门科学没收，以致哲学思想感受到恐吓，也害怕一旦涉及内容时，自己必定被驳斥为外行，那么原初性（Ursprünglichkeit）概念就在反动的意义上得到了它本不应得到的尊荣。世界越是物化，包裹大自然的那张网越是紧密，织出那张网的思维在意识形态上便越是声称自己就是大自然，就是原初经验（Urerfahrung）。反之，从广受赞誉的前苏格拉底哲学家以来的那些传承至今的哲学家都是批判者。克塞诺丰（当今被用来反对概念的那个存在

462

———————

① 黑格尔在《法哲学原理》"序言"中提出的论题。

概念就被回溯到他的学派)便希望祛除自然力的神话色彩。柏拉图将概念实体化为理念的做法又被亚里士多德看穿了。在现代,笛卡尔指责经院主义将单纯的意谓(Meinen)教条化了。莱布尼茨是经验论的批判者;康德一身兼二任,即莱布尼茨和休谟的批判者;黑格尔是康德的批判者;马克思是黑格尔的批判者。在他们那里,批判并不是有人①于30年前在存在论的行话中冒称的他们那种构思的附属品。批判根本没有表明什么同气相求的立场。它运行在令人信服的论证中。那些思想家在批判中掌握了切身的真理。只有切身的真理,作为问题与论证的统一,而不是接受来的论题,才确立了能充当哲学史的创造性统一的那种东西。在这种批判的进程中,那些哲学也才掌握了它们时代的内核,赢获了它们的历史价值,虽说它们的学说内容是在永恒事物和无时间性事物中坚守下来的。

如今哲学的批判与两个学派形成对峙,那两个学派作为时代的精神,无论是否愿意,都越出学院的藩篱之外。它们既分歧又互补。尤其是在英美,最初由维也纳学派②创立的逻辑实证主义站稳了脚跟,直至居于垄断地位。在许多人看来,逻辑实证主义引领了最坚定的启蒙,正如人们说的那样,适合于所谓的技术—科学时代。据说与它格格不入者便是形而上学的残余物,是没有自知之明的神话,或者用艺术上的外行的话来说,是艺术。起先在德语区与此形成对立的是主张存在论的那些流派。属于此列的有海德格尔派;顺便说一下,在诸多出版物中可见,此派自所谓的"折回"③以来对"存在论"这个词毋宁是反感的,对古风尤其反感,而它的法国变种,即存在主义,则在启蒙的意义上,且带着政治责任心改造了存在论起初的形态。实证主义和存在论相互憎恶,前者通过它的一个主要代表人物鲁道夫·卡尔纳普④,抨击海德格尔

463

① 指海德格尔。
② 原文直译为"维也纳学圈"(Wiener Kreis),现遵从国内通常译法。
③ 海德格尔自20世纪30年代以来发生的思想转变,这一转变不是转向陌生的地方,而是转向其思想的初衷之地,故而译作"折回"。
④ 鲁道夫·卡尔纳普(Rudolf Carnap, 1891—1970),德国哲学家,逻辑实证主义主要代表人物。

的理论为废话,而这样做并不公正。反之,在海德格尔一系的存在论思想家们看来实证主义思维遗忘了存在;据说它亵渎了真正的问题。他们害怕的,是被实证主义者唯一坚信的单纯定在者①玷污了双手。这两个流派在一个关键点上的重合倒是越来越令人确信不疑了。它们将形而上学定为共同的敌人。形而上学由于在本质上超出了实际的东西之外,便不为实证主义所容(实证主义本身的名字便表明,它希望坚守实定的、定在的、给定的东西),这一点根本无需阐明。但即便受过形而上学传统训练的海德格尔,也试图坚决与形而上学划清界限。他那里的形而上学指的是最晚从亚里士多德以来的思维;这个范围没有涵括柏拉图的思维,是就它划分了存在与存在者、概念与被概念把握者而言的——人们也可以用一种当然为海德格尔所反对的语言说:是就它划分了主体与客体而言的。从事离析、剖分的思维通过反思毁坏了语词本身说出的东西,因而毁坏了黑格尔称作"概念的劳作与努力"且拿来与哲学等量齐观的东西,该思维据说已经是哲学的堕落,且永远不可修复,反而在存在本身中,"在存在史的意义上"被预先规定下来。在双方那里,即在实证主义者和海德格尔那里(至少在海德格尔的后期阶段),所针对者都是思辨。在前者那里,那种自主地、意味深长地超出事实之上且不可能被事实彻底追上的思想,被斥之为空洞无益的概念胡闹;但依照海德格尔,在由西方历史塑造的那个意义上的思维彻底错失了真理。真理据说是一种在其自身显现的、自行去蔽的东西;合法的思维不是别的,只是倾听这东西的能力。意味深长的是,语文学成了哲学权威。②从对形而上学的这种共同的反感来看,最近海德格尔的一位弟 464 子,在基尔颇有影响的瓦尔特·布勒克③,希望将实证主义与存在哲学(Seinsphilosophie)结合起来的做法,就不像初看起来那么吊诡了,因为

---

① 单纯定在者(das bloß Daseiende)指遗忘、脱离了存在(Sein/Seyn)的存在者(das Seiende),这是基于海德格尔的"存在论差异"而来的界定。
② 指在海德格尔那里起了关键作用的词源学。
③ 瓦尔特·布勒克(Walter Bröcker, 1902—1992),德国哲学家,曾在罗斯托克大学和基尔大学担任教授。

他将整个存在者领域置入实证主义,并将存在学说(他明确称之为神话)摆放在那之上,就像铺设一个更高的层面一样。存在(海德格尔的哲学越来越收拢到它的名义下)作为完完全全向被动的意识呈现的东西,在他看来近乎于直接的东西,独立于主体的中介之外,就像实证主义者们所见的被给定状态、感性材料。对于这两个流派而言,思维都成了必要的恶①,颇有丧失名誉之势。独立性环节遗失了。理性的自主(Autonomie)消失了;理性在省察其据以衡量自身的某种既有的事物时尚未耗竭的东西,在理性身上消失了。但与此一道消失的还有自由的构想,可能还有人类社会的自我规定。倘若大部分实证主义者并未禁绝他们行以致远所凭借的宽厚信念,那么他们也就必定要求实践合乎事实;与这些事实相比,据说思维是软弱无力的,只不过是预期或分类,与唯一算数的东西相比、与存在过的东西相比是无用的。然而在海德格尔那里,思维作为满心敬畏之下对某种存在的被动倾听(而不使用概念),仿佛总是反复说着"存在",没有了批判的权利,而在面对能够乞灵于存在的那种熠熠生辉的强力的东西时,便一律缴械投降。海德格尔对希特勒元首制国家的顺从根本不是什么投机行为,而是源自一种将存在与元首视同一体的哲学。

倘若哲学仍属必要,那么它一如既往是要进行批判,是要抵制那自行扩张的他律(Heteronomie)的,即使思想在作出如下尝试时相当无力,即保持对自身的支配力,并依照自身关于非真实事物的尺度证明强加的神话和虚情假意的适应是成问题的。只要人们不像晚期古代基督教化了的雅典那样,禁止哲学为自由创造避难所,那么哲学似乎就应当如此。下面这一点可不只是美好愿望而已,即哲学或许能冲破种种政治趋势,这些趋势扼住内心自由和外部自由的整个世界,且将其强力的触角延伸到哲学论证之网的深处。在概念的内里发生的事情,也总是显示出实在的运动的某些迹象。但如果这两种他律都不是真理,而且迫切地将其非真实之处展示出来,那么这就不仅仅是在种种哲学构成的令人绝望的链条上添加一个新的环节,而是也显示出一丝希望;而不

---

① 必要的恶(das notwendige Übel),尼采语。

自由和压迫、恶(根本不需要在哲学上证明这恶是恶,正如根本不需要在哲学上证明这恶存在着一样)却不可保留最后的决定权。这样的批判似乎将两个居支配地位的流派规定为从同一个真理上割裂下来的两个环节,而那真理在历史上似乎不得不分裂。它们根本不可粘合为一个所谓的综合,它们自身仿佛倒是需要反思的。实证主义的错误在于,它假定一度形成的劳动分工(科学和社会实践的分工,以及科学内部的分工)就是真实东西的尺度,而且不允许任何理论表明劳动分工的衍生性质,借助什么东西看穿它,剥去其虚假的权威。如果说哲学在解放的时代曾希望为科学奠基,并在费希特和黑格尔那里将那样的科学解释成唯一的科学,那么在实证主义那里,则是从科学中抽取出来的最一般的构造、这些科学已被磨平的和在社会中已然僵化的操作方式变成了哲学,即运作(Betrieb)变成了对其自身的辩护,这其实是一个循环,令人吃惊的是逻辑整洁性的狂热拥趸们居然对这一循环并不反感。哲学下野了,因为它将自身与那只有从它而来才得以阐明的东西等量齐观了。如其所是的(telle quelle)科学的实存,如其在社会织体中且带着其种种缺陷与不合理性出现的那般,变成了它自身真理的标准。从对被物化的东西的这种尊重来看,实证主义乃是物化的意识。在对神话的一切敌意中,实证主义透露出哲学反对神话的冲动,即打通单纯由人产生的东西,并回溯到这东西属人的尺度上去。

　　然而基础存在论(Fundamentalontologie)虽然对事实的中介一目了然,却对概念的中介视而不见。它压制那样一种认识,即它那些本质体(Wesenheiten),或者它由以反对实证主义的种种事实而在不断寻求升华时所称道的东西,总不过是思维、主体、精神罢了。主体状态和受限制状态恰恰回指向一个并非不间断地源自存在的存在者:回指向社会化的人。哲学如同面对概念(这些概念作为与事实相分离又钻研事实的一些统一体,附属于事实之下)那般面对单纯事实的玷污,在它此时于其中徐图恢复的那座大房子的圣所里,分裂的东西又出现了,而那些信奉浑然一体之物的学问本以为可以免遭那东西侵袭。哲学的语词就其一般应当被思考而言,注定是些概念;但思维似乎希望存在学说顽

466

固复古。然而正如概念依照其内涵会要求某种东西充实它,正如依照黑格尔无与伦比的洞见,关于同一性的单纯思想需要的是唯一能使同一性得以呈现的某种非同一之物,那么最纯粹的那些概念也是内在的,而且根本不是在两极对照的意义上才被引向它们的他者。思维本身(所有概念都是它的机能)如果没有一些思维者的活动("思维"这个词便因该活动而得名),是不可想象的。在这样的回溯中已经包含了依照唯心论的用法只有概念才能构成的东西,也包含了依照存在神话的(seinsmythologischem)用法(连同概念一道)应当是某个第三者(Dritten)的附带现象的东西,作为其环节。如果没有由前两个环节而来的规定,这个第三者就是个完全不确定的东西;一般而言哪怕只是提到它,也超出了由孜孜不倦地被否定的那些环节而来的规定。即便康德的先验主体(先验—非主体性的存在似乎很乐于亲近它的遗产),作为统一性,也需要杂多事物,正如反过来说杂多事物也需要合理的统一性。若是脱离了具有统一性的各种内容,是无法理解这些内容自身的概念的,而某种事实的痕迹也无法魔法般地从这些内容中消失,正如该事实与它所需要的概念之间的差别无法从那里消失。也没有任何统一性(无论在形式上如何,而且该统一性看起来仿佛是纯逻辑性的)能仅仅被构想为它所涉及的东西的纯粹可能性;形式逻辑上的东西也还是物质材料的沉淀物,而将它分离出来便是纯粹逻辑的骄傲。君特·安德斯[①]所谓的存在思维(Seinsdenken)的虚假具体化(Pseudokonkretion)的根据,由此还包括该思维在自身周围传播开来的所有欺骗的根据,便是它在与它本身之所是以及它复又当作具体东西判定给其自身的东西相隔绝时,看到了它的纯粹性。它在战略撤退中庆祝它的胜利。利用神话般的多义性,它所掩盖的只不过是它每次如同受限定的意识一般无法从中抽身而出的那些环节的特定交织。因为在存在神话(Seinsmythologie)中,存在者和概念总是难舍难分,存在便显得仿佛超出存在者和概念之

---

① 君特·安德斯(Günther Anders,1902—1992),德国—奥地利哲学家、作家,1929—1937 年间曾为汉娜·阿伦特丈夫,以讨论"人性的毁灭"而闻名。

上,而且,用康德的话说,骗来了它的绝对性。存在神话也是物化的意识,因为该神话对人类参与最高概念这事避而不谈,还将那些概念偶像化了。辩证法不是别的,只不过是坚持对虚假的直接事物进行中介,是坚持直接性与中介在所有层面自行展开的那种交互性。辩证法根本不是第三种立场,而是尝试通过内在的批判,使种种哲学立场超出其自身,也超出立场性思维的任意性。不像将自身的被限定状态、将被给予自身的东西当作无限定状态的那种任性的意识那么天真,哲学是对非天真状态的约束性义务。一个彻底社会化的世界与所有个人都发生强烈的对峙,以致他们除了接受被给予他们的东西之外,几乎什么都不能做了;在这样一个世界里,前述天真状态无休止地和灾难性地复制着自身。一个塑造和套牢了他们的巨大机制强加给他们的东西,成了他们的天性。物化的意识完全是天真的,而作为进行物化的东西,又完全是非天真的。哲学消解了自明性事物和非自明性事物的假象。

哲学与科学的整合(这种整合在西方形而上学最早的文献中可能就已经记录下来了)似乎一度要保护思想免遭其在任性状态(一切自由的否定性方面)下自感亲近的教条约束。但过去关于精神在一切认识那里鲜活的直接"定在"的悬设却以教条约束为目标,从斯宾诺莎以来这就成了明见性的永恒规范。在单纯的逻辑学中,教条约束曾是预示某种实在状态的图景,在那种状态下,人类最终而言似乎只能服从一个个盲目的权威。这种局面将自身翻转过来了。向科学、科学规则、科学形成的方法的唯一有效性的乞灵,变成了施行管控的当局,该当局制裁那些自由放纵而不曾驯服的思想,而对于精神,它只能容忍在方法上经过批准的那部分,其他一概不听。科学这一自主的工具,退化成一种他律的装置。过去事情的关键所在被切除,被交付给遭人诟病的妙语警句的随意感发,它作为孤立的东西事实上被贬低为世界观的闲谈。对唯科学主义的哲学批判驳斥上述思维体系,因此该批判并不是它善意的对手们指责的那副样子,而毋宁是对毁灭的毁灭。对现有的各种哲学的批判并非为哲学的消失,甚或为像社会科学这样的个别学科代替哲学在作辩护。它恰恰是要从形式和质料上援助在流行的哲学流派中毫无立锥之

468

地的那种精神自由形态。开放、坚定且在认识上不断被推进的思维专心致力于客体，而且在如下意义上独立于客体，即它自身并不受组织化知识规制。它以在它那里积累起来的全部经验转向对象，撕碎包裹这些对象的社会织体，再重新觉知这些对象。倘若哲学摆脱了流行学派的暴政带来的恐惧（即对存在论流派感到恐惧，而根本不思考并不纯粹存在的东西；对唯科学主义学派感到恐惧，而根本不思考并未与得到有效承认的科学诊断记录"结合"起来的东西），那么它甚至就能认识那种恐惧禁止它去了解的东西，即朴素的意识或许曾真正着眼的东西。哲学现象学就像一个梦想着要醒来的人一样曾经梦想过的事情，即"回到事物本身"，似乎可由那样一种哲学来完成，它并不期盼凭着本质直观的魔法赢得事物，而是将主观的和客观的中介都考虑在内，但为此并不执着于确立那样一种既有的方法的潜在优先性，该方法总是向现象学各流派（而不是向所渴望的事物）呈现出单纯的偶像、自造的概念。倘若并非所有的实证言谈方式都深度可疑，那么人们似乎可以设想，只有在这样一种既自由、在自身内又经过反思的意识面前，传统哲学由于将自身混同于其希望加以解释的东西而阻隔了的东西，才会徐徐展开。传统哲学疲于应付它不断变幻的各种变体，这就可能催生一种摆脱了禁令的哲学。

依然不确定的是，哲学作为从事概念性把握的精神的活动，究竟是否还正当其时，它是否并未落后于它似乎不得不加以把握的东西，落后于世界的这种冲向灾难的状态。对于沉思而言，事情似乎发生得太迟了。一种事物的荒谬性如果一目了然，它会拒绝概念性把握。在 100 多年之前，哲学的废除便被当作目标。在东方，人们宣称马克思主义哲学就是辩证唯物主义，仿佛这就可以无所遗漏地与马克思的理论合为一体了，这便将马克思主义颠倒为一套对其特有的内容并不敏感的、静止的教条，或者正如该哲学自己称呼的那样，颠倒为一种意识形态了。谁如果还在从事哲学，他只有否认马克思关于沉思已被超越的论纲[①]，

[①] 应指《关于费尔巴哈的提纲》第 11 条："哲学家们只是用不同的方式**解释**世界，而问题在于**改变**世界。"见《马克思恩格斯选集》第一卷，人民出版社 1995 年版，第 61 页。

才能这么做。该论纲曾将从根本上改变世界的可能性设想为当时当地在场的。但似乎只有固执的人才会像马克思一般设想这种可能性。他指望的无产阶级当时还没有被整合起来：这个阶级明显贫困不堪，而另一方面，社会权力还没有掌握在紧急情况下抓住压倒性机会的手段。哲学作为既坚定又自由的思想，完全在另一种处境之下。马克思似乎是最后一个使思想挣脱历史的实在进程的人。黑格尔觉察到艺术的短暂性，并预示了它的终结，他使艺术的持存仰赖于"困顿意识"（Bewußtsein von Nöten）。但适合于艺术的东西，对于哲学而言却是贫乏的（哲学的 470 真理内容与艺术的是一致的），因为哲学在行事方式上与艺术迥然不同。苦难、恐惧与威胁绵绵不绝，使人不得不产生一种似乎不可实现的思想，为的是这思想不要自我消除。在稍稍耽搁之后，思想仿佛就得不停地探究，为什么世界此时此地可能还是天堂，明天就可能变成地狱。这样的认识很可能就是哲学。为了那样一种实践而废除上述认识，它在当下这个历史时刻恰恰不可避免会将哲学必然加以批判的某种状态永恒化，这似乎是时代错乱的行径。以培养明智而成熟的人类为目标的实践，在灾祸氛围的笼罩之下依然坚持下来，无需以非真实的方式思考整体的理论。理论不可重蹈唯心主义覆辙，而必须在自身中接纳社会和政治的实在性及其动力机制，这一点无需多言。

在最近的 40 或 50 年里，哲学声称要（大部分是在错误的意义上）反对唯心主义。真正说来它反对的是富丽堂皇的空话；反对的是精神的傲慢，那精神将自身提升到绝对者的高位；反对的是对世界的神化，仿佛世界已经是自由的了。唯心主义的全部构想所固有的人类中心主义是无可救药的；人们只需最粗略地回想一下 150 年以来宇宙论发生的种种变化，便不难明白这一点。在哲学的各种到期该完成的任务中，在不进行外行的类比与综合的情况下将自然科学的经验归于哲学一定还不是最后一项。这种经验与所谓的精神领域壁垒森严，这毫无益处；情况愈演愈烈，甚至使得精神全神贯注于其自身与社会世界的做法有时显得像是空洞无益的瞎闹。倘若哲学所做的事情无非是把人类对于其自身的意识带到他们关于自然的知识水平上，而不是像穴居人那样

15

躲在他们自己对宇宙的认识背后生活,［而在宇宙中人（homo）这个并不很精明的物种才推动其无助的本质向前发展］,那么这就已经是一点成就了。考虑到这一任务,以及对社会运动规律的全部洞见的贫乏,哲学不曾自信满满地认为,从自身中就能设定正面意义这类的东西。就此而言它与实证主义是同路人,与现代艺术更是同路人,而面对现代艺术的种种现象,当今以哲学方式被思考的大部分东西都手足无措地失灵了。但哲学公开反对唯心主义,终至憎恶满腹,它希望的仿佛并非好斗的启蒙,而是弃绝。气馁的思想再也不敢提升自身,即便在专心聆听存在的基础存在论中也不敢。相比于这样的弃绝,唯心主义身上倒呈现出一个真理环节。得到实现的唯物主义如今仿佛成了唯物主义的终结,即人类盲目且失却尊严地依赖物质关系这一局面的终结。精神越是未能成为绝对者,便越不甘心献身于存在者。只有当精神不将自身打叉划掉①时,它才会认识到存在着的是什么。这种抵抗的力量②是当今哲学的唯一尺度。这股力量与物化的意识势不两立,正如柏拉图式狂热从前与该意识势不两立一样;只有充盈的柏拉图式狂热才使普遍受限定者名副其实。该力量希望与那个他者,即种种肯定性哲学（die affirmativen Philosophien）③加以贬低的存在者,达成和解,因为它称赞存在者,也使自身适应于存在者。对于肯定性哲学而言,一切都是功能性的;即便对存在者的适应,在这类哲学看来也不过是使它服从于精神的由头。但现实存在的东西却不愿意被修整。具有某种功能的东西,便在功能的世界中了邪。或许只有在内心中并无保留,并不幻想内心王国,承认自己无功能也无力量的那种思维,才能一瞥可能的东西、不存在的东西的某种秩序,而人类和万物或许在该秩序中能各得其所。由于哲学毫不中用,它还没有过时④;甚至当它不愿稀里糊涂重复它的

471

---

① 可能暗讽海德格尔将"存在"（Sein / Seyn）一词打叉划掉的做法。
② 指精神抵抗物质的力量。
③ 指对绝对者持肯定态度的哲学,这个名称可能源自谢林早期的自然哲学和他后期的肯定哲学（die positive Philosophie）。
④ 指哲学没有随着"用处"的过时而过时。

过错,即自我定位这一过错时,它似乎也不可诉诸此。

　　上述过错被长青哲学(philosophia perennis)的理念传承下来,根据那种理念,哲学被允诺据有永恒真理。该理念被黑格尔那个语惊四座的命题打破了,即哲学是思想中被把握的它的时代。他明显颇为这一要求感到得意,以至于毫不犹豫就将这一要求作为定义提了出来。他 率先洞见到真理的核心是时代。在他那里,这洞见还与那个信念结合在一起,即每一种重要的哲学都通过表现出自己所处的意识层面,而作为整体的必要环节同时表现出整体。但是,这信念连带同一性哲学①一道现身,这不仅减损了后来产生的种种哲学的激情,也减损了它们的名望。在当前流行的几种哲学中,在他看来不言自明的道理不可能维持下来。它们不再是在思想中被把握的它们的时代。基于其地方主义之上,存在论哲学家们根本得不到什么好处。与此正相反的是实证主义者们无可救药的概念贫乏。他们的游戏规则取决于,并无精神素养的聪明男孩们(bright boys)的物化意识自视为时代精神的顶点。但他们其实不过是时代精神的征候罢了;他们将他们缺乏的东西伪造成心性坚定之人坚韧不拔的美德。在两个学派看来,时代精神最多不过就是退化的精神;尼采的背后世界论者们(Hinterweltler)②又成了字面意义上的土包子(Hinterwäldlern)③。与这些人相反,哲学必定证明自身是进步的意识,这意识充满革新的潜力,但也能对付退化的力量;只有超越退化,该意识以往作为累赘加以接纳和把握的东西才能凸显其意义。鉴于其已留意到的这一要求,当今哲学上的拟古癖便以古老的真实东西为自己开脱;它对待它加以阻碍的进步的方式,是摆出一副仿佛已经克服那进步的样子,这都是胡扯。没有任何进步的辩证法满足于为那样一种精神状态辩护,它仅仅因为尚未袭入到客观性(它自身也被卷入这种客观性中了)展现出的一些角落中,便认为自己康泰无殃;而这种客观性则注意到,追求康泰无殃反而会直接带来灾祸。恶劣地

右上角:472

————————————

① 指前期谢林的同一性哲学。
② "背后世界论者"(Hinterweltler)是尼采首创的说法,指那些相信现实世界背后另有更真实世界的人。
③ 指避居林间的野蛮人。

(en canaille)对待进步意识的那种自以为是的深思,实为平庸。有一些反思像无视实证主义者的事实真理(vérités de faits)那般无视这深思的咒语,它们并不像泛黄的滑稽小报上宣扬的意识形态所喜好的那样,是在追赶时髦,而是由存在论哲学家们和实证主义者们装作唯一重视的那个事态(Sachverhalten)推动的。只要 30 多年前一位旧康德派发表的一部著作的标题,《来自哲学家街角》①,还在哲学身上留下一丁点印记,那么哲学就是它的藐视者们与它开的一个玩笑。哲学超升于科学活动之上,凭借的并不是长辈的劝告。一切智慧都堕落为谨慎。像那样一位教授的行为也无益于哲学,他在法西斯主义得势前受到激发要去为他的时代指明方向,于是审查了玛琳·黛德丽的《蓝天使》②,以便凭第一印象看出情况有多糟糕。哲学指证说,这类跃入具体事物之中的做法恰恰是它凭着对教化的记忆而将自身混同于其主体的那段历史的糟粕。哲学与一切都根本不同,这仿佛还算不上当今哲学最糟糕的标准似的。在哲学这里,关键并不在于凭着傻里傻气的傲慢弄来一些信息,然后采取什么立场,而在于完整无缺、内心无保留地去进行经验;而那些希望固守"一切哲学都必定有某种肯定性的东西透显出来"这一准则的人,见此情景便躲开了。兰波③的那句"必须成为彻底现代的人"(Il faut être absolument moderne)绝非什么审美纲领,也绝非为唯美主义者写的,而是哲学的一个绝对命令。在历史的趋势面前,不想与它发生关系的东西尤其容易衰败。它根本不允诺什么拯救者,而希望的可能性仅仅出现在最彻底地遵循该趋势的概念运动中。

473

---

① 该书全名为《来自哲学家街角:对我们时代精神运动的批判性评论》(*Aus der Philos-ophen-Ecke. Kritische Glossen zu den geistigen Strömungen unserer Zeit*),是德国作家德利尔(Robert Drill,生于 1870 年,卒年不详)于 1923 年发表的一部著作。阿多诺以此代表将哲学看作少数人理智活动的观点。

② 玛琳·黛德丽(Marlene Dietrich,1901—1992)为德国—美国女演员、女歌手,曾于 1930 年主演从海因里希·曼(Heinrich Mann,1871—1950)的《垃圾教授》(*Professor Unrat*)改编的电影《蓝天使》(*Der blaue Engel*)。阿多诺在此可能有意利用了"垃圾"(Unrat,字面意思为"没主意")与前文中"劝告"(Ratschläge)的字面词源关系,读者可留意。

③ 让·尼古拉·阿尔蒂尔·兰波(Jean Nicolas Arthur Rimbaud,1854—1891),法国著名抒情诗人、探险家和商人。

哲　学　与　教　师

　　我想就所谓哲学统考说几句话,该统考属于为争取黑森州高中科学教职进行的候补人员考试。11 年来对该考试的所见所闻使我愈发感到忧虑的是,统考的意义被错会了,它错失了它的目的。由此我似乎必须反思应试者的心态。我认为我察觉到了他们内心对统考的不适。许多人在开考前对统考感到陌生,感到并不很胜任;一些人则对其意义感到怀疑。我认为必须谈谈此事,原因在于统考的结果本身经常取决于我所发现而考生又完全没有意识到的那些环节。一位主考官若是并不在根本上寻求帮助他的职责迫使他要去加以评判的那些考生,哪怕帮助起来并不让人舒服,那么他的立场就是错误的。我不得不独自为我说的话担保,然而我的许多同事会赞同我;我尤其知道,霍克海默得出了同样的结论。显而易见,在考生中有不少人符合我担忧的情况。他们大部分都自发地对哲学产生了特定的兴趣,在参与我们的讨论班的过程中,他们通常就与哲学真正建立了关系。即便超出他们周围的圈子之外,也不乏具有远见、在精神上又相当敏感的学习者。作为真正有教养的人,他们预先就带有了那样的东西,那东西本应当由前述统考(以非常片段的和不充分的方式)考查其存在与否。但我的批判绝非仅仅针对没有通过考试的人。这些人常常只是不太灵巧,但绝不比人们凭着正式标准许其过关的大部分人不合格。毋宁说,即便顺利通过考试或者(用一句已经在根本上败坏了的话来说)保持良好平均水平的这大部分人也有我担忧的那些迹象,这一点恰恰是上述糟糕状况(它真的

19

只是一种状况,个别不服从它的人并没有什么过错)的标志。人们常常感到,必须让这个或那个人通过考试,因为他们或多或少正确回答了大部分稳妥且可检查的问题;但人们不会为这一决定感到特别欢欣鼓舞,尽管它使个别人感到很愉快。如果人们严格从考试制度的意义而不是从它的字面进行考查,这些考生必定会得到负面评价;这里想到的尤其是那样的年轻人,他们被托付给当老师的这些人,而且我也感到自己当然还没有老迈到不能与他们感同身受的地步。对师资的单纯需求可能对他们没什么好处,他们从其状态来看所寻求的可能是该需求所求者的反面。整个局面在统考被引入时指望改善的那些方面,恰恰是成问题的。我认为更好的做法是将问题公开说出来并推动反思,而不是再将我推给那样一种实践,它在考官们那里不可避免会走向例行公事和死心断念,在考生们本人那里则会走向对人们向他们要求的东西的轻视;而这种轻视往往只是对他们自身的轻视的一层薄薄的掩饰。比起装出一副看似足够舒适的随和姿态,将在应试者意识状态中敌视自己改善的可能性(我相信他们每人都有这样的可能性)的因素轻轻放过,显得不友好实际上倒更友好些。亲善与谅解是人性不言而喻的素质,在我们的大学里不得不举行哲学考试的那些人中,没人会被允许缺乏这些素质。但我们希望不仅仅对考生人道一些(他们的畏惧我们是很可以想象的),我们还希望对曾与他们面对面而我们又不曾见到的那些人人道一些,那些人受到混乱而无教养的精神的不公正对待的威胁要476 大于受到我们在精神上的任何一项要求的威胁。为此人们根本不需要尼采所谓的最遥远的爱(Fernstenliebe)①,少许想象力就足够了。

当我说那些显得真正胜任统考的人通常是积极参与了哲学讨论班的人,我并不想以此施加任何制度性压力。我极其认真地采纳了关于学院自由的思想,并认为一个大学生以何种方式塑造自身(是作为讨论班和讲座的参与者,还是仅仅通过自己阅读),完全是无所谓的。我压根不希望将这场考试的意义等同于专业的哲学训练。我的意思不过

---

① 尼采语,出自《查拉图斯特拉如是说》。

是,专业的哲学训练将考试提升于个别科学活动之上,推向作为哲学的精神对其自身的那种意识,这样的训练一般而言与该考试的构想是相符的。①期待每个人都希望或能够成为一个职业哲学家,那是很幼稚的;我对这样的观念恰恰是完全不信任的。我们并不想苛求我们的学生去损害自动将自己的领域当作世界中心的那些人的职业(déformation professionnelle)②。哲学只有在不只是一门专业时,才得以满足。如此之多的人难受地遵从的那套考试规则的第 19 条中说到,统考“应当确定,申请人是否领会了他所在专业领域的教育意义和教育效力,以及是否懂得从当前活跃着的哲学问题、教育学问题与政治问题出发考察这些要素”(第 46 页)。显然还需补充这样的话:“然而强调哲学的考试不可迷失于专业的哲学问题中,反而必须瞄准对于当今活跃着的教育极为本质的那些因素,由此为申请人的专业领域提供方向。”换言之,就考试这类东西成为可能而言,统考需要了解,考生在反思其专业时(因而当其考虑考试完成了什么时),包括在反思其自身时,是否超出了由他们实际拥有的东西构成的那个圈子之外。简言之,需要了解他们是不是具有精神修养的③人;在“具有精神修养的人”这话中不应含有某种高傲的意思,不应使人联想到精英统治的要求,后者恰恰阻碍了学院人士的自我反省。“具有精神修养的人”一语可能令人生厌,但留意到有这样的人存在,往往是由于看到更令人生厌的事实,即一个人根本没什么精神修养。因而我们希望在统考中看出来,那些作为高中教师对德国精神发展和实业发展负有重大责任的人是知识分子(Intellektuelle),抑或如易卜生在 80 年前称呼的,只是些专业人士(Fachmenschen)。“知识分子”这一表述因国家社会主义者的操弄而声名狼藉,这在我看来不

477

①　结合上下文不难明白,阿多诺认为专业的哲学训练与哲学统考的宗旨是一致的,但并不苛求统考使人人都接受专业训练,成为职业哲学家。

②　阿多诺原文将“职业”(professionnelle,法文)写作 professionelle(德文),语法难通,应为笔误。

③　从下文来看,该词原文 geistig 是与 real 相对而言的,代表德国高中的两个发展方向:人文学科和实业技术。但如果直接将 geistig 译作“有人文素养的”,似乎又丢掉了“精神”的丰富含义,故我们仍译作“有精神修养的”。

过又增加了一条在积极意义上接纳它的理由罢了：反省的第一步，乃是不再将较高的德性归给迟钝麻木，诋毁启蒙，而是抵制针对知识分子的那种总是伪装起来的挑拨煽动。然而一个人是不是知识分子，这首先表现在与其自身工作的关系上，也表现在与他构成其一部分的社会整体的关系上。一般而言，是这种关系，而不是在认识论、伦理学甚或哲学史这些专业领域的忙碌，构成了哲学的本质。一位哲学家，假如人们愿意承认他在特殊哲学学科上的本领，就是这样表现该本质的。在《拟建柏林高等学府详审规划》——这里指的是柏林大学——中，费希特说道："现在，全部精神活动，因而也包括精神活动的所有特殊的和得到进一步规定的表现形式，在科学的意义上得到把握，便是哲学；因此各门特殊科学必定是从哲学技能的养成中获得其技能的（而此前在这些科学中只能仰赖运气的自然禀性），亦因哲学技能的养成而得以被提升为审慎的能力和营生；哲学的精神仿佛是那样的，它首先理解其自身，然后在自身中理解所有其他精神；一门特殊科学的行家似乎首先必须成为一个哲学上的行家，而他的特殊技能仿佛不过是他的一般哲学技能478 的某种进一步规定和个别运用罢了。"或者更中肯地说："因而有了作为知识纯粹形式的这种发达的哲学精神，现在哲学的全部材料的有机统一性在高等学府必定得到把握和实现。"这些命题当今依然有效，不输150 年前。德国唯心论运动需要的经过强化的哲学概念，并未将哲学作为一个部门添补到各门科学上，而是在科学精神活跃的反省中寻求这概念。但如果人们事实上将那个把哲学理念降格为致辞演说者空洞废话的专业化进程，看作一件糟糕的事情，看作精神与越来越被物化的交换社会（Tauschgesellschaft）一道经历的那种物化的表现，那么人们就能通过自行思考，在个人对目光短浅地侵占知识（可能也包括所谓的专业哲学）的做法的抵抗力上直接看出哲学是什么。

这一点不可错会了。我并未误判哲学相对于各门科学的自主化进程中必然发生什么事情。若是没有上述分离，至少各门自然科学很难蓬勃发展。即便哲学，或许也只有在它像黑格尔那样有意无意地脱离各门科学的活动时，才赢获其最深刻的洞见。因此，分离的东西的重新结合就不能寄望于魔法了；即便哲学的东西(Philosophicum)，似乎也必须提防这类幻想。一些高度发达的精神科学，比如较古老的语文学，具有了自身的这种重量，支配着经过精细加工的方法论和主题范围，以致在它们看来哲学上的自我反思必然显得很外行。从它们特有的思考出发，几乎不能直达哲学的思考。反过来看，哲学的发展也并未直接跳跃到专门学科。对科学的各分支的哲学反省如果毫不顾及专业哲学所产生的认识，似乎很容易带上空想的色彩。那种在其材料中表现得像是479直接就变成了哲学的意识，仿佛不仅逃避材料的重量，轻易就成了无拘无束之物，此外仿佛也注定会很外行地落回哲学久已被克服的那些阶段上去。我既没有忽视这考试在主观上的困难，也没有缄口不言。但我的意思是，人们似乎应有些分寸。如果说在各门科学的工作和哲学之间实际上根本不存在如此直接的通路，这却并不意味着两者毫不相干。如果说一个古日耳曼学家就应当在生机勃勃的历史哲学的意义上阐明辅音音变规律，那么他是很有权利反对这一点的。但像《尼伯龙根之歌》中民族宗教的神话遗产这类难题(该作品与基督教相比颇有古风，在哈根①身上也带有了许多后中世纪—新教特征，假设多瑙河边发生的那段插曲意味着这类东西的话)，可能会被古代语文学家们承认为合法，同时对哲学也可能很有益。或者：如果说伟大的中世纪抒情诗普遍缺乏8世纪末以来作为自然抒情诗而与抒情诗概念密切共生的东西，那么对于后来的抒情意识而言，在很长时期内几乎不言而喻的这个环节的缺席，同样是类似于古日耳曼学家感兴趣的主题的一个哲学主题。这种横向联系数不胜数，而考生则很可以从他们熟悉的范围内挑选主题。最后，对于理解席勒而言，他与康德的关系是本质性的(这里我指的不是生平方面与精神史方面的关系，而是他在戏剧与诗歌形态本身上的积淀)；对于理解黑贝尔②而言，他的剧作带有的历史哲学构想则是本质性的。几乎从来没有像我可以即兴为之举例的那类主题被建议③

① 哈根(Hagen)为《尼伯龙根之歌》中一个重要的人物。
② 克里斯蒂尔·弗里德里希·黑贝尔(Christian Friedrich Hebbel, 1813—1863)，德国剧作家，年轻时曾化名为"弗朗茨博士"(Dr. J.F. Franz)，代表作有《尼伯龙根三部曲》。
③ 从行文来看，这里和下文中说到的"建议"可能指考试中供考生挑选回答的试题。

给我。不言而喻,我提到这些,都不是为了说专业哲学的主题真正说来应被排除在外,也不仅仅是为了说它们应当成为特例。但在流行的建480议和下面那种建议之间作出区别暂时就够了,它们带有自我反思,虽说与各门科学的部门性问题无关,却与更广泛的总体和工作领域有关。对我自己而言,如果对主题的建议哪怕只是让我了解一下我的想法的走势,这就已经很令人满意了。

常见的一个抱怨是,哲学给未来的教师又加上了一门专业的负担,而许多人甚至与这个专业没什么关系。我必须如此答复这样的指责:从统考中获益,去参加某一门专业考试的通常是一些考生,而绝不是我们。如果有一个考生(如其称呼表明的那般)被指派给我,那么我通常会与他谈论他自己的领域,并尝试从这个领域中凝练出一个主题来,这个主题会有助于他对他的工作形成精神上的自觉。然而绝没有什么快乐与热忱的氛围笼罩在半空,虚浮地支配着事情。情况正好相反。倘若事情依照考生的愿望进行,那么人们必定会一再为笔试提出那样一些主题,它们具有纯专业的、哲学—历史的或哲学报告的特征。人们立马指出,受到青睐的是个别哲学家和个别著作(被认为特别简单),比如笛卡尔的《第一哲学沉思集》、英国经验论、沙夫茨伯里①、康德的《道德形而上学奠基》便是如此,这个范围在主题上极为局狭,以致它当时引起了我们所有可能的怀疑。我很难使自己确信,对于一位日耳曼学家或历史学家而言,被康德盛赞有加的那位洛克的《人类理解论》(包括我也认为,该书连消遣性读物都算不上)具有什么特别的意义,或者仅仅使他们感兴趣;当考生如新近被人们接受的那样随时能迅速对此提出解释,那么我也无法转而理解,为什么他会研习那展现常识(common sense)的冗长原文。顺便说一下,对易学的和难学的哲学家的区分完全没有说服力——我怀疑在好对付的和难对付的考官之间也有了类似的区分。洛克轻轻掠过的那些深渊在他的文本中豁然洞开,有时甚至

---

① 沙夫茨伯里伯爵三世(Anthony Ashley Cooper, 3. Earl of Shaftesbury, 1671—1713),英国哲学家、作家、政治家、艺术批判家和文学理论家,早期启蒙运动的重要代言人。

妨碍了单纯在自身内部保持融贯的阐述,而像黑格尔这样一位声名狼 481
藉的思想家,恰恰由于各种难题并未被种种健全的①观点掩盖起来,反
而无保留地被传播开去,而获得了大得多的说服力。知识分子或有精
神修养之人本可以放心进行这类考量。但如果人们想秉持"安全第一"
(safety first)的格言通过考试,同时经受尽可能少的风险,这恰恰并未
增强精神的力量,最终还受到那种总归很成问题的安全的损害。但我
希望,这根本不会使黑格尔的浪涛越过考官倾注进来。

事实上人们固执地认为,如果某个课题被选中,而该课题与一位考
生特殊的兴趣领域相结合的深度超过由外在接触达到的深度,那么人
们就会陷入最不寻常的种种困境。我曾经花大力气敦请一个人哪怕只
是说出这样一个领域的名称来;这个人说他对什么都感兴趣,还以这种
说法来挑战我对他什么都不感兴趣的怀疑。最终他指定了一个时期,
我就想到了一部著作,这部著作适合于对该时期进行历史哲学解释。
我建议他就那部著作写他的论文,这却使他十分恐惧。他问我,那么相
关的作者是否也真的像统考要求所说的那样,是一位卓越的和对他所
学各专业很重要的哲学家;条款字句常常被弄成逃避人们以这些条款
本欲达到的目标的手段。当统考规则为应试者和考官提供了可使考试
的定位简化的依据时,一些考生就死死咬住,紧紧抓牢,仿佛那是一些
不容侵犯的规范。有个人说他感兴趣的领域是莱布尼茨及其对洛克的
批判。当他在重述时提出该领域,而考官表明自己认为再次谈论同一
个话题不合适时,他的第一反应是:那么他是否不得不再研究两位哲学
家。有时考试冲着霍夫曼斯塔尔②的一个命题进行,那当然是霍夫曼
斯塔尔让被恐惧吞噬的克吕泰涅斯特拉③说的那一句:"惯例可为一切
行径开脱。"(Es muß für alles richtige Bräuche geben)进行谈话的考生

---

① 这里"声名狼藉"和"健全"都是反讽的说法。
② 胡果・冯・霍夫曼斯塔尔(Hugo von Hofmannsthal,1874—1929),奥地利作家、戏
  剧家、抒情诗人。
③ 克吕泰涅斯特拉(Klytämnestra,希腊文作 Κλυταιμ(ν)ήστρα),希腊神话中的人物,阿伽
  门农的妻子,她与其奸夫一同杀死了阿伽门农。

482 在意识中四处寻找掩护、规章和既有路径;这同样是为了在已经打磨好的路子上找到头绪,正如也很可能是为了使考试进程本身规范化,以致整个考试为其而存在的那些问题恰恰消停了。一言以蔽之,人们遭遇了物化的意识。但是,如果没有能力获得经验和自由且自主地对待某个事情,这明显就与人们理性而冷静地设想的,考试规则中被定为高年级学习目的的所谓"真正的精神修养"相矛盾。在就选题进行商谈①的过程中人们得到的印象是,应试者仿佛将布莱希特②的那句"我压根不想当人"(Ich will ja gar kein Mensch sein)选作座右铭,即便恰恰当他们浮皮潦草地学会了各种不同版本的定言命令时,也是如此。对哲学专业提出的苛刻要求感到愤怒的人,正是将哲学仅仅当作一门专业的人。

由于种种原因,我们了解到,不应高估笔试论文在评判考生时的作用,要将更多权重放在口试上。但人们在这里听到和看到的局面很难让人提气。一位考生表达了他对成为一个知识分子的要求的反感,说他在整场考试期间都夸张地悲叹,以便使事情更关乎教育,而不是关乎精神本身,尽管这两个方面的相互关联之多超出了这样一位考生的想象。但专业人士的狂欢恰恰表现在口头上,如果允许我这里发生术语矛盾(contradictio in adjecto)的话。考试规则里这样说:"申请人应表明他掌握其所探讨的哲学家的基本概念,也理解这些概念的历史变迁。"一个考生如果被问到笛卡尔,他可能会像常见的那样把《第一哲学沉思集》的思想进程汇报如流。谈话进展到广延实体(res extensa)③,进展到笛卡尔的自然构想中对它的单纯数学—空间规定,以及它缺乏动力学范畴。对于这一缺乏引起的哲学史后果是什么的问题,那位考生倒

483 是令人尊敬地诚实回答说他不知道,因而他的视野从未超出他理解得相当好的笛卡尔思想进程之外,哪怕超出一点点,以便看出莱布尼茨以及此后向康德的发展是基于笛卡尔体系的何种缺陷之上的。在专业的

---

① 指考官与应试者在考试当场商谈选题。
② 贝尔托·布莱希特(Bertolt Brecht, 1898—1956),20世纪德国著名戏剧家与抒情诗人,创建"辩证剧院",代表作有《大胆妈妈和她的孩子们》《四川好人》等。
③ 拉丁文,或译"广延物"。

意义上聚焦于一位被认可的伟大哲学家之上的做法,使得他与考试规则所要求的东西,与对问题的历史变迁的认识相隔绝了。尽管如此,他还是通过了考试。另一个考生向我报告前两个沉思的思想进程,流畅得令人不快。我打断了他,为的是发现他的回答有多少是自己的理解,我问他对笛卡尔怀疑的尝试以及对无可怀疑的思维之我(ego cogitans)的推论是否满意。浮现在我脑际的是还不算深不可测的一种想法,即笛卡尔那里所求助的个体经验意识本身深陷时空世界之中,它应当在笛卡尔的考察的意义上作为一个不可缺失的残余被凸显出来。考生看了我一会儿,那会儿他与其说是在思索笛卡尔的演绎,不如说是在评估我。结果很明显就是他把我当成一个对高等事物有想法的人。为了讨我喜欢,他回答道:不——这也算是有了真正的会见。① 这里他要给我造成的印象是,他在此仿佛真正思考了什么,因而,比如说,在意识的背景中想起了一些学说,这些学说相信精神对现实具有直接而又直观的知识。不管怎样,他都明白,如果他这话意指了什么东西,不要将它清楚说出来,而哲学正如我们古代的教师科尼利乌斯② 界定的那样,是表达的艺术。但这次回答的独特之处在于,他抛给我一些从没落了的、在当时就显得很可疑的存在主义哲学中取来的笼统空话,相信这样就展示了他的水平,并尽可能地让我显得开心。与专业人士对事实的盲信(这样的人觉得对不符合事实的东西的一切思考都是烦人的纠缠,并尽可能地将其当作对科学精神的亵渎)互补的,乃是对取自在当今德国通过全部污水沟深入生活之中的本真性行话的那些给人脸上增光的话语和魔术般措辞的信赖。当对事情本身的反思、对科学富有精神修养的思考停顿时,代之而起的就是世界观的空话,将不吉利的德国传统摒斥在外,依据那个传统,高贵的唯心论者们得上天堂,而平庸的唯物论者们要下地狱。我不止一次经历过那样的事情,即一些学生问我在他们的论文中是否还可以说说他们自己的观点,我就非常轻信地鼓励他们

484

① 指先前的背诵应试算不上考官与考生的真正会见。
② 可能是指提比略皇帝当政期间生活于罗马的讼师科尼利乌斯(Cornelius)。

这么做,于是他们通过下面这样的一些命题来证明他们的独立性:伏尔泰迫使当局废除刑讯逼供,那么他缺乏真正的宗教感情。在这种地地道道的(terre à terre)无知和官方认可的世界观原型之间的结盟中透显出来的是与集权主义状态相近的某种精神状态。一般而言,国家社会主义在今日的延续,与其说是由于人们还信奉它的学说(过去是否如此,这是很可疑的),不如说在于思维在形式上的某些特质。其中就包括对时下流行东西的努力适应:绵羊和山羊的截然二分,与人类、事物、理念、强迫性传统主义的直接而又自发的关联的缺乏,不惜一切代价信赖现存的东西。这类思维构造和征候本身照内容来看与政治并无瓜葛,但它们的延续却有政治上的牵连。这对于我试图表达的意思或许是最重要的。

从已占有的、本文大都说成是外在地学会的事实与世界观空谈中形成的拙劣作品表明,事情与反思之间的关联被撕裂了。人们在考试中一再察觉到这一点,而且必定会直接推断出希望成长的人本应具备的东西的缺乏,即教养的缺乏。一个女大学生不顾考官的警告,希望就亨利·柏格森进行口试。考官为了看看她是否了解人们所谓的精神史关联,就问她是否知道与哲学家同时代的一些画家,他们的作品与他的哲学精神有所关涉。她那时以为问题的关键在于自然主义。当被问到 485 画家的名字时,她首先说出了马奈,然后是高更,最后在好言相劝之下,说出了莫奈。考官穷追不舍:那整个的这场伟大的绘画运动从 19 世纪后期来看叫作什么? 她便回答:表现主义。啊,她没有指出印象派,却只说了柏格森,但活生生的教养似乎恰好在于,类似于生命哲学与印象派绘画之间的这类关联被经验到了。对此一无所知的人,也不能理解柏格森本身;女考生那时也完全没有能力评论她声称已经读过的两部著作,即《形而上学导言》和《物质与记忆》。

倘若有人,比如说,反驳我们说,那么人们该如何获得那种使得一个人将柏格森与印象派一同联想起来的教养,这就使我们这些哲学考官们陷入窘境了。因为教养恰恰是没有任何相应惯例的东西,它只能通过自发的努力和兴趣获得,而不能仅仅由一些课程来保证,即便这些课程一般而言是研究型的也罢。的确,真正说来这教养甚至也不应归功于努力,而应归功于对新知的开放,归功于直面某种具有精神教养的东西并创造性地将它接纳到自己意识之中的能力,而不是像一句叫人讨厌的陈词滥调说的那样,只以做功课的姿态与之争辩。我所担忧者并非感伤的误会,我甚至会说教养需要爱;缺陷在于爱的能力。很难指出如何改进;事情往往超出这个年龄之外,在儿童发展的某个早期阶段就被决定了。但在这方面有缺陷的人,是不应为其他人授课的。他不仅会在中学里使诗人们在 60 年前谴责过,而人们认为久已克服了(这极有可能是误会)的那个毛病永远传承下去,而且那个缺陷还会在中学生身上延续下去,并永远不断(ad infinitum)产生那样一种精神状态,我并不认为该状态是无辜的幼稚,它在过去是要一道为国家社会主义的灾难负责任的。

　　这个缺点在与语言的关系上最强烈地表现出来。依据考试规则第 486
9 条,语言形式是尤其需要注意的;如遇重大语言缺陷,论文必须被判为不合格。如果考官们遵守这一条款,事情会发展到哪一步,这是我不敢想象的;我担忧的是,教师队伍后继有人这个最紧迫的需求可能永远不会得到满足,而一些考生对此满有信心,对此我倒是毫不惊讶。对于作为一种交流工具的语言与作为事情本身的确切表达的语言之间的区别,只有最少的人模模糊糊若有所感;他们认为,人们能说话,凭此人们能写作,这就够了,当然谁如果不能写作,他往往也不善言辞。我希望不被计入往事赞美者(laudatores temporis acti)之列,但对我文理高中时代的回忆唤起了我对老师们的印象,他们在语言上的敏感性——不,应该说他们在表述上的朴素准确性与当今流行的那种凌乱状态十分不同;顺便说一句,这种凌乱状态似乎诉诸广泛流行的语言用法以自辩,事实上也反映了客观精神的走向。这种凌乱状态与教员们的迂腐死板特别合拍。一旦我在商讨①国家考试论文的主题时获得那样的印象,即考生缺乏语言上的责任感(而对语言的反思是每一种哲学反思的原型),我往往就让他留意考试规则的那条规定,并预先向他描述,我对这

---

① 指考试前作为考官与考生商讨一些事情。

类论文的预期是什么。这类提醒极少起作用,这一事实似乎表明,事情不仅仅关系到懒散,还关系考生与他们所说的语言之间关联的缺失。低分论文充满语法和句法上的错误。最庸俗的陈词滥调,像是"大约",像是"真正的关切"和前述"遭遇"①,都被随心所欲地滥用,甚至还饶有兴味,仿佛空话的使用标志着自立于时代潮头似的。最糟糕者莫过于句子的连接。在这些人的意识背景中很可能还想得起来,一份哲学文本必须形成逻辑上的或论证上的某种整体关联。然而符合这一要求绝不意味着在一些思想本身之间或者毋宁说在想方设法伪装成思想的一些主张之间制造出种种关联。伪装合乎逻辑的和伪装合乎因果性的那些关联是通过一些小品词建立起来的,这些小品词在语言的表面将句子结合起来,但在事情本身的彻底思考上则空洞无力;这样一来,比如说在两个句子中,一个在语言上而言像是从另一个中推论出来的,然而两个句子在逻辑上而言却处在同一层面上。

487

风格如何,这个问题对于大部分考生而言根本不存在,即便他们研习过语言科学;他们对风格不敏感,却费劲又矫揉造作地要从他们熟悉的言谈方式中找出他们错误地当作科学之音的东西。论文语言被口试语言的势头盖过了。会有跺脚声三番五次从"在某种意义上说"这类表示限制和不确定的空话中传出来,这类空话在人们说出它们的那一刻便要将说话的责任一把推开。外来词,甚至包括外语中的一些名称,构成了一些围栏,而这些围栏一旦被越过,其自身或考生就原形毕露了;比如说,把那位被认为很容易归类的霍布斯选作考试哲学家②的大部分人,都会将他念作"霍布贝斯"(Hobbes)③,仿佛"贝斯"(bes)是从那种将"什么东西"念作艾贝斯④的方言中借来的。这里就方言再特别说

---

① 指前文中说到的以做功课的姿态争辩的做法。

② 指作为考察主题的哲学家。

③ 这里阿多诺在讽刺那些考生装作了解霍布斯,却连他的名字在英文中怎么念都不知道,错误地依照德文拼读法来念。

④ 阿多诺继续上文中的讽刺,说的是考生看到霍布斯(Hobbes)的后半截(bes)就不知道怎么念了,心中想着那是个"什么东西"(etwas),临时杜撰了"贝斯"的念法,仿佛在他自己的方言中 etwas 就念 ebbes 似的。中译文很难传达这个意思。

几句。对于教养,人们很可以期待它将地方语言中粗粝的东西改造得适合于更宽和的礼俗。这是不言而喻的。高地德语与方言之间的冲突以打成平手的方式结束,没人会为此感到高兴,未来的教师本身也永远不会,他的恼怒在那个词的发音中回响。方言与演说者亲密无间,即如果这方言还是农民式的,而他至少又要以他自己的语言说话,那么正如常言所说,"他像是长了鸟嘴一样"在说话,这样的景象是一去不复返了①,但客观意义上的高等语言尚未实现,它总是因为有方言的伤疤而走形,那方言听起来的感觉就像是看见了那样一些小镇少年,他们在礼 488 拜天人群拥挤的情况下来顶替服务生,虽说是穿上了服务生的礼服,却不合身。[1]我对用德语在学院内部开设介绍国外的那些课程的友善制度当然并无异议,但介绍国内的课程或许更重要,如果说它们能做到的不过就是使未来的教师们戒除那种将粗朴的野蛮与未来教育的尊严混为一谈的发音方式。与粗野相得益彰的是夸夸其谈,是对处在言说者经验范围之外的那些词汇的偏好,而这样一来,这些词汇从言说者嘴里吐出来,就使得他们仿佛有机会责备他们的学生不懂外来词了。这类表述几乎总是上层社会的低级文化财富,以不那么科学的话来说,是对女士献殷勤的绅士情郎的破烂衣帽间,它在自由精神的领域再也激不起任何波澜,才在所谓的教育部门指手画脚。属于教养的还有文雅,而文雅的体现便是语言。没人会被告诫说他是从乡下来的,但也似乎没人可以据此自傲并抓住不放;谁若是没能成功地摆脱乡下的俗气,他便与教养无缘。消除乡下俗气,而不是徒劳无益地模仿人们认为有教养的虚浮行为,那些想教导别人的人似乎应当将这项义务牢记于心。城乡之间愈演愈烈的分离,农村地区的不开化(这些地区的一些习俗渐趋 489 下流,沉疴难起),乃是使野蛮得以永续的一种形态。这里涉及的还不是维持精神与语言上的优雅的那些技巧。个体只有脱离那样一种格局的直接束缚时才算是成年了,该格局绝不朴实,反而只是落后于历史上

---

① 这里指的是过去高地德语尚未占据上风时,各地的人们以方言的言说方式真切表达某种思想的做法,与当前考试中"粗朴的野蛮"是两回事。

既有的发展状态,那是一个根本没有自知之明的死亡者格局。

人们如果不幸陷入历历在目的空想,就完全能设想职业选择的情形:家庭会劝告年轻人应当从哪里起步,说是凭此他就能在生活中得到什么(或许在此之后人们会怀疑,他是否能凭一己之力,在缺乏由资格证书筑就的职业围栏的保护的情况下,自己创造那个东西);乡贤们在此可能奋力相助,放心地利用他们的种种关系,那么人们就会共同策划出最实际的专业组合来。这里就掺杂进了那种可鄙的、不仅仅在德国蔓延开来的对教师职业的轻视,这种轻视还会使得考生们对自己的要求太过短浅。许多人实际上甚至在开始之前就已经死心断念,这样他们对自己的要求就远没有达到精神的高度。我察觉到时时处处都有某种必然使人堕落的趋势,这种趋势预先就麻痹了对它的抵抗。前述这类高中毕业生所处的境况使他似乎真的很少有别的选择了。如果人们要求他在决定自己未来的那一刻就透彻了解他起步阶段的成问题之处,那似乎太苛刻了。否则的话,在考试现场明显可见的缺乏精神自由的狭隘状态,早就被消除了。我所想到的那些人是被缠缚于厄运的怪圈里了;他们的兴趣使他们作出错误的决定,最终他们自己成了该决定的牺牲品。再也没有比因此指责他们更不公正的事了。但如果说思想一般而言还是应当对自由有些感觉,那么思想的演变就会使得那些不胜任者在他们发展的那样一个阶段得出那些推论,那时他们意识到了困难,意识到了他们的生存与他们的职业以及与相关于该职业的一切之间的断裂——而在大学里,势必会在某个时候产生这种意识。那时他们或者是必须及时放弃他们那个与其概念不一致的职业,而荣景可不是靠"其他的可能性被封锁了"这种借口就能得到的①;或者必须全力以自我批判的姿态对待我曾列举其几种征兆的那个状态,也必须尝试改变那个状态。这种尝试,而非任何固定的结果,仿佛正是考生应当取得的教养,而且我还想补充说明,这种尝试也是考试中对哲学能要求的东西;给未来的教师带来启发的是他们本身做的事情,而不是他们手

---

① 意指人生的成就不能靠被动等待,而要靠主动争取。

足无措地原地不动。缺陷（如我十分了解的，许多人都有缺陷）绝非恒久不变的。因此自我反思和批判性努力具有了实在的可能性。它是大部分人下定决心要采取的那种盲目又执着的勤奋姿态的反面。勤奋和教养与哲学相矛盾，因为它一开始的定义就是获得既有的和有效的东西，在那样获得的过程中，主体、学生本身、他的判断、他的经验、自由的基质就缺席了。

那么统考中真正使我感到惊愕的，是在哲学意义上得到加工和呈现的东西与活生生的主体之间的断裂。他们忙忙活活从事哲学，这本应促进他们真正的兴趣与他们投身其中的专业学习的合一，实际上不过是加剧了自我异化而已。当哲学被当作一个包袱，妨碍了掌握有利的知识，不管是妨碍主科的备考还是由此妨碍为职业而在科学上有所进步或收获，自我异化都会趁机愈演愈烈。用来考试的哲学变成了它的反面，它并未使学生们认识其自身，反而仅仅适用于向学生们和我们展示教育是多么失败，不仅在考生那里，在一般意义上也是如此。为此他们遵循的替代品是科学概念。作为不接受任何未加考察的和未经检验的东西这一要求，科学概念曾意味着自由，意味着从异己教条的约束中解放出来。当今科学性在某种让人不寒而栗的程度上，在它的信徒们面前演变成了一种新的他律形态。当人们以科学规则为导向时，便误以为信从了科学仪式，以科学护身并得了拯救。科学的批准代替了对事实的精神性反思，而只有在那种反思中科学才得以诞生。盔甲掩盖了伤口。物化的意识将科学作为装置插入到其自身与活生生的经验之间。人们越是深深感到遗忘了最好的东西，便越是以能掌控那装置自我安慰。我一再被考生问道，他们是否可以、应当、必须利用二手文献，以及我推荐什么二手文献。现在对二手文献的了解总是很棒的，凭此人们就不致落后于大家已经达到的认识状况，并尽可能地再次进行总体定向。谁若是希望取得从事科学研究的资格，他到底还是应当表明自己精通科学工作的游戏规则。但对二手文献的关心常常南辕北辙。一旦人们期待在那里发现自己在逆来顺受的态度下并不相信自己会产生的一些思想，他们就会指望（或许根本没有明确意识到这一点）

491

通过科学的废话,通过引用、通过丰富的文献索引和通过斥责神秘恩典来参与科学。人们希望至少能成为与科学一伙的,因为否则便什么都不是了。我对存在主义哲学并无好感,但在这种时候它还是有道理的。科学成了无思想也无自由的仪式。诸位都听说,自由必须得到拯救,它受到来自东方的威胁,而我自己对东西德分界线另一边规制意识的状况根本不抱幻想。但有时在我看来,即便在那些表面看来似乎还拥有自由的人身上,自由似乎也已经被损害了;从精神特征来看,似乎他们已经堕落,即便该特征并未被特意指明时也是如此;人们似乎指望着减轻自主的重负,这自主意味着在欧洲值得重视和保留的一切。在思想无力兴起的时候,已经埋伏着使自身藉藉无名并服从某种权威的可能性,诚如人们如今已经相机行事,顺从地依附现成东西那般。一些人还会尽可能地在自己面前将那种禁令美化为本真性行话所谓的真正责任。但他们误会了。他们没有走出自主精神的孤立处境,反而缩回个体化背后,因此也就不能克服他们自己设想的个体化了。

关于实践上的进步的念头在许多人那里占据钢铁般不可动摇的霸权,以致再也没有任何事情与之相抗衡,被认认真真考虑了。他们的态度是自动抵抗,因此,我不知道我是否完全了解他们的想法。物化意识的特点是在自身内部安顿自身,坚守自身,坚守自己的弱点,并不惜代价为自身辩护。我总是为哪怕最迟钝的人在择机为糟糕的东西辩护时也具有的那种敏锐感而惊叹。人们可能在无可辩驳的地方还驳斥我说,那种状态众所周知,但人们似乎也提不出任何针锋相对的主张来。支撑该状态的是那样一些一般信念,当今的任何一个人仿佛都会从中获得有助于自身工作的敏锐感。此外还可以想一想(而我似乎是第一个赞同这一点的人),像家庭出身这些人们无力改变的社会条件似乎对人们无法满足这里强调的教养概念负有责任:据说大部分人被褫夺了作为所有明确课程的先决条件的经验,而那些经验正是教养的源泉。此外还可以让人们留意大学的缺陷,留意大学自身的失灵之处:它本身通常并未提供我们在考生那里发现的缺失的东西。最后还可以注意学习材料方面负担过重的情形,以及令人不快的考试处境。我并不想与人争论,所有这些建议中有哪些切合实际以及人们会对此给出什么托词;有一些洞见本身是正确的,然而一旦人们将其套用到狭窄的兴趣上时,它们就成了错的。就此而言我会承认,当所有人都暗自依赖超强总 493 体结构这种局面将自由的可能性降至最低时,对个体自由的呼吁是空洞的;自由根本不是不可让渡与不可移易地悬于人们头顶的什么理想(这幅图景并非徒劳地令人想起达摩克利斯之剑),自由的可能性本身在历史上时时都在变化。当前大部分人的经济压力毕竟还很难说达到了无法忍受,以致将事情的自我思索和自我反思隔绝开的地步:人们更多感受到的是全社会的乏力,是某种普遍的依赖性,这种依赖性根本不像旧日的物质短缺那么容易凝练出各人自己的使命来。

但如果这样的话,能否要求一个人飞跃起来,超升出去? 像最终了解到哲学是什么的那位柏拉图当作哲学最重要的主观条件的那种激情,是否能预先得到规定? 答案还不像采取拒绝姿态的人以为的那样简单。因为这种激情根本不是什么偶然的和(比如说)单纯依赖于年轻人所处生物学阶段的状态。它具有某种客观内容,即对事物单纯直接性的不满足,对事物的假象的经验。超升于这种假象之上,却是事物本身所要求的,一旦人们怀着善意投身于它之中。我所指的超升与投身是一体的。缺乏什么东西,这一点每个人从根本上说冷暖自知;我知道我并未说出任何新意,充其量只说出了一些人不敢承认的东西。这里最值得推荐的似乎是谢林的《学术研究方法论》。在他的同一性哲学萌芽期间能发现许多动因,走向我从完全不同的前提出发得出的结论;令人吃惊的是,1803 年处在德国哲学运动的顶点上,那时的情境就我们目前谈论的问题而言,与当下并无根本区别,而在当下,哲学不再具有同样的权威性了。在未来教师那里得到追捧的似乎不是皈依对他们而言陌生而不关痛痒的东西,而是他们工作中的紧迫需求,而且这需求还不允许以所谓研究压力为借口加以放弃。今日人们对待精神的态度可 494 能比那时更可疑,而传布唯心论似乎显得很滑稽,即便唯心论还具有它在哲学上已然失去的现实性时也是如此。但精神不满足于现状,它本身孕育着人们在主观上觉得现状所缺乏的勃勃生机。将自身托付给精神的运动,这是每一个选定了某种精神使命的人认同的义务。这义务得到兑现,应当不少于人们,(比如说)期待考生们依照考试秩序行事。似乎没人应当老于世故却又装作深思熟虑地排斥我本想表达,或许也根本无法完全清楚地表达的意思。更好的做法似乎是考察每个人必定承诺和期待过的是什么。人们不可自我安慰说,现在情况就是这么糟糕了,也无可奈何了,而是要反思那种厄运,反思它给自己的工作,甚至给考试带来的种种后果。这似乎就是那样一种哲学的萌芽了,它只对那些浑然不知该哲学何以对其隐而不彰的人隐而不彰。

注释

[1] 撰写附言的机会促使我作一解释。我的意思并不是说,教养等于在某种毫不留情的高等语言中将方言的所有痕迹芟除净尽。在这一点上,比如对维也纳腔调最简单的一点经验都会教导我们,语言上的博爱恰恰在这些痕迹中得以实现了。但那样一种德语,它由于以和解姿态融摄方言痕迹而摆脱方言粗野之处,与那样一种方言,在它那里语言的两个层面总是无望地争执着,在那里死板的正确性被不定形的方言残迹证明是谎言——这样的两种语言之间的区别乃是事关全局的一种区别。这无非就是文化与某种实在的压迫机制之间的区别,前者将留恋自然本性的东西扬弃到自身之中,后者则延伸到了精神的内部。受到压制的自然本性在被禁绝的情况下只不过受了些损害,然后又以破坏者的面目重现了。一个人是否有语言天赋,这一点恰恰是由他的教养在他感知这类细微差别的能力上显示出来的。

关于精神科学与教养的笔记

当前大学在方方面面遭遇的危机是真实不虚的，在这些方面中我想突出其中的一个，我先前当然不曾发现这个方面，然而它在公众的讨论中很少得到足够的关注。这个方面与那样一个复合体紧密相关，后者作为教养与专业训练的分离为人所知，但它的真相却完全是另一回事。这个方面殊难表达；我在表达这个方面的即兴尝试中含有的模糊与粗疏之处，是需要抱歉的。它涉及那样一个问题，即当今的大学在论题和传统方面坚守其概念的地方，即在所谓的精神科学中，是否还能达成教养；一般地说，即学院人士通过其研究究竟还能不能获得那样一种精神经验，该经验是教养概念的题中应有之义，也是他所研究的那些课题本身含有的意思。许多迹象表明，教养恰恰是被伟大的哲学衰退之后出现且获得某种垄断地位的科学概念掏空了的，而这教养正是该概念凭借垄断地位要加以独占的。科学的训练是一种精神形态，它体现的是歌德以及黑格尔所要求的那种外化：精神献身于与之对立的和别样的东西，在那东西中它才获得它的自由。谁若是逃避了这种训练，便会因为业余的盲目思考和百事通般的闲谈而极易降低到他正当地憎恶的东西的水平之下，他就不得不服从以他律方式强加给他的那种方法。但那种训练和与之相应且在那时恰成费希特、谢林、黑格尔所谓的"科学观"之反面的那种科学观，便以其反面的环节为代价获得了灾难性的优势，但这优势却不能以政令的方式被撤销。尽管在其他方面多有说 明，自发性、想象力、自由事实上都被"这还是科学吗？"这个无所不在的问题限制了,以致精神甚至在它本家的地盘上都受到去精神化的威胁。科学概念的功能发生了突变。方法上极为精干的齐整性、普遍的可控制性、主事的学者们的共识、所有主张的可证实性,甚至包括思想进程在逻辑上的严格性,这些全都算不上精神:无懈可击的标准同时也总是在抵制精神。在针对不规则洞见的斗争明确发起的地方,事情就根本不可能走向教养的辩证法,走向洪堡时代人们构想的那种主客体皆向内转化的过程。有机组织起来的精神科学乃是精神的存货清点与反思形式,而不是精神自身的生命;精神科学要将精神认作陌生的东西,并将这种陌生性提升为准则。但如果精神科学以精神自居,精神就会消失,即便在科学本身中也是如此。一旦科学自称是教养唯一的工具论,这事就会发生,而社会的建制又没有批准任何别的东西来充当教养的工具论。科学越是深深地预知它并未提供它允诺的东西,明显就越倾向于对异己的精神采取不宽容态度,越坚持自己的特权地位。对于许多精神科学专业的大学生在头几个学期的惊讶之情负有责任的,不仅仅是他们的天真无知,还有下面这一点,即各精神科学损害了从天真无知、从初始状态通向精神须臾不可离的客体的那个环节;在这个问题上,它们在自我反思方面的缺乏同样很天真无知。即便这些科学在世界观上反对实证主义,它们暗地里还是被实证主义思维手法的魔力俘获,被一种物化意识的魔力俘获了。在与某种社会总体趋势一致的情况下,训练就成了压制并非由既有格局顽固地再生产出来的一切东西的禁忌,但这仿佛就成了精神的使命似的。在一所国外的大学,一个学习艺术史的学生被教导:您到这里不是来思考,而是来研究的。在德国,出于对某种传统的尊重(这传统除了这样的尊重,也不剩下什么了),这一点虽说没有这么直截了当地被说出来,对于这里的工作形态却也并非毫无影响。

497

意识的物化,对它那些精雕细琢的装置的支配,往往优先于对象,并阻碍教养,而教养似乎与对象一道在抵制物化。有机组织起来的精神科学给它的种种对象铺盖上的那张网,一步一步成了物神(Fetisch);科学据说没给富余的其他东西留下任何地盘。由海德格尔学派推动的,在哲学上很可疑地对原初性的崇拜,很难说有多么吸引精神科学领域的年轻人,它似乎也不合乎一种货真价实的需求。年轻人每天都发现,科学思维并不揭示什么现象,反而只满足于它们已经制备好的那种形态。然而由于使思维物化的那个社会进程被误判,他们便又将原初性本身做成了一个行当,做成了自称很彻底且正因此而很专门的问题。物化的科学意识将事情本身撇至一边而不务正业地追求的,不过是一桩社会事务:一旦有人提醒他们忘记了的东西,就通过机制化的科学部门来加以掩盖,而那个部门正是上述意识作为唯一主管机关加以求助的。这便是精神科学中隐含的乡愿风气。倘若精神科学宣称要塑造有精神修养的人,那么这些人其实是被它损害了。他们在内心里建立起某种多多少少心甘情愿的自我审查。这种自我审查首先使得他们对不服从他们科学的游戏规则的东西闭口不提,久而久之他们怕是连如何感知那些东西都不会了。即使面对精神产物,对于以学院的方式研究这些产物的那些人来说,要设想出有悖于不曾明言的,因而也越来越强大的科学理想的什么东西来,简直太难了。

这种理想的压迫性力量绝不仅仅限于那些求知的或技术性的专业。连在这些专业中锻炼实践运用能力的听写活动,都利用了这种运用能力无法支配的东西。因为对于自从科学与哲学相互分离(这出于双方的原因且造成对双方的损害)以来势不可当地扩展开来的那种科学概念而言,精神方面的损害乃是题中应有之义。即便在以精神性事物为主题时,学院教育也向以现成发现的、事实性的东西及其加工改造为标杆的一门科学靠拢——精神的生命要素似乎就是不满足于这样一种事实性。精神方面的深度损害与科学化如何相互绞缠在一起,这一点表现为如下现象,即一些成熟的哲学命题作为解毒剂被置于此处。人们将这些命题灌入精神科学的种种解释之中,以便赋予它们所缺乏的光泽,同时并没有使它们跳出对精神产物的认识之外。这样一来,就总能带着几分滑稽的味道从这些产物中无差别地读出同样的意思来。

在精神和科学之间有一个真空地带。不仅专业的培养,而且连教育本身也停滞了。教育向着方法的环节和信息的环节两极分化。与此

498

相对,这样形成的精神仿佛既是一种不自觉反应的形式,也能掌控其自身。在教育机构中这精神孤立无援,哪怕高等学校也无济于事。未加反思的科学化进程越来越将精神贬斥为某种胡闹,然后这种进程越来越深地与它的研究内容和它认定的使命相矛盾。如果说大学还应当具有其他含义,那就应当介入各门精神科学,正如介入精神科学毫无理由地自以为在精神方面超过了的那些专业一样。

二十年代①

献给达尼埃尔—亨利·坎魏勒②

口号之所以令人生疑,不仅仅是因为它们将思想降格为筹码的功能;它们也显示出它们自身的不真实。公众的意识归于 20 年代的东西,尤其是复兴的模式归于 20 年代的东西,那时(最迟在 1924 年)便已褪色;新式艺术的英雄时代毋宁说是 1910 年左右,那是合成立体派(des synthetischen Kubismus)、德国早期表现主义、勋伯格③自由调性(der freien Atonalität)及其学派的时代。最近阿道夫·弗里泽④在与洛特·莱尼亚⑤的一场广播对话中指出了这一点。我能清楚地记得,我在国际新式音乐协会于 1927 年在法兰克福举办了一场庆典之后发表了一篇名为《固定的音乐》的论文。人们通常只归罪于国家社会主义暴政压力的退化、中性化和教堂墓地般一片死寂等现象,其实在魏玛共和国时期,说到底自由主义的欧陆社会已经成形了。专制独裁

---

① 遵从惯例,中译文仅在标题中保留大写数字("二十年代"),正文中改为小写。
② 达尼埃尔—亨利·坎魏勒(Daniel-Henry Kahnweiler, 1884—1979),德国—法国收藏家、艺术史家。
③ 阿诺德·勋伯格(Arnold Schönberg, 1874—1951),奥地利作曲家、音乐理论家、画家、诗人和发明家,阿多诺极为重视他在音乐上的无调性思想。
④ 阿道夫·弗里泽(Adolf Frisé, 1910—2003),德国新闻记者、作家,以编辑穆齐尔著作闻名。
⑤ 洛特·莱尼亚(Lotte Lenya,亦写作 Lotte Lenja, 1898—1981),奥地利—美国女演员、女歌唱家。

不是像柯特兹①入侵墨西哥那般由外而内降临那个社会,而是由第一次世界大战后的社会动态造成的,而且预先就有许多征兆。

在由高度集中的经济力量操纵的大众文化产品上,这一点显而易见。人们要是听到 20 年代的唱片、流行新曲、讽刺歌谣、诙谐小调重获生机,便会为这整个领域里改变如此之少感到惊讶。正如时尚中那样,只是装饰打扮在变化;事情本身,即依照消费者有限的反映而从种种符号中裁剪而成的传统语言在根本上是同一套东西,比如爵士乐就是恒久不变的时尚。这些已成过往的时尚跟正流行的时尚相比显示出一种幼稚笨拙的面向,即显示出美国轻音乐俚语(slang)所谓的陈腔滥调(corny)的一面,这一点其实是时代的一般特征,充其量只代表了机械装置的不断完善化,包括作为流行事物实体而应归于社会心理控制之列的那种机械装置的不断完善化。激起了过去也曾为米斯盖坦②和黛德丽喝彩的那群人嘲笑的那个不太灵巧的环节,和当今容光焕发地追捧那些产品的思慕之情,其实是同一样东西;拥有种种技巧和消费文化的那个不太发达的阶层遭到了误解,仿佛那个时期更接近源头似的,而事实上它和 1960 年完全一样,都被划入顾客囊中。一般而言,在一种依照工业理想理性化了的文化的层面上,要说有某种东西发生了变化,这是悖谬的;理性(ratio)本身只要一本正经地核算文化上的种种效应,其本原就总是一成不变的。当文化工业占领区的某种东西老旧过时,这本原便显出其令人震惊之处。这个悖论的冲击在 20 年代里(与 1880 年的世界形成对照)已经被超现实主义吸收利用了;在英国,那时已有像艾伦·波特③的《我们的父辈》这样一部书造成类似的效果了。如今这冲击在 20 年代又上演了,仿佛 80 年代④的众生相在 1920 年左

①　荷南·柯特兹(Hernán Cortés, 1485—1547),西班牙入侵墨西哥的征服者,征服了阿兹特克文明,在 1521—1530 年间担任新西班牙总督。

②　米斯盖坦(Mistinguett,原名 Jeanne Florentine Bourgeois, 1875—1956),法国演员与歌唱家。

③　艾伦·波特(Alen Bott, 1893—1952),第一次世界大战英国王牌飞行员,战后成为新闻工作者、编辑和出版商,1931 年发表《我们的父辈》。

④　指 19 世纪 80 年代。

右重演了。但通过重演，这冲击也钝化了。20年代的异化乃是一个幽灵的幽灵。

在德语地区，20年代的形象（imago）似乎根本就不是通过精神运动塑造的。表现主义与新式音乐在那时能产生的反响远远比不上当今种种激进的审美潮流产生的反响。毋宁说那是充斥着爱欲幻想的众生相。这些形象由舞台剧本供给，那时后者曾代表时代精神，今天也完全如此，同时在其自身的构成方式上似乎并无特别的长进。布莱希特和魏尔①合作而成的歌剧（《三分钱歌剧》和《马哈哥尼》），以及恩斯特·克热内克②的《容尼》③，是这个层面的代表作。对世界文雅地去性别化的趋势（该趋势自那时起便与同时代禁忌的消解不成比例，因而显得荒谬，却又不断进展）的不适感，在20年代将浪漫的愿望转而寄托到性501混乱、红灯区（red licht district）和大开放城市（wide open city）。万物中都有某种无节制骗人的东西。对贫民窟燕妮④的欢欣鼓舞与对妓女的迫害原是一体的；对于没有任何更适当客体可支配的妓女⑤，那看似透明的秩序就当她们是出气筒。倘若20年代光景果真如此美妙，人们不用做别的，只要不打搅那些柔弱的姑娘，取消扫荡行动就行了。人们不仅不这样做，反而制作有关淘气的20来岁（naughty twenties）⑥，甚至有关祖父母辈的图卢兹—罗特列克⑦的一些挑逗他人却又貌似自我克制的电影。那些姑娘的做法即便在那时也不是没有理由的。选帝

---

① 库尔特·魏尔（Kurt Weill，1900—1950），德国—美国作曲家，以与布莱希特合作而闻名。
② 恩斯特·克热内克（Ernst Krenek，1900—1991），奥地利—美国作曲家，代表作为《卡尔五世》。
③ 全名为《容尼奏乐》（Jonny spielt auf），克热内克自撰脚本的歌剧，描述黑人爵士乐团的领班容尼偷了同事一把小提琴而登台演奏，结果成为艺坛明星的故事。
④ 贫民窟燕妮（die Spelunken-Jenny）是布莱希特《三分钱歌剧》中的一个妓女形象，与剧中表现的维多利亚时代伦敦街头的强盗头子有过一段情。
⑤ 指这些妓女除了身体之外没有任何资源。
⑥ 《淘气的二十来岁》是1951年美国上映的一部电影。
⑦ 图卢兹—罗特列克（Henri de Toulouse-Lautrec，1864—1901），19世纪末期法国印象派画家、版画家，自幼残疾，发育不全，所绘人物多为巴黎蒙马特尔一带的舞者、妓女等中下层人物，被人称为"蒙马特尔之魂"。

侯大街①上不幸被商业化了的性活动，如乔治·格罗兹②用画笔和卡尔·克劳斯用语言清楚描绘的那般，在当时并不比当今死气沉沉的气氛更接近乌托邦。

尽管如此，将 20 年代设想成人们在其中（正如布莱希特的《马哈哥尼》所说的那样）可以宽容一切做法的世界，设想成一个乌托邦，这种做法也是有道理的。那时就像 1945 年后不久，一个政治上解放的社会的可能性明显可见。当然，也只是看起来如此：由于 1919 年的种种事件，20 年代的形势已经对那样一种政治潜能不利了，倘若事情的进展轨迹有所不同，该潜能似乎更有可能影响到俄国的发展，阻止斯大林主义。人们很难抑制一种感觉，即那时甚至也在艺术的纠结状态中表现出两个方面，一是世界在较好的情况下仿佛能自行转向，一是通过那时在法西斯主义中已显露无遗的各方强权的建立而毁坏那种可能性；这种纠结状态实际上是 20 年代所特有的，也无关乎现代经典作家的某种模模糊糊又矛盾重重的观念。恰恰是那些毁誉参半的歌剧形象，在其对待无政府状态的可疑态度上显得仿佛以给国家社会主义提供口号为其主要功能似的，而那些口号彼时服务于文化暴政了；仿佛被有意树立起来的无序已经是依照希特勒随后带给欧洲的那种秩序盛行③着了。这绝非 20 年代的什么光荣。随之而来的灾难乃是由 20 年代自身的社会冲突中孵化出来的，即便在人们通常所谓的文化层面，也是如此。

就对 20 年代的怀念事实上追随的是某种精神性事物，而非仅仅追随某个时期的幻景（这幻景既由玻璃纸般的现代推动，却又不被其采纳）而言，真正起决定作用的不是那时产生的东西的等级和品质，而是精神本身真正占据的或被误以为占据的地位。人们在明确意识到之前就感受到，复辟的文化在多大程度上被它长久以来已然认同的意识形

502

① 选帝侯大街(Kurfürstendamm)，在德文中亦简称"库达姆大街"(Ku'damm)，是柏林的一条连接王城宫邸与古纳森林狩猎宫的一条供骑行的沙路，由俾斯麦开拓扩建，成为通向柏林城西别墅区的市区林荫大道。1920 年也曾上映一部同名电影。至于阿多诺此语是否影射电影中的景象，尚待考证。

② 乔治·格罗兹(George Grosz, 1893—1959)，旅美德国艺术家。

③ 原文为"gegiert"，德文无此字，疑为"regiert"(盛行)的笔误。

态吞噬了。因为当人们不敢承认这一点时，便会勾画出关于某种过往状态的理想，在那个理想中，精神尚未被迫招认其与现实权力的不协调。与那时以来发生的事情形成对照的是，精神一般会采纳某个无效的方面。它是负有责任的，因为它未能阻止恐慌；它自身的软弱性和脆弱性却又预设了某种仿佛摆脱了野蛮的实在。人们赋予灾难正要发生之前的那个时代之形象（imago）的，是现在被认为不服从精神的所有那些东西。介入性的精神运动的缺席——战后头一些年的存在主义已经不再呈现为原样重现的复兴了——即便在毫无恶意的人们中间，也唤起了无创造性的印象。这方面的缺席有助于促成关于 20 年代的传奇，其实在 20 年代里，还在要求在人们生活中重建古老关联的那个精神领域已然动摇了。在 1918 年后，立体派不可能再被接受，这一现象很可能是一种死后（post mortem）才能得到诊断的症状。坎魏勒报道说："毕加索现在还常跟我说，在 1907 年至 1914 年间所做的一切都只有团队才能完成。离群索居、只身一人的处境肯定令他非常忧心，发生这一转变的原因正在于此。"[1] 打断画家工作的连续性并促使不止他一人进行调整的离群索居状态，在那时很难说是什么生平方面的偶然命运。503在这种状态下，集体力量的缩减是很明显的，而集体力量才是催生了欧洲艺术伟大更新的东西。个别精神与社会之间关系的延迟发生，最终甚至会以最隐秘的方式将那些曾经蔑视对社会需求的任何适应的人搅动起来。在这种关系中并不缺乏那种天真的文化信仰所谓的创造性天赋。在精神性生产本身的理念中已经埋下了一副毒药。这种生产的自我意识，即对制造历史的信赖，被掏空了。与此一致的是，正当这种生产被接受时，它不再插手了。即便这种生产的最明显的表现形式，在整体文化活动面前，也措手不及。由于世界精神不再含有精神，世界精神最后的日子熠熠生辉，仿佛那是过去都不曾有的黄金时代似的。残余下来的是法西斯主义机构的回音，而不是活生生的本尊；对于有声望东西的彬彬有礼的尊重，也只能装腔作势，摆出一副不可一世的架势。仿佛只有一种还能自断臂膀的意识更好些；贝克特①有这种意识。将精

---

① 塞缪尔·贝克特（Samuel Beckett，1906—1989），爱尔兰作家。

神降格为新的错觉的东西,仿佛不再是这种错觉的文化,而是通过这错觉的形态表现出来。该文化摆脱徒劳无功的厄运的唯一办法,就是将厄运做成规范礼仪。

当前与 20 年代之间并不稳固的关联是由历史的非连续性造成的。当法西斯主义的 10 年在前一时期已然装配好了它全部的要素,甚至延伸到表现主义的深处时(它的代言人之一汉斯·约斯特①将那 10 年带到了纳粹优先的境地,此外,在 20 年代他就已经遭到布莱希特敏锐的戏仿了),为纳粹所偏爱的"变革"这个术语也可悲地被保留下来了。传统,包括反传统的传统,被生生折断,渐遭遗忘的种种使命被抛诸脑后。从现在开始,在艺术上与那个时期②为伍的东西,不仅拙劣地追索在此期间已然灭绝的创造力,同时又努力遵循善始善终的义务。1933 年被在完全不同的另一个意义上堪称那个时期的后果的一场大爆发淹没掉的东西,还有待发展出其自身的后果。

504　　当前的艺术,依照其自身的问题格局来看,该当如何对待过去的先锋派,这一点不言而喻,而够格的艺术家们也很清楚这一点。反对墨守成规,这总是必不可少的。种种形式在作品内部重现,而不是作为某种异己的东西加给作品。人们完全清楚,这些作品必须与其材料的历史地位相匹配;既不要盲目地和拜物教式地将自身托付给材料,也不要从外部将主观意图刻印到材料上。只有脱离了低级趣味和自身虚弱性,只有勇猛精进且抛弃掉后希特勒时代德语中以"模范"这一令人反感的表述称谓的一切东西,才有希望产生某种有价值的东西。对结果的所有计虑都是无用的,哪怕是在社会功能和为所谓的人考虑的借口下,也是如此;但即便主体的庄严性,以及它那出自新式艺术的英雄年代的表现形式,也是如此。没人能再逃避每一种艺术本身吊诡的方面了;悖谬之处在于这个方面,而不是任何存在主义的哲学论断。在这吊诡的每一个环节中,人们都必定能发现意义的危机的现实生产,包括主观上被赋予

① 汉斯·约斯特(Hanns Johst, 1890—1978),德国作家、戏剧家,曾为纳粹机构服务。
② 指纳粹 10 年之前的那个时期。

形象的意义的危机,也包括世界的某种意义充沛的形制的危机。否则这吊诡就在辩护中出卖自身了。当今的艺术作品只顾证明自己意义充沛,因而是合法的,这样的艺术作品最冷淡地表明自身是反对意义概念的。

在获得称赞的 20 年代已面临僵化或消散的种种推动力,似乎倒要被捡起来了。需要在一定的间距之外加以考察的是,与 20 年代的艺术家齐名的许多艺术家,在随后的 10 年里已经越过了顶点,至少已临近他们的终点了;康定斯基①如此,毕加索、勋伯格乃至克利②也都如此。如果说勋伯格逻辑完整的 12 音技法毫无疑问产生于他自己的成就,产生于脱离调性语言的解放,也产生于主旨—主题作品的激进化,那么在向体系性原则过渡的过程中,也毫无疑问有某种最好的东西丢失了。音乐语言尽管含有经过革新的材料,但比起勋伯格在第一次世界大战之前最好的那些作品中的情形,还是更能适应传统材料;作曲主题那种得到释放的自发性和无拘无束状态受到对秩序的某种需求的束缚,这种需求表明自身其实是成问题的,因为该主题产生的秩序乃是出自上述需求,而非纯粹出自事情本身。在最近 10 年音乐的僵化中呈现出来的东西,先驱者的那种常见而又被人幸灾乐祸的危险,即沦为二流的顺势派,在很大程度上就是对秩序的上述需求的遗产。在音乐上被 20 年代当作使命传递下来的东西,似乎恰恰修正了对秩序的上述需求,是一种不定形音乐(musique informelle)③。来自 20 年代的秩序观恰恰只能被重温,却不能被接受。过去这种秩序观不是别的,只是对人们极为惧怕其当真存在的某种所谓的混乱的抽象否定。

值得反思的恰恰是有无必要毫不妥协地继续推进那里里外外都被拘禁起来的东西,仿佛已经到了上诉的边缘。在全面断裂之后的 30 年或 40 年,人们在已然终止的地方无法直接继续,这是显而易见的。那

505

---

① 瓦西里·康定斯基(Wassily Kandinsky, 1866—1944),俄国画家,表现主义的创始者。

② 保罗·克利(Paul Klee, 1879—1940),德国画家、版画家,其作品具有表现主义、构成主义、立体派、原始主义等多重风格。

③ 阿多诺在 1961 年达姆斯塔特新音乐短训班上提出的一种音乐理念,不是指无形式的音乐,而是指不受既有模式支配的音乐。

个时期的一些重要作品同样受惠于该时期对与它们异质的某种东西、与它们加以反抗的传统所形成的那种丰富的张力的把控能力。那时传统还是与它们敌对的强大力量，而最多产的艺术家恰恰从传统中受惠良多。许多东西由于与这传统的摩擦而失去了激发出那些作品的力量。自由是很美好的，但如果缺了它的辩证对立面，就有空转的危险，而那个对立面若是缺了意志，也无以存续。为了使当前的艺术绝不成为 20 年代的翻版，不退化成教育物资（这对于教育物资是不相宜的），它似乎必须不仅想到技术问题，还要想到它自身存在的条件是什么。它拿来装点社会舞台的不再是哪怕已经崩溃的晚期自由主义，而是一个操控自如、经过深思熟虑且整合为一的社会，即"被管理的世界"。在这世界作为人为形式的抗议呈现出来的东西（而且任何人为形式如果不成为抗议，仿佛再也无法想象了），其本身也落入这形式加以抵制的既定计划之中，而且带着矛盾的标记。艺术作品由于在其材料得到解放和全方位整理之后，纯粹从其自身的形式规律中发展出来，不带有任何异己的东西，便可能成为某种太过明亮的、万金油式的无害之物。这些作品的不祥之兆在于，典范是裱糊而成的。这方面的苦闷将人们的目光导向 20 年代，然而这目光并未满足渴望。谁若是对这类事情有所感觉，他只需察看一下最近阶段无数书籍、绘画、乐曲的标题，便可感觉到某种令人醒悟的二流风气。这种局面之所以让人极难忍受，是由于当今产生的每一部作品不管是否自愿，在出现时都显得像是全凭一己之力似的。灾难性的做作之处，即在形象方面缺乏具体存在上的约束，便被对应景之物的抽象意识代替了。这终究反映出政治关联的缺乏。激进东西的概念在完全被转移到审美领域之后，便具有了转移注意力的意识形态特征，具有了对主体实实在在的软弱无能进行安抚的特征。

然而对于当前文化的困境最有说服力的证实是，对化学般纯净的审美进步本身具有的意识形态本质的批判立马又变成了意识形态。在整个东部地区①，该批判仅仅致力于将已经通入艺术之中的哪怕最后

---

① 从上下文来看，"东部地区"应指民主德国。

一些难以管束的躁动杀死,并协助顺势派服从于总体。但说到底这很可能同样表明,艺术本身的根基动摇了,与审美领域的某种完好无损的关联再也不可能了。在奥斯维辛之后兴起某种文化,这一概念是虚假而荒谬的,每一种毕竟形成了的产物为此也都必须付出痛苦的代价。然而由于世界历经毁坏而幸存,它仍然需要艺术成为它无意识的历史描述。在当前,本己意义上的艺术家是那些在其作品中由于最极端的恐惧而事后颤栗的人。

注释

[1] Daniel-Henry Kahnweiler,*Mes galaries et mes peintres. Entretiens avec Francis Crémieux*,Paris,1961,S.73.

关于电视的开场白[1]

电视的社会、技术、艺术各方面不能孤立开来被讨论。它们广泛地相互依存：比如艺术特质就依存于对大众的顾虑，对大众佯装不知只会使人自以为获得一种软绵绵的无辜感；社会后果依存于技术结构，也依存于发明本身的新颖性（在美国，新颖性在技术的开始阶段的确起着决定性作用）；但也依存于电视节目播送给观众的那些或公开或隐秘的消息。然而媒体本身却落入文化工业的广泛模式之中，并作为电影和广播的结合体进一步促进了文化工业在一切方面改造并捕捉公众意识的趋势。人们通过电视而趋近于在一个触及所有感官的摹本中再次拥有整个感性世界的目标，同时也能在不知不觉间潜入世界的副本中，人们总是认为此事有益于真实世界。个人的生存在文化工业面前总还遇得见那道裂缝（只要文化工业并未全方位支配可见之物的维度），便被弥合了。正如人们在没有得知文化工业这回事的情况下，很难迈出劳动时间之外一步，文化工业的各种媒体也像那样相互配合，即在它们之间再也不容任何思索，再也不容人们想到，它们的世界并不是真实世界。"在剧院，由于取悦视听，反思相当受限制"——歌德的预感似乎在那样一个大全系统中才兑现，在这系统中剧院早已成为一个鼓舞人心的博物馆，这博物馆因此又以电影、广播、画报，在美国尤其还以滑稽故事和漫画书不间断地影响消费者。只有全部相互协调然而在技术和效果方面又互不相同的做法的相互作用，才构成文化工业的气氛。因此社会学家们很难讲清楚，电视对人们做了些什么（what television does to people)。因为即使经验性社会研究的先进技术总是能将电视特有的那些"要素"分离出来，那些要素本身却也只能在系统的整体中获得其力量。被固定于不可避免的事物之上的人们倒是更有可能变了样。电视或许会再次将他们打回原形，只不过比其原形尤甚。这似乎符合当前社会中基于经济之上的总趋势，即在社会的种种意识形式中不再超出自身、超出现状(status quo)，反而不断强化这现状，比如当这现状的恢复受到威胁时就是如此。人们生活中顶着的压力是在那个意义上增长的，即如果他们适应现状后好不容易达到的成就并没有不断花样翻新，这些成就自身也没有被复制，他们便无法忍受这压力。弗洛伊德教导过，对本能冲动的抑制从未完全成功，也从未长久成功过，因此个体的无意识心理能量便被孜孜不倦地挥霍，用于将意识中达不到的东西进一步持留于无意识之中。个人本能经济(Triebökonomie)中的这一西西弗斯式的苦役如今似乎"社会化"了，被文化工业的种种制度的管理吸纳了，为这些制度及其背后的强大利益所用。如今的电视及其附属性事物对此事作出了贡献。作为现象的世界越是完备，作为意识形态的现象便越是密不透风。

新技术就像广播一样，将产品带到了消费者家中，在这一点上新技术与电影分离了。如今的视觉形象比电影院里的小得多。这种局狭性 509 并未遭到美国公众的挑剔：人们试图把屏幕做大，但在布置家具的私人居所里能否获得像在电影院里那样达到原物般大小的幻觉①，这还是成问题的。或许图像可以投放到墙上。无论如何，人们的需求都是富有启发性的。此时电视屏幕上人物的小小图像可能会妨碍惯常的辨认和英雄崇拜。那里传出正常人声音的是些侏儒。他们很难在与电影人物相同的意义上被认真对待。抽去现象的实际大小，使它不再依照自然的情形，而是在审美的意义上被感知，这需要的恰恰是在文化工业的受众那里无法设想，也被文化工业本身削弱了的那种升华能力。人们在家里接收到的小小男子与女子形象，会被无意识的感知当成玩具。

———————————

① 指看到电视屏幕上较小的形象，然后想象原物的大小。

一些这样的玩具或许会给观众带来消遣：观众感到这些小小的形象是其可支配的财产，认为自己优越于它们。在这一点上电视类似连环画，类似具有半漫画性质的奇遇记小图片系列了，这样的系列在多年时间里从一个情节演到另一个情节，都是一些老面孔。即便从内容来看，许多以续集形式演播的电视剧，尤其是喜剧，都与连环画类似。然而与根本不拿现实主义当回事的连环画相反，在电视里，相当自然地表现出来的声音与缩小的形象之间不相称的局面总还是显而易见的。但这类不相称渗透了文化工业的所有产品，也让人有了双重化生活的错觉。人们偶尔留意到，即便有声电影也是无声的，二维的图像与有血有肉的讲话之间是矛盾的。感性现实的要素被文化工业消耗得越多，这类矛盾明显也越多。与两个版本的极权主义国家之间的类似之处凸显出来了：相互指引的东西在独断的意志下越是整合为一体，瓦解的进程便来510 得越急，那并非出自本性相互共属，而是外在凑合起来的东西便瓦解得越彻底。完美无瑕的形象世界容易破碎。在事情的表面，公众很少为此忧心。他们会在不知不觉间了解的。对于下面这一点的怀疑会越来越多，即人们讲述的实在并非它所冒充的那种实在。只不过最初这并不会导致抵抗，人们反而愈发狂热地咬紧牙关拥抱无可逃避的东西和内心深处所憎恨的东西。

像对电视上的对象具有的绝对维度所扮演的角色的那类观察，与电视的特殊场合，即家庭影院的场合，是不可分的。这种场合也会加强整个文化工业的一种趋势：贬低产品与观众之间距离的趋势，在字面意义上和引申意义上而言都是如此。这种场合在经济上又预先被规定了。文化工业所供应的东西，通过在美国已得到明白承认的广告功能，向消费者们仅仅呈现为商品，呈现为艺术；这似乎与文化工业通过集中化和标准化被强加给消费者的程度成正比。消费者被督促去做他自动就喜爱做的事情，即不要将图像当成他应当关注、聚焦、费力和理解的一种自在之物去经验，而是要当成对他的某种效劳，他也可以依照这种效劳是否同样足够讨他喜欢来评价它。老早就在交响乐那里发生过的事情，即疲倦的职员在衬衫袖口里偷偷呷汤，心不在焉地听音乐，如今也在电视图像里发生了。这些图像据说使他灰色的日常生活熠熠生辉,在本质上还是与他本人相投的:因此它们一早就是徒劳的了。若有别样的东西,那是不堪忍受的,因为那东西会让他想起回绝了他的东西。显现出来的一切似乎都属于他,因为他并不属于他自己。他必定再也不会迈入电影院一步了,而在美国根本不用花钱也不用费力就可以得到的东西,他对其评价可能越来越低。有冷却危险的这个世界满怀信赖地走向他,仿佛生来就适合于他似的:在这个世界上他蔑视自己。亲密无间的状态,即对博爱与团结的滑稽模仿,当然帮助促成了新媒体难以置信的大流行。一切能让人想起艺术作品的宗教崇拜源头以 511 及特殊场合下的祭拜仪式的因素,尽管已经很久远了,都是商业电视回避的东西。黑暗空间里看电视很难受,凭着这个理由,人们在晚间打开电灯,在白天也拒绝闭上百叶窗:要尽可能不偏离正常环境。对事情本身的经验独立于环境是不可想象的。实在与形象之间的界线在意识那里是被低估了。形象被当作实在的一部分,被当作某种房屋配饰,人们用电视装置购买这配饰,在小孩们中间拥有这配饰就很有面子。对下面这一点怎么强调都不为过,即现实是通过电视这副眼镜被看到的,日常生活被贬低了的意义又在日常生活中反映出来。

商业电视使意识萎缩,但这并非由于播送节目的内容相比于电影和广播变糟糕了。虽然在好莱坞的电影人中间人们恰恰经常听到那样的论断,即电影的水平被电视节目大大拉低了,但与此同时文化工业的那些较古老的部门(它们中的一些感受到了竞争的威胁)很可能把电视当替罪羊了。一些当然不能反映出整个制作过程的电视剧的剧本就此得出的结论是,剧本材料并非不如彼时已彻底规范化和僵化了的电影剧本的材料那般合用,它甚至比在广播里极受追捧的肥皂剧(soap opera)、成批量制作的广播家庭小说的材料更合用,在那样的家庭小说里,总是有一个善良的母亲或一位有涵养的老先生帮助懵懂无知的少年脱离窘境。尽管那样的主张像是很有说服力,即由于电视,情况变糟了,而不是变好了,这正像当初录音的发明压低了电影在审美和社交方面的品质,当今却也似乎并没有使默片复活,并没有废除电视。但这里问题的要害在于如何（Wie），而不在于什么（Was）。电视的那种令人不快的"近"（也是电视机能进行所谓的共同体建构的原因），即家人朋友在旁边无聊地围坐在一起（这些人除此之外也不知道说些什么），不仅满足了将未能转化为财产的任何精神事物都湮灭殆尽的某种欲望，此外还模糊了人与人之间，以及人与物之间实实在在的异化。它成了人们未能达到的某种社交上的直接性的替代品。他们将彻底经过中介的、在幻想中规划的东西与他们渴求的团结状态混淆起来了。这便加剧了退化：环境令人愚笨，即便所观看的内容不像强制消费下人们被投喂其他东西时那般愚笨，也是如此。强制消费下的这些人很可能更偏爱舒适却更低劣的电视节目，而不是电影，也不是广播（因为比起听觉事物来，他们更爱视觉事物），这就进一步助长了退化。瘾好无疑就是退化。视觉产品的加剧传播恰恰决定性地借助了瘾好。虽说听觉在许多方面无疑要比活跃地沉迷于物象世界的视觉"更古老"，加入到概念的中介之中的形象语言却比语词的语言更原始。但比起整个大地上迄今已经发生的情形来，人们会因为电视节目而更加弃绝语言。电视屏幕上的影像也可以说是在说话，但这影像说的话比起电影语言来，很可能更多是回译，仅仅是种种形象的附属物，它不是某种意向、某种精神性事物的表达，而是对姿态的阐明，是对形象发出的指令的解释。因此在一些机智的场景中，一些话偶尔被派给某些人物说出来，因为否则的话人们就不知道正在发生的事情是否能足够迅速地被人理解了。

观众的兴奋点落在当前电视节目的什么地方，这当然只有通过广泛的研究才能确切地弄清楚。由于研究材料期望抓住的是无意识（Unbewußte），直接的询问似乎没什么用处。无意识或无意识效果绕开了被询问者直接以语言相告的东西。被询问者要么表现出理性化，要么给出电视机帮他们"解闷"这类抽象说法。在他们身上真正发生的事情，似乎只有大费周章才能被探明，就像人们拿无声的电视图像来做投射测验和研究受试者的联想活动时所做的那样。充分的洞见很可能只有通过对长期习惯看电视的观众进行大量以精神分析为导向的个案研究，才能获得。似乎要预先研究一下，观众的反应究竟有多专业，观看电视节目的习惯在多大程度上仅仅是为了打发无聊的闲暇时光。一种媒体如果获得了不知几百万个受众,在年轻人和儿童那里尤其还经常盖过了其他所有兴趣,那么它至少可以算作客观精神发出的某种声音了,即便这客观精神再也不是不知不觉从社会上各种力量的相互作用中产生,而是以工业化的方式被规划的。然而如果这工业在某种程度上要将它照管的东西全都考虑在内,那恐怕也只是为了将赞助人(sponsors)①的商品在每一个节目中真正呈现于人前。然而像下面这类观念,即在电视节目中臻于极致的大众文化是集体无意识的真正沉淀物,却通过重点的选择扭曲了所观看的东西。大众文化很可能与意识和无意识的种种图式相关,大众文化假定这些图式在消费者中间很流行。这个基础最初存在于大众那些受到压抑的、完全未满足的本能冲动中,而文化商品则是间接或直接迎合这些本能冲动的;大部分时候是简介的,比如当事情就像美国心理学家格申·李格曼②重点指出的那样,性别被去性别化了的野蛮与暴行的呈现替代的时候,就是如此。在观看电视的时候,这一点还在看起来最无害的滑稽剧中得到了证实。然而凭借滑稽剧和其他一些变体形式,支配者的意志进入那样一种形象语言[2]中,该语言很能冒充凭着它被供应的内容的语言。当在他们 ⁵¹⁴ 心中沉沉入睡而未经概念把握的东西被唤醒和得到形象化呈现时,他们同时也就看到了,他们的行为举止应当如何。当被观众遗忘而又与前述那些人类似的形象要将那些人唤起时,光彩熠熠且日渐脱离电影与电视的那些形象也就向著作靠拢了。此时它们就是被理解,而不是被观看了。眼睛被一串串影像,而不是被一行行文字牵引,而在场景转换的柔和冲击下,眼睛在翻动页面。作为形象,这部图画书③成了一种退化的手段,制片人和消费者共同促进了这种退化;作为书,它使古老

---

① 指广告商。
② 格申·李格曼(Gershon Legman,1917—1999),美国民俗学者、目录学家与文化批评家。
③ 比喻电视节目。

的形象为现代人所用。①这是业经祛魅的魅力,那些形象并没有传达任
何秘密,它们只不过是合乎整个系统的万有引力以及审查人员的意志
的某种态度的一些模式。然而现在看来,整个局面的棘手之处(它助长
了一种错误的信念,即家庭主人们自己的精神就是时代精神)在于,即
便依照与现状相适应的某种态度的要求引导公众的那种操控手法,也
可能总是要援引消费者的有意识生活与无意识生活(Bewußtseins- und
Unbewußtseinsleben)中的一些环节,并在装作有道理的情况下将罪责
归于消费者。原因在于,对某种随大流态度的审查和规训,正如也在电
视剧的那些最偶然的姿态中显露出来的那般,不仅仅要考虑到人的因
素(由于那时已然令人敬畏的、可追溯到 17 世纪末英国小说发端之处
的那种大众文化模式,这类人被审查和规训了),那些已然活跃起来的
反应形式早在种种意识形态手腕得到操练之前很久就已在整个近代历
史上得到实现,也被内化为第二自然了。文化工业奸诈地说着"成为你
自己",而它的谎言恰恰在于反复证实与巩固单纯的现成状态,即世界
进程将人造就的状态。文化工业越来越势不可当地主张,有罪的不是
谋杀者,而是被谋杀者,它只不过帮助显明了人自身固有的东西。

515

　　文化工业(电视便居于它的顶点)并没有对无意识表示尊重,将无
意识提升到意识,同时以此满足无意识的欲求并平息它的毁坏性力量;
文化工业更多致力于将人还原为无意识的行为方式,而不是满足那样
一种生存的条件,那种生存以痛苦威胁那些看透它的人,并允诺酬答那
些把它当作偶像的人。僵直的东西并未松弛,反而固化了。图画书上
的字眼是一些原型。它们获得辩护的理由是一些技术上的必要性,比
如必须在最短时间内制作大量材料,或者在大部分只有 15 分钟或半小
时的短剧中向观众不间断又毫不含糊地呈现戏剧人物的名字和行为。
人们若是对此进行批判,得到的答复是,艺术向来都是凭借原型运作
的。但在经过狡黠的心理学算计的那些典型与笨拙的典型之间,在希
望将人们塞入大众产品的模子里的那些典型与从讽喻精神中再次召唤

_____

① 　这里阿多诺借用了人们通常的一种观念,即形象比文字更古老,文字比形象更现代。

出客观本质的那些典型之间的区别,是根本性的。首先,像即兴喜剧
(Commedia dell'arte)这种高度风格化的类型已大大远离公众的日常生
活,以致无人能沉浸于依照脸谱化小丑的模式安排他自己的经验。相
反,电视的那些原型从外部来看都很相似,直到语调和方言都千人一
面,与此同时,对于"外国人皆可疑"或"谋事在人,成事在天"①这类口
号,那些原型不仅加以宣传,还通过它们的英雄空洞地装腔作势,将其
呈现为神所喜爱的和一劳永逸建立起来了的,那时还来不及得出偶尔
甚至反对这些口号的道德教训。艺术的事情便是反抗被文明扭曲了的
无意识,这一点不应成为滥用无意识以促进文明的更彻底扭曲的借口。
倘若艺术希望有资格违逆无意识和前个体性状态(Vorindividuellen),
为此便需要意识最大的努力,需要个体化(Individuierung);倘若不仅没
有作出这种努力,还在人们机械复制无意识的时候顺从了无意识,那么
无意识便退化成了为有意识目标服务的意识形态,不管这些目标到头
来被证明是多么无聊。当审美方面的差异化与个体化(如同普鲁斯特
的小说作品中那样)连同巨大的解放之力一道都被强化的时候,这种个
体化有利于某种被物神化了的、被提高为目的本身的集体主义,因为它
从一些获益者退化为驯服者,这一现象固化了野蛮。40年以来,那些
脱离逆来顺受状态或物质利益或两者的结合体,摇身一变成为两者的
宣告者的知识分子,为此感到很满意。对他们来说极为重要的是,在社
会上行之有效的东西和对社会正当的东西并不重叠,现今这两方中一
方无非就是另一方的对立面。"我们对公众事务的参与,大部分不过是
市侩习气"——歌德《马卡利亚笔录选》②中的这个命题也适用于号称
实现了文化工业使命的公众职业。

　　从电视中会生成些什么,这是无法预知的;电视今天是什么,这并
不取决于这个发明的情形,也根本不取决于商业上使用这个发明的种
种特殊形式,而取决于蕴藏着奇迹的那个整体。通过现代技术满足童

516

①　此为意译。原文直译为"人们不得不期待于生活的,最多不过就是结果"(der Erfolg
　　das Höchste sei, was man vom Leben zu erwarten habe)。
②　歌德《威廉·麦斯特的漫游时代》终章名称。

57

话幻想的那个时期,只有当人们添加上童话的下述智慧时方告结束,即愿望的满足对于心怀愿望者很少是好事。正当的愿望是一切艺术中最难的一门艺术,而这门艺术我们从孩提时代起便已戒除了。正如那样一位丈夫,女妖允许他提三个愿望,他便拿一根油煎香肠凑近妻子的鼻子反复引诱,一个具有支配大自然的天赋,即具有烛照万里的天赋的那个人所见的,不过是他所习惯的东西罢了,谎言也在增多(据说谎言各各不同),这谎言张开怀抱接纳对他的生活的错觉。他的全能梦想事实上被证明是彻底的无力。迄今为止,种种乌托邦的实现只是为了驱除人们的乌托邦,也为了更根本地在现存之物和厄运灾难的基础上为前一类乌托邦辩护。为了使电视遵守那一直伴随语词脱口而出的诺言,517 电视必须从它由以(这是愿望最鲁莽的满足)废除它自身的本原和在为小人物开设的百货商店里背叛伟大幸福理念的一切东西中,解放出来。

注释

[1]《关于电视的开场白》正如《作为意识形态的电视》,均基于作者在1952—1953年作为美国哈克基金会(Hacker Foundation)科学主管期间所作的研究。研究成果绝不仅仅适用于德国电视。这些成果还刻画了文化工业的普遍趋势。

[2]将大众文化解释为"象形文字"的做法,出现于霍克海默与阿多诺合著的《启蒙辩证法》的"文化工业"一章的那于1943年起草而未出版的部分。在完全独立于此的情况下,安杰洛·蒙塔尼(Angelo Montani)和吉利奥·彼得拉内拉(Guilio Pietranera)的《电影的精神分析与审美初探》一文(《精神分析评论》,1946年4月)中运用了同一个概念。这里无法探讨两部著作的差别了。即便意大利的作者也将大众文化的立场与自主艺术的无意识相对照了,但还没有将这个对立提升为理论。

作为意识形态的电视

　　为了在文化工业体系中充分描绘电视的形式特征,据说要深入探讨种种呈现方式的特殊内容。反正内容与呈现方式相互支持,使得前者可以为后者担保,就像反过来一样。脱离形式的做法与每一种艺术作品对照来看似乎都是庸俗无文的,这种做法是以那样一个层面自身的尺度在衡量该层面,它不了解什么是审美的自主性,还用功能化与装饰替代了形式。对电视剧本进行内容上的分析是适宜的,因为剧本允许反复阅读和研究,而演出则飞驰而过。如果有人主张,迅捷的现象很难产生被分析为剧本潜在资源的那些效果,那就可以反驳这主张说,由于前述内涵在极大程度上被归结为无意识,它们对于观众的力量也许在某种极迅速地避开他的有意识检查的感知方式下获得增长。此外,事情涉及的特征从来都不是所讨论的个别情形的特征,而是从属于某种模式。它们无数次重现。设计中的效果在此期间便成形了。

　　材料源自 34 部不同类型、不同水平的电视剧。为了在统计学意义上获得此类研究所看重的有效性,似乎有必要严格依照某种抽样程序挑选材料,而导向性研究①必定满足于所能掌握的剧本。然而整个生产过程的标准化,正如已阅读的剧本的相互协调一样,让人预料到,一种依照美国式内容分析(content analysis)组织起来的研究,虽然用其 519

---

① 原文为 Pilotenstudie,直译为"导航性研究",指为进一步的深入研究奠定方向的研究,故采取意译。

他一些范畴充实迄今被挑选出来的那些范畴,在根本上而言却不会产生什么新成果,而《纽约客》(*New Yorker*)对达拉斯·沃克·斯迈兹①的赞扬更像是强化了这一假定。

在比佛利山庄(Beverly Hills)②能达到的水平,据说要比平均水平高一些。我们的研究局限在电视剧。电视剧在许多方面与电影相似;此外,相当一部分节目遭遇了电影的竞争。根本的区别正在于电视剧短得多:大部分只有 15 分钟,最多不过半小时。质量问题是由此附带涉及的。即便电影可以容忍的那种行动与性格的低调展开,也是被禁止的;一切都必须立马确定下来;本身由商业体系激发起来的所谓技术上的必要性,有利于造成刻板状态和意识形态上的僵化,此外,工业是借口公众幼稚或天真来为后者辩护的。电视剧与电影的关系,可比之于中篇侦探小说与长篇侦探小说的关系;在两种情况下,形式的短促都服务于精神上的某种短促。如若不然,当人们不愿意为意识形态作出贡献时,就不应该过分突出电视制作的特殊性。与电影的相似性证实了文化工业的统一性;至于人们何时把握住这种相似性,那差不多是无所谓的。

电视剧要求很长的播送时间。由"全国教育广播工作者协会"(National Association of Educational Broadcasters)发行的,1951 年 12 月版的达拉斯·沃克·斯麦兹与安格斯·坎贝尔③的《洛杉矶电视》(*Los Angeles Television*)表明,电视剧节目还是最常见的节目。在随便选取的一周中,全部节目中就有超过四分之一保留给了"给成年人看的"这类电视剧节目。在晚间,因而也是在最热门的播送时间,这个数据达到了 34.5%。给儿童看的电视剧还没有算进来。此时纽约的电视剧数量达到了节目总数的 47%。由于社会心理学操控的方面(这个方面也是其他类型的文化工业中不曾或缺的)在这些数量庞大的节目中最清楚地

---

① 达拉斯·沃克·斯迈兹(Dallas Walker Smythe, 1907—1992),加拿大经济学家、政治活动家,开创传播政治经济学,建立了传播政治经济学研究的批判学派。

② 加利福尼亚洛杉矶县西区的豪宅区,洛杉矶市区最有名的城中城,是美国许多著名演员和导演的居住地,被视作财富名利的象征。后有同名电视剧出品(中译《飞越比佛利》)。

③ 安格斯·坎贝尔(Angus Campbell, 1910—1980),美国心理学家。

呈现出来,那么导向性研究以这类节目入手似乎完全是有道理的。 520

为了弄明白这些节目如何刺激它们的观众,有必要想想人们极为熟知的审美多面性概念;想想那个事实,即没有任何艺术作品的真正内容是毫不含糊地直接让人知道的。这内容毋宁说是复杂的,不能一次抓牢,只有在某个历史过程中才渐次展开。在没有依赖对比佛利山庄的那些分析的情况下,汉斯·魏格尔①在维也纳阐明,电影这种商业规划的产物并不熟悉上述多面性;电视的情况类似。但如果相信审美多面性被信息的单义性代替,那还是过于乐观了。毋宁说,多面性,或者说它的衰退形式,由制片人尽可能地加以祛除。当制片人在观众那里预设了许多个相互重叠的面向,同时试图在某种统一的、导演认为合理的目标的意义上,在强化观众的随大流趋势并巩固现状(status quo)的意义上穿透这些面向的时候,是接过了多面性的遗产。制片人孜孜不倦地要一鼓作气就将或明或暗的"消息"(messages)传达给观众。或许这些消息作为心理技巧上有效的东西,在规划时居于优先地位。

一套系列电视剧得到某教师组织好评,其中某一集滑稽剧里的女主人公是一位年轻女教师。她不仅报酬微薄,还得依照一位自大专断得令人发笑的学院派导演的规定持续支付违约金。所以她穷困潦倒,只得忍饥挨饿。所谓的滑稽之处在于,她以种种诡计使自己被形形色色的熟人邀请吃饭,又都无果而终;此外,在文化工业看来,单单提及吃饭就已经很滑稽了。滑稽剧的抱负就仅仅是这样的幽默,以及那位小姐陷入尴尬处境时轻微的施虐行为;它没有兜售任何理念。这背后隐藏的消息仅仅在于,那个将公众引诱来看她的人瞥见了剧本,而公众却 521 没有留意到这一点。女主人公表现出极为欢快的情绪和极聪慧的优越感,以致她的种种幸运品质显得像是她可怜的命运的补偿:命运终究与她合为一体。她所说的每句话都是机智妙语。滑稽剧是需要观众去理解的:如果你有幽默感,脾气很好,头脑灵活又有魅力,你无需对自己的

---

① 尤里乌斯·汉斯·魏格尔(Julius Hans Weigel, 1908—1991),奥地利作家、戏剧评论家,后移居瑞士。

微薄收入太过气愤，然而你依然如故。

在属于同一个系列的另一部滑稽剧里，一位古怪的老妇人将她的遗言挂在她的猫身上，并让一些中学教师（那是前几集中的人物）当她的继承人。每个继承人都受遗言诱导，表现得像是认识那个遗赠人似的。遗赠人名叫凯西先生，因此假想中的继承人并不知道这是一只猫的名字。没人承认自己压根就不曾见过那位好心人。后来事情表明，遗产根本没价值，不过是猫玩具罢了。但最后人们发现，老人在每个玩具里都藏了一张 100 美元的钞票，而继承人要拿到他们的钱，就必须到垃圾堆里去翻找。故事的寓意据说是要逗乐观众，这寓意首先是一种蹩脚的智慧，即每个人要是认为没有暴露的危险，都愿意撒点小谎；这寓意同时也是在警告人们不要屈服于这类冲动，因为道德主义意识形态完全考虑到了追随者在背地里立马违背初衷的决心。然而在这类考量之下还隐藏着对于人们都爱做的一个白日梦的嘲讽，即突然得到巨额遗产。据说人们应当务实一些，这便是那种意识形态的想法；谁若是投入美梦的怀抱，就很可能成为懒汉、废物和骗子。这个意思并未像辩护性论证所说的那样被"构思进"那部滑稽剧中去，这便表明天下乌鸦一般黑；比如在一部西部片里就有个人说了：只要事关一大笔遗产，流氓行径便近在眼前。

这种综合的多面性只有在固定坐标系中才起作用。如果一部滑稽电视短剧名为《但丁的地狱》，如果剧中第一个场景是一个同名夜店内部，一个男人戴着帽子坐在柜台旁，而他远处有一位眼窝深陷、浓妆艳抹的小姐高高地跷起二郎腿，给自己叫了双份鸡尾酒，那么有经验的电视观众就知道，这个男人可能很快就会策划一场谋杀了。倘若这个观众只看过《但丁的地狱》，或许他会感到意外；但这样他就是在"侦探剧"的模式下观看这场戏了，而侦探剧中人们关注的是凶残的暴力行为。虽说柜台座椅上的那位小姐大概并不是主要罪犯，但由于放荡不羁的生活作风，必定是相信这些事的；男主人公压根还没露面①，他将从他

---

① 在先前的镜头中，男人戴着帽子，还不算"露面"。

依照人类理性根本找不到出路的某种处境下被解救出来。这些想法当然不会被精明的观众直接用到日常生活中去,但它们却会被用于近乎僵硬且机械地整理观众的经验。他们体会到,犯罪是正常的。对此火上浇油的是,伴随着花10芬尼幻想一把迷雾重重的恶行的做法,人们会拿起外部生活的全部道具迂腐地进行模仿;只要电话拨号的过程与实际操作的有所不同,电视台就会收到公众愤怒的来信,因为公众已经准备好了舒舒服服地沉浸在那样的幻想中,即每个街角都有一个凶手闯进来①。由这个图式拟定好的虚假现实主义在某种错误的意义上充斥着经验生活,而观众则很难看透这种错误意义的把戏,因为夜店看起来就像观众熟悉的那样。这种虚假现实主义渗透到最微末的细节并损坏它。甚至那些偶然的、看似未被该图式侵袭的东西,也带有它的痕迹,因为那些东西是在"日常生活的偶然性"这个抽象范畴下被发现的;没有任何东西比电视装作使人们如其本然地说话时更骗人的了。

在运行于上述图式内部,其力量也仰赖于该图式,同时又塑造了该图式的那些原型当中,据说有一些被任意挑选出来了;它们产生了整个结构。有一部剧讲述一位法西斯主义独裁者,一半像墨索里尼,一半像贝隆②,讲的是他垮台瞬间的事情。至于这事归咎于一场人民起义还是归咎于一场军事叛乱,那倒是极少由情节提示,正如极少由其他任何社会事态或政治事态提示一样。一切都是私底下进行的,独裁者无非就是个愚笨的恶棍,惯于虐待他的秘书和他那笨拙地被抽象化了的夫人;他的对手是一位将军,即夫人过去的情人,却无论如何都使这位夫人忠于他们的婚姻。最终独裁者的野蛮行径迫使夫妇二人逃亡,而将军救了他们。这部惊险剧作富有教益的瞬间在于,一旦华装丽服的夫人不在独裁者身边,在宫殿保护他的卫队就抛弃了他。独裁制度的客观动力学压根就没有进入视野。人们被激发起的印象是,极权国家是雄心勃勃的政治家的性格缺陷的结果,而这类国家的垮台则应归咎于

523

---

① 这里原文为 laure ein,查无此词,疑为 laufe ein(闯进来)之误。
② 胡安·贝隆(Juan Perón, 1895—1974),阿根廷总统(三度出任),提出贝隆主义,致力于经济独立。

公众认同的那群人构成的上流社会。对政治的某种天真的人格化大受追捧。在戏剧中,政治很可能只得落到人身上来探讨。但那样的话,人们就必须将极权体系施加于生活在该政治之下的众生的东西呈现出来,而不是将关于一些突出的主人公和恶人的那套拙劣心理学亮出来,而观众则应慑服于那套心理学的威力和伟大,即便这威力和伟大由于他们的所作所为而黯然失色时,也是如此。

电视上的幽默的一条黄金准则是,漂亮姑娘总是有理的。一部极受欢迎的滑稽系列剧里的女主人公便是李格曼所谓的泼妇女主角(bitch heroine),是人们很好地翻译成德语时所谓的畜生(Biest)。她对待自己的父亲无比残暴野蛮;她的行为举止直接被合理化为"轻浮的胡闹"。但她的情形根本不是这回事;而剧中主要人物遭遇的事情,据说按照原先的算计,就应当作为客观的判断被观众接受。在出自一个据说希望提醒公众防范欺骗的系列的另一部剧中,漂亮姑娘是个罪犯。但当她在开始的几场戏中给了观众极好的印象之后,就不可令观众失望了;在被沉重判刑后,她很快就得到减刑,并极有可能被受她伤害的人迎娶,尤其是在她其实有机会自证贞洁的情况下。这类剧的各集无疑致力于将某种依附性的姿态作为得到社会认可的东西加以强化;这就成了对精神分析所谓的口腔型性格的奖赏,即对依赖性与侵略性的那种混合体的奖赏。

绝不宜过分强调对文化原型的精神分析:短剧本身在顺从经济发展趋势的情况下,只是与精神分析一道在卖弄风情。精神分析所假定的潜在动机偶尔也浮出水面。尤其广为流传的是艺术家的原型,即艺术家是一个病态的、无生存能力的和有些可笑的懦夫或残废灵魂。当今突出的大众艺术就学会了这一点;它颂扬强人,颂扬它描绘的行动果敢之人的形象,并让人们看到艺术家实际上是些同性恋。在一部滑稽剧里,出现了一个少年,他不仅戴着广受欢迎的傻瓜面具,还应当是一个诗人,羞怯而——正如口号中所说的——"内向"。他爱上一个慕男狂似的姑娘,但又太畏畏缩缩,不知如何对待她的强势。两性的角色依照文化工业的情人原则调换了,姑娘主动,男人防守。这一集中的女主人公当然不是那位慕男狂,她告诉她的男朋友说傻瓜诗人爱上某人了。对于"爱上了谁?"这个问题,她回答说:"自然是一个姑娘。"而她的男朋友回应道:"为什么自然? 上回他爱上的就是一只叫山姆的乌龟。"文化工业一旦有机会打破关于由它自己创造的那个知识分子形象的那点模棱两可的机智,就忘了它的道德主义。在大量的场合下,电视的模式都在讨好反智主义的国际气候。

但对真理的违背,即意识形态的操弄,绝不仅仅限于没有责任心而又人畜无害的或玩世不恭而又老奸巨猾的那类人。问题的症结不在于怀有恶意的个人,而在于系统。因此它甚至侵蚀着在情况允许时有更高抱负且愿意正派过活的因素。一个本意很严肃的剧本描绘了一位女 525 演员。情节试图展示出,那位著名又成功的年轻女子如何摆脱自恋,成为一个实在人,并学会她本不掌握的东西:爱。她是由一位年轻的——破例得到了同情的——知识分子,一位爱着她本人的男剧作家引导而学会爱的。剧作家写了一集剧本,在其中女演员扮演主角,而她内心与这个角色的对峙就会给她进行某种精神治疗,她的性格会发生改变,并消除二者之间的心理障碍。在角色中,她既尽情发挥她表面上的仇恨,最终也尽情发挥依照剧本的意图潜藏着的种种崇高的冲动。在她遵循成功故事(success story)的模式赢得巨大成果的同时,她与剧作家屡屡冲突,后者既充当业余精神分析师,也如通常所见的那般充当业余侦探,对她进行干涉。冲突因她心理上的"抵抗"而起。在首映之后,事情发展成激烈争吵,彼时那位把自己灌醉的女演员在她的一众朋友面前展示了一幅歇斯底里表现狂的场面。——她让她幼小的女儿上寄宿学校,因为人们要是听说她有个这么大的孩子,那将有损于她的职业生涯。小姑娘想回到她妈妈身边,又感觉到这并非妈妈所愿。她溜出学校,在波涛汹涌的海洋上划船外逃。女主人公和剧作家匆匆赶来救她。女演员再次表现出她无所顾忌和自我中心的一面。剧作家使她安静下来。姑娘被能干的水手救起,女主人公昏倒在地,放弃了她的抵抗,并决心去爱。最后她收获了她的剧作家,并作出了某种常见的宗教忏悔。

戏剧的虚假现实主义并非那么简单幼稚,仿佛有明晃晃的罪行像走私品一样被偷运到公众的意识中去了似的。虚假现实主义毋宁是情节的内部建构。被展示于人前的心理过程是被骗来的——一言以蔽之,是虚伪做作的(phony),这个英文词压根就没有德语对等词。精神分析(这样说或许也会涉及哪种类型的心理治疗)在某种意义上是被简化和被强行改变了,它不仅嘲讽依照一切类型程序进行的实践,还将这些程序的含义颠倒过来。在编剧上必不可免的一点,即在半个小时的时间内塞进原本慢条斯理地发展的种种合乎心理动力学的进程(制片人正可拿这半个小时作为搪塞许多事情的理由),到头来不过是极为彻底地与那一集电视剧为之努力的意识形态扭曲沆瀣一气罢了。所谓的病人的深刻改变,以及依照医患关系模式塑造出来的某种教育,被概括为一些理性主义的公式,并由一些简单明确的行动来展示。形形色色的性格特征被聚拢组合起来,而关键因素,即那些性格特征不为人所知的根源,却根本没有浮现出来。女主人公,那个"病人",从一开始就颇有自知之明。把事情移置于表面的这种做法,使得本应发生的所有心理要素都成了儿戏。人内部的种种关键性变化,看起来就像某人只需直面其"问题"并相信帮助他的人有更好的洞见,一切就会好转似的。紧贴心理学的惯例和"心理剧"的表层之下潜行着的永远是关于驯服反抗者的糟糕的旧观念:一个有爱心的强大男人征服一个不成熟的女子的反复无常。摆出深层心理学的姿态,这仅仅有助于将陈旧的父权制观点制作成合乎观众胃口的东西,而观众在此期间也听到心理情结的些许动静。不是女主人公的心理学具体呈现出来,而是两个主角本身在闲聊心理学。后一种心理学在与所有较新的洞见明显矛盾的情况下,被移置到有意识的自我中了。前述那类女演员具有的某种"男性崇拜性格"必须认真对待的那些困难,根本没有被触及。这样一来,电视剧就在观众心中扭曲了心理学的形象。观众的期待恰恰会与心理学的本意相反,而对深入内心的自我反思的那种广为流传的敌意则会强化。

尤其值得一提的是,弗洛伊德的"移情"思想被颠覆了。那位业余

526

527

精神分析师①必须是女主人公的情人。他在虚假现实主义的意义上因模仿精神分析技巧而维持的疏远状态,屈服于文化工业的那个流俗的原型,依照该原型,男人总得提防女子诱惑的花招,而要征服这些花招,他只能抛弃她。心理治疗师就像催眠师,女主人公就像陈腔滥调(Cliché)所说的"分裂的自我"。她曾是一个高贵的、充满爱心的人,这个人仅仅由于某种可悲的经历,便压抑自己的感情;后来她成了一个自恋又狂傲的女人,任意放纵自己的情绪。这就使得人们从一开始就不知道,这人内心里是哪一面强劲地浮现出来。毫不奇怪的是,具备了这些条件后,女子很快就痊愈了。女主人公几乎不扮演她为了寻找所谓更好的自我而本应加以认同的那个失去自我的女子的角色,而她的朋友已经发现,她身上发生了一些事情,她在与角色的关系中改变着自己。对童年的琐碎回忆在这里是多余的。这部戏在使人看到它多么坚定地吸收了心理学的最新成果的同时,却是以彻底僵化、静止的一些概念在行事。人们还是原来的老样子,而他们经历的改变只不过表明了作为他们的"本性"原本就为其所有的东西。由此这部剧传达的消息便是表里不一的。表面上,它关心的是心理动力学的种种观念;实质上,它传授的是一套人们习以为常的黑白二分的心理学,依照那套心理学的看法,性格都是一劳永逸地给定的,就像身体上的特征一样不会自行改变,最多只能被揭露出来。

但这绝不仅仅是科学信息有误的问题,而涉及这部戏的实质。因为女主人公的本性(这种本性当她通过角色意识到自身时本应呈现出来的)不是别的,就是她的**良心**。如果说心理学将超我(Über-Ich)呈现为对本我(Es)的被压抑冲动(性)的反向构造,那么在这里,本我,即女主人公在某场戏中被耀眼地展示出来的本能冲动,就成了外部现象,而超我则成了被压抑者。不可否认,在心理上的确存在着本能性格和强制性格之间的不一致。但电视剧无法探讨这种不一致。事情的主轴是一个内心善良的人的多愁善感,但这个人柔嫩的内心隐藏在一副自

528

---

① 指上文所谈剧情中的剧作家。

私的硬壳之下。在照例应有的场景（scène à faire）中，照镜子的女主人公的两个自我交战不休，此时她的无意识大体上认同于习俗伦理和对她本能的压制，而不是这本能本身突破重围。只有她的意识才为所欲为。这样一来，得到推进的便是严格字面意义上的"颠倒的精神分析"：电视剧赞颂的正是那样一些防卫机制，电视剧要求演出的那些过程意在阐明那些机制。这样一来，传达的消息就变了。看样子听众被教导的是下面这一类，即他应当如何去爱（而不管这事是否能教导），他也不应当按唯物论的方式思维，尽管从冯塔纳①的《燕妮·特赖贝尔夫人》以来，那些老是将各种理想挂在嘴上放言无忌的人，其实都看重金钱超过其他任何东西。但植入观众心中的想法，却完全不是那些虽则平庸而可疑，但总归无害的观点。电视剧导致的结果是对个体性和自主性的中伤。据说人们应当"专心"，而且不是致力于爱，而是致力于尊重社会依照其游戏规则而具有的期待。被算在女主人公头上的主要罪过是，她想成为她自己：她自己就是这样说的。但这恰恰是不应该的：她被训斥道，"停下"，就像一匹马被驯服一样。教训她的人在针对唯物论发表的长篇大论中当作最强悍的东西抛给她的，是**权力概念**，这一举动特色鲜明。他夸赞她懂得"精神价值在一个唯物论的世界里的必要性"，但他为这"价值"找到的表述，没有比下面这一种更合适的了，即有那么一种权力，"比我们以及我们狭隘自负的雄心更伟大"。在剧中谈到的所有观念中，权力观念是唯一具体化了的：成为粗野的身体力量。

529 当女主人公为救她的孩子想跃上一条小船时，她被心爱的精神病医生打了耳光，这一举动遵循的是艾森巴特②的传统，该传统声称可以治愈女癔症患者，因为既然一切都不过是幻想，那就要驱除她们的怪念头。女主人公直到最后都还低声下气地保证，希望从今往后改正自己并信

---

① 泰奥多尔·冯塔纳（Theodor Fontane，1819—1898），德国作家、记者和评论家，主张现实主义，撰有《燕妮·特赖贝尔夫人》（*Frau Jenny Treibel*）。

② 约翰·安德里亚斯·艾森巴特（Johann Andreas Eisenbarth，亦写作 Eisenbart、Eysenbart、Eysenparth，1663—1727），德国医生，尤以眼科医术见长，以"艾森巴特医生"闻名，曾因其眼科医术的成就而被腓特烈一世延请为宫廷医师。

赖别人。这成了她的转变的证明。

没有什么比以粗鲁权威的名义将宗教引入剧中并加以宣传更令人作呕的了。对女主人公的治疗据说同时还可以将她从戏剧的虚假世界引向现实；该剧的女作者似乎听说了一点宗教存在主义（religiösem Existentialismus），听说了克尔凯郭尔对审美层面和伦理层面的区分。但在她的手中，一切都降格为上流社会的文化商品。她平息了伦理学家与女艺术家之间的争执，原因在于女艺术家十分明智地诉诸她的演艺能力，在于她只是演戏，而没有真的成为所扮演的人；为此她保持了一种糟糕的特征。但神学家克尔凯郭尔在关于女演员的那篇著名文章①中展示的想法恰恰与此相反：只有一位成熟的女士才能演好一个年轻姑娘，这恰恰是因为她与其所扮演的对象不相似。当这部剧在虔诚目光的凝视下结束时，它将宗教本身引入乡愿风气与习俗惯例之中了。女演员是在她的小女儿获救的事情上学会宗教感情的，就像俗话说的，狂轰滥炸之下焉有无神论者。这部剧最终败坏了自己要传达的消息。它不仅将心理学上的半桶水知识与对屈从的赞颂糟糕地掺混起来，结尾部分对信仰的敦促还将这种赞颂转变成了为心理学上的目标服务的手段。观众的宗教意识被唤醒，是因为这对他而言很健康；如果人们对"某东西"产生信仰，就再不需要拿自恋与癔症反复折磨自己了。实际上这部戏中有一个作为宗教代表被正面刻画的人物以布道式口吻说过，如果人们停止在其自身中并为其自身而寻求幸福，那他就是"幸福的"。世俗的幸福感成了对超越性信仰的辩护。人们似乎能听到克尔凯郭尔对这类神学的意见。出于保健的目的宣传宗教是渎神的。 530

在这类产品中糟糕的和做作的东西越是显著地居于最表面，探讨它们并在违背它们自身意志的情况下认真对待它们就越是难以避免。原因在于，文化工业的产品中没有任何一样是当真的，所有产品都只是商品和消遣，这一现象并没有吓退文化工业。文化工业早就受这一现象启发，制造了自己的一部分意识形态。在经过分析的剧本中，那样的

① 指《一个女演员生活中的危机》。

情形并不鲜见,即有意戏耍般充当劣质品,并暗示较精明的观众(这些剧本似乎并不信任自身),它们并不那么愚蠢,这些剧本通过奉承观众沾沾自喜的理智,在相当程度上获得了观众的信赖。但一种无耻行径通过下面这个法子并不会改观,即它将自己公之于众,这样一来人们必定赋予不良行为某种该行为拒绝赋予自身的声望,并以渗入听众内心的话语来看待该行为。这里根本没有使遴选出来的范例负担过重的危险,因为每一个范例都是见微知著(pars pro toto)的,都不仅允许,还迫使人们回推到整个体系上。鉴于该体系威力无边,详尽的改良建议初看起来有些天真。意识形态极为幸运地与机构自身的体量合为一体,以致每一点刺激都可能被当作不谙世事的、技术上无经验的和不切实际的,被人拿最理智的语词击溃:对整体的迟钝出自纯粹的健全人类理智①。一般而言,不应高估通过善良意志补救局面的可能性。比起文化工业的专业领域内部最正直的种种努力单枪匹马所能推进到的极致而言,文化工业极为根本地与更为强大的一些利益纠缠在一起。有了各种理由堆积起来的一座取之不尽的军火库,文化工业既能为显而易见的东西辩护,也能将它驳倒。做作的和糟糕的东西像是磁铁一般引来它的辩护士,而最无创见地跟风的东西在为自己内心最深处明知其虚伪的东西寻找论据时,却机敏地背离了其精神境况。意识形态产生了自己的意识形态家,产生了辩论,产生了观点:这样它就得到了维持生存的良机。但也不应奔向悲观主义,被对正面东西的精密要求吓倒,那样的要求大都只想阻挠现状的改变。首先,让人意识到像电视的意识形态特征这类现象就重要得多,而且绝不仅仅是让身为生产者的那些人意识到,也是让公众意识到这类现象。恰恰在并非由经济利益掌控节目播送的德国,可以期待有人作出一些启蒙的尝试。如果将极少数反复出现的观念与技巧拿来为自身服务的那种意识形态被摆得不那么高,那么公众就会厌恶任人摆布,正如在全社会范围内产生的无数听

531

---

① 在德国哲学传统中,健全人类理智(der gesunde Menschenverstand)通常含有贬义,指常识一类。

众的气质也可能大大迁就这意识形态。可以设想公众接种某种疫苗来抵抗电视传播的那种意识形态，以及与其相近的意识形态。这当然是以一些急切得多的研究为前提的。那类研究必定分析出了产品要达到的社会心理学规范。这里需要的不是像常见的那样，寻找对粗俗言行加以自律的机关，制片人必须留意将上述种种冲击和原型排斥出去；根据由负责任而又独立的社会学家、心理学家和教育家组成的一个委员会的判断，那些冲击和原型以公众的愚昧化、心理残废和意识形态上的钝化告终。因此，对上述这类规范的关心并不像初看起来那般不切实际，因为作为意识形态的电视并不是什么邪恶意志的问题，或许从来也不是当事人的无能的问题，而是被客观上的无精神状态强迫而成的。凭着不计其数的传动装置，无精神状态触及制片人。相当多的制片人虽说并不总是用理论性概念，至少也是凭着雅致的神经，认识到他们必须生产的东西有多么腐化，而在经济压力之下他们也只得服从；一般说来，人们越熟悉作家、导演、演员，便对他们越反感，而且只有这个营生及其仆从才号召人们体谅顾客。倘若受到监护的艺术家们有那样一门科学为之撑腰，该科学不被愚弄，也不因官职的升迁而放弃努力，而是 532 开始对意识形态本身进行研究，那么艺术家也就有了与他们的主管人员和监护者对抗的底气，他们的境况便得到了改善。不言而喻，社会心理学规范不可预先规定，电视必须干什么。但正如处处可见的那样，负面东西的规则似乎离正面东西的规则不远。

当今的性禁忌与权利

纪念弗里茨·鲍威尔①

当今对实践中的种种争论加以干预的理论家老是羞辱地经验到，他在思想上提出的东西早就有人说过了，而且在初次面世时大都表现得更好。不仅仅是有一大堆书写物和出版物在无限增长：撇开所有扩张性的东西不谈，社会本身在上层建筑中、在法和政治中也经常萎缩到那些更古老的层面上了。这就迫使人们尴尬地重述那些早已耳熟能详的论证。批判的思想也有沾上它所批判的东西的危险。这思想必定由它所攻击的那些意识的具体形态引导，还唠唠叨叨反复讲那些形态遗忘了的事情。这思想并未彻底坚守其自身；特别是实践类思想极为紧密地与历史时刻关联在一起，以致这类思想在倒退的年代很可能成为抽象的和谬误的，如果它面对倒退不为所动，希望凭着自己的干劲不断前进。这一点才是贫困时代思想家的话语中苦涩的真理；他能做多少事情，这取决于他是否即便在让人知晓他不得不面对的萎缩契机时，也激活了这一契机。特别是在面对性禁忌时，带着启蒙的意图进行表述是很困难的；这一点似乎在不久以前，最近甚至在所谓的妇女解放时代被认识到，进而又遭到掩盖。弗洛伊德关于儿童性欲以及最终的合法

---

① 弗里茨·鲍威尔（Fritz Bauer, 1903—1968），德国法学家，曾于1956—1968年间任黑森州总检察长，促成了将艾希曼（Adolf Eichmann）送往以色列接受审判对二战期间抵抗运动的正面评价等事件。

化证明使其避开传统性道德的那部分本能的种种洞见,在一个希望钝化深层心理学的时代也不折不扣地有效;而卡尔·克劳斯在其无与伦比的早期著作《伦理与犯罪》(这一卷最近才由朗根—米勒出版社作为《著作集》第 11 卷出版)中讲到的意思,无论在严格性上还是在权威性 534 上都无以复加。这种境况本身有助于保存陈旧过时的,因而完全败坏的东西:人们不过是在重复众所周知的东西,却装出一副由此已经驳倒了它的样子。但依照恩岑斯贝格①的看法,当今人们拿来反对第一次启蒙的第二次启蒙,导致的结果仅仅是第一次启蒙的废除。

以陈旧过时为名义对启蒙进行的破坏活动也在对象身上找借口。关于性禁忌的讨论,在物质上相当独立而不依靠父母的每一个姑娘都有男朋友的年代,听起来是时代倒错的;在与广告融为一体(这在希望复古的反对者那里引起愤怒)的大众传媒持续不断地刺激人们的性欲的年代是如此,在美国人所谓的健康性生活(a healthy sex life)服务于身体与精神上的保健的年代也是如此。依照社会学家沃尔芬斯泰因(Wolfenstein)②与莱特斯(Leites)③漂亮的表述,某种娱乐道德(fun morality)已经服务于保健了。与所有这些形成对照的是,关于改革性别立法的种种提议初看起来(prima vista)俨然带有妇女参政论④者的特征。这样一来,秩序的守护者们便可以直截了当地用某种很少失灵的反讽指明这一点了。人们确实还是有自由的,他们做的毕竟就是他们愿意做的事情,只有犯罪才会被法律阻止——改革究竟是为了什么?

对于这个问题,只需回答说,性的解放在当前社会中只是个幻象。与这个幻象一道发生的,乃是社会学在它那方面喜爱用"整合"(Integration)这个术语表达的事情;这正如市民社会由于收编了无产阶级,才通过无产阶级克服了威胁。建立在对内部和外部自然的控制之上,

① 汉斯·马格努斯·恩岑斯贝格(Hans Magnus Enzensberger, 1929—   ),德国诗人、作家、发行人、翻译家和编辑。
② 玛莎·沃尔芬斯泰因(Martha Wolfenstein, 1911—1976),美国精神分析学家、作家。
③ 内森·莱特斯(Nathan Leites, 1912—1987),俄裔美国社会学家和政治学家。
④ 指 20 世纪初英美等国妇女争取选举权的运动。

又将混乱的、对劳动道德和统治者原则本身不利的快感原则克制住的理性社会，就不再需要关于节欲、处女、贞操的家父制戒律了。浮浮沉沉、被操纵又在物质工业和文化工业的无数形式下被剥削的性，在配合对它的操纵的情况下，被社会吸纳、制度化和管理。它在被约束时方得宽容。从前社会由于神圣的婚姻而容忍它；今天，社会直接垄断了它，缺乏像教堂这样的中间性机关，经常也缺乏国家层面的合法化操作。但这样一来，性也发生了改变。如果说弗洛伊德在尝试描述一些特殊的性现象时突出了猥亵的环节（而这将意味着社会层面有伤风化的东西），那么这个环节一方面是消失了，另一方面是格外被排斥的。这差不多显示出对性本身的某种去性化（Desexualisierung）。被俘获的或在微笑宽容之下得到许可的欢乐再也没有了；精神分析师似乎没有重点强调下面这一点，即在整个被垄断性操控和被标准化了的性活动中，在电影明星造就的模式下，有意而为的和替代性的欢乐超出了本有的欢乐。人们在对此议题的巨大热情消退之后所描述的性的中立化现象，甚至在性误认为要大大方方地满足自身的地方，也浸染了它。

535

然而由此应该得出（而合乎时宜地出现的神经官能症似乎可以证实这一点），性禁忌实际上也并没有作废。压抑只有一种新的、较深的形式得到了实现，带着该形式全部的摧毁性潜力。过去当性被收编时，在性中不能被收编的东西，即真正属于性的吸引力①，是憎恶社会的。如果说此事有其正当之处，因为特定意义上的性本身（eo ipso）成了被禁止的东西，那么这个禁令即便在性的那些得到批准的呈现方式中也是要坚守自身的。在由遭排斥的东西构成的领域之外，很少有什么地方能显示出如此之多隐藏着的胡作非为。在一个不自由的社会里，性的自由和其他任何一种自由一样都是不可想象的。性（Sexus）被消毒，成了性行为（sex），像是体育活动的一个变种；在这个问题上与众不同的东西，就总是令人敏感。

尽管如此，这还是再次迫使人们研究性禁忌和性权利，不仅仅是出

---

① "吸引力"原文为"Aroma"（芬芳），这里采取意译。

于与受害者的那种或许相当无力的同病相怜，也是由于考虑到与整合同步强化的压抑所瞄准的对象。这种压制似乎永远能将依附权威的性格作为储备提供给人们，这类性格准备好了时时追随任何一种极权政府。"权威主义人格"（Authoritarian Personality）①最明显的结果之一 536 是，具有预先便使自身成为极权势力忠实信徒的那种性格结构的人，在必须追捕那些照他们看来具有错误性倾向的人的幻想之下饱受折磨，一般而言是在一些违背自身并投射到边缘群体之上的野蛮性观念之下饱受折磨。德国的性禁忌落入了那样一种意识形态的和心理学的偏见征候群，该征候群协助国家社会主义创造群众基础并在一种依照显白的内容而言被去政治化了的（entpolitisierten）形式下继续存在。该形式在适合于它的时候可能也以政治的方式展开自身。该形式在成为系统固有因素又毫不起眼的情况下，如今比起新法西斯主义社团更容易败坏民主，相对而言，那些社团暂时还应者寥寥，所支配的物质资源和心理资源也屈指可数。[1]

精神分析研究性禁忌及其法权沉淀物，尤其研究它们在犯罪学上的范围（这里想起来的只有艾希霍恩②的那些著作），而它在此揭露出来的东西，一如既往地是说得通的。但除了这些东西之外，为了切合最近历史阶段的事情，似乎还应有所增益。在弗洛伊德那个时代，精神分析身上带有的印迹是前资本主义的或市民社会盛期的一些权威形式、小家庭的家父制、父亲的压制及其后果（即强制性特征）以及隶属于家父制的肛门征候群留下的。当然，"上层建筑的彻底变革要比底层建筑更缓慢"这个事关社会的论题在心理学上，在无意识的那种被弗洛伊德强调的、相对的稳定性上，也得到了证实。实际上，个体心灵在面对实实在在的社会进程的强势冲击时是从属性的，倘若愿意，可以说：它在此时是上层建筑。在代替个体性家长权威出现的种种集体主义强力之

---

① 阿多诺等人提出的一个著名的社会学概念，阿多诺在美国期间亦有同名研究计划与同名著作。

② 奥古斯特·艾希霍恩（August Aichhorn, 1878—1949），奥地利教育家和精神分析学家。

75

下,正如弗洛伊德在《群众心理学与自我分析》中发现的,家长的形象依然存续着。但自那时以来在社会权威结构中发生了一些变化,这些变化至少侵袭了性禁忌的具体形态。传统上阉割的威胁所针对的生殖器意义上的性,不再是攻击点了。党卫队生命之泉种马场①,鼓励姑娘们暂时与那些申明自身为精英且依此组织起来的男孩们建立关系的做法,正如第三帝国开创的许多恶行一般,只是波及全社会的一些趋势的激进先锋。然而过去的党卫队国家不是情欲上的自由王国,当今海滨浴场与野营地里寻欢作乐的也不是那样的王国,通常那样的寻欢作乐时时刻刻都可能被逼回到禁忌语言所谓的健康观点上去。像年轻人千人千面、幻想的枯竭、基于强势给定的条件进行势不可当的自我建树这些人类学上的特征,都有一个与性禁忌的新形态正相合拍的方面。

依据弗洛伊德的理论,性的那种得到文明许可并占据支配地位的形式,即生殖的性,并不像它极易误认自己时以为的那样是原初性的,而是某种整合的结果。在适应社会的压力之下,在它内部聚合了儿童越过家庭机制而趋向某种整体性的东西、趋向对生殖的社会性目的有利的因素的种种家父制本能。弗洛伊德并未忽略,生殖的性中的这种整合的情况相当棘手,他还为这情况而惋惜(处在这种情况下的是彻底家父制的市民)。真正的合乎爱欲本能的生活,即欢乐在其中得以实现的种种关系,绝非在当今最发达的工业国里动用了从整容工业到精神疗法的全部经济门类进行刺激的那种健康性生活(healthy sex life)。毋宁说在性中幸存的是在经济中联合起来的家父制性驱力(Libido)。每一种幸福都是在双方之间的张力中引燃的。这样一来,正如家父制本能在还不了解欢乐的阶段上,若不执行生殖任务便徒有其名一样,生殖中如果完全消除了被唾弃为反常东西的家父制本能,就是可怜的、迟钝的,仿佛缩成一团了。性生活的去性化(Desexualisierung)在心理动力学上似乎很可以理解为生殖之性的那样一种形式,在该形式下性本

---

① "生命之泉"(Lebensborn)是1935年开始的一项按照纳粹种族优生理论进行的试验及其注册机构,由党卫队在全国领导实施。"种马场"喻指该机构是用来配对生殖的场所。

身成了设置禁忌的权力,并驱赶或根除了家父制本能。性乌托邦的一 538
个片段是,不要成为某人本身,即便在所爱的人身上也不要仅仅爱她本
身:自我原则的否定。这种否定动摇了最广义上的市民社会的那个常
量,该常量向来都是在整合的基础上产生的,依照要求来看乃是同一性
(Identität)①。最初这否定是要建立的,最终它仿佛又是要消除的。单
纯与自身同一的东西,是没有幸福可言的。在生殖以自我和以内心同
样坚定的另一个人("配偶"这一名称在她这里实至名归)为中心的做法
中,蕴含着自恋。性驱力的能量施加于支配并通过支配进行欺骗的权
力之上。然而弗洛伊德强调的那些有伤风化的现象的前提是家父制本
能溢出性之外,而性从这种溢出中感受到的是力量和荣光。传统社会
禁忌将性与家父制本能融合为一,尽管真正说来那矛头可能更多是冲
着后者的;萨德的作品对此发起了反抗。随着社会对性越来越多地认
可,对家父制本能及其在生育关系中的代表者的压力也与日俱增。唯
有社会化了的观淫癖作为家父制本能的残余被培育起来,那是意淫式
的快感。这种快感规定了人们的做法是洞穿一切而不是与唯一对象结
合起来,由此也表现出性的社会化趋势,该趋势本身构成了对性的致命
的整合的一个方面。家父制社会给予女性特征,给予那种被动的、戒除
了自身的激动且在可能的时候戒除了自己对快感的要求的温顺状态的
奖赏,将性的去性化做到了极致。关于自然状态的某种理想没收了性,
这种状态在某种露天生活方式下尽可能地引向纯粹的生殖,抵抗一切
伪饰。需要研究的是具有形式上的自由的禁忌形态;此外还可以稍稍
重视那样一些模式,比如前述自然状态,甚至包括性的一系列被橡胶包
裹着的样本。在使禁令运行于地下的权力与"禁令已失效"的谎言掺混
起来的那种气氛下,对最新风格的迫害肆意滋长。正如(这对处处可见
的自我的软弱性形成了补充,作为心理学上探讨的那种无能,即无能于
摆脱人皆有之的做法)家父制本能在心灵上和在实体上倘若诚不我欺, 539
便更多的是被压抑了,那么这类本能也算是在社会层面上被对待了;看

———————————

① 或译"身份认同"。

起来情况越是没有那么不正经,对无论如何还是应当有的一些基本的东西的报复就越糟糕。保健的理想比禁欲的理想更严格,禁欲似乎永远不希望保持它以往的面貌。但在自由假象内部的禁忌首先却不是自娱自乐,因为当自由同时被个体的无意识和制度的强力束缚起来,就没人再彻底相信自由了。一般而言,那些压制性的观念越空疏,便也越严厉:它们必定夸大自己的效用,这样一来,恐惧便令人相信,极其强大的东西也就是合法的。当托马斯主义的博学瓦解后,猎巫审判便兴盛起来。与此相似,那些由于将道德主义与"安慰"这个词关联起来而宣泄道德主义的人对自己裸露癖的认罪,对于大众是极有吸引力的,因为"罪"这个概念在与神学教义脱离之后再也没有任何实质内容。这样一来,特殊的禁忌性格便得以强化。如果说过去那些原始禁忌由乱伦禁令激发而势不可当,是因为该禁令的压迫性力量排除了一切的说理论证,那么在既彻底又受阻的启蒙状态下,自从种种性禁忌即便对于遵从它们的人而言也不再有任何存在理由(raison d'être),性禁忌也变得极其强大。禁令本身吸干了从那时已枯竭的源头一度曾向它涌流出来的能量。烙印到禁忌中的谎言本身成了性虐狂的一个环节,而性虐狂落到待婚受害者头上并向其暗示下面这一点,即受害者的命运并非由于施害行为,而是由于受害者一如既往很偶然的独特性,由于受害者背离集体、从属于恰巧被指定的少数群体。——当今的禁忌照其内容来看其实并不新鲜,它们不过是对旧禁忌的模仿。旧禁忌深深沉入观念宝库之后,又被那些进行操纵的权力制作成了新的模样。旧禁忌又被顶层的力量唤醒了。连这些禁忌充满模仿痕迹的苍白样式也服务于压制:它们允许人们适时地调动起以往累积起来的愤怒,围着一切可能的540 东西打转,根本不管那东西是什么性质的。这样一来,独特性本身就被选为敌人。经验性研究似乎必须探索的是,那些已被淡忘得差不多的和在社会上可谓实际已被超越的禁忌如何能被动员起来。此时还没弄清楚的是,伦理的宣传加以利用的那种愤怒,是否首先和直接是超越了性爱的绝欲。可以想象,这种愤怒与当前生活的某种总体状态相关。在形式上的自由状态下,每一个人都担负起他在人类学意义上已经几乎不具有的某种自主性的责任;而由于极强势的制度与个人琐细的行动领域之间的不相称,个人也感到在客观上不断被苛求和被威胁;在这种威胁中当然神不知鬼不觉地隐藏着阉割的威胁。禁忌之所以能被唤醒,是由于社会的苦难(在心理学的意义上说就是自我的苦难)被挤压和被推移到了性这种古老的痛苦上。这样一来,在与表面情形极为矛盾的情况下,性就成了社会的神经敏感点;性禁忌在当前要比其他所有禁忌更厉害,甚至比政治禁忌还厉害,倘若政治禁忌也极为沉重地被嵌入进来。

在对于改变了的性道德的那些或许众口一词、控诉抱怨的声明中,回荡着公众领域的声响。那些声明与当下那类关于"再也没有什么意识形态了"的论调很类似,那类论调同时既为麻木迟钝的玩世不恭安了一副启蒙的好良心,又怀疑超出现存条件之外的每一种观念犯了时代倒错的毛病。然而所有这类观点都不认为禁忌被消除了,这一点在客观精神的种种形式上、在那些不显眼的游戏规则与习俗上,更多地还可以在法的层面上看出来。妓女到处都受到迫害,同时她们在所谓更艰难的性压迫时代里又有些逍遥法外。说什么现在人们不再需要真正解放妓女,那不过一个骗人又无力的托词。对于狂热的信徒而言,事情最终取决于能否那样做,即拿人们可以自由选择是否遵从他们希望再次废除的那些习俗作为借口,来为他们的措施辩护。大搜捕的技能,妓院的关张(这一关张,才使得妓女陷入人们指责她们带来的那些麻烦),541 任何一个市区都认为受到极大威胁的勤勉努力(然后对妓女激增的地方愤怒异常,那地方是她们如犹太人一般东躲西藏时的走避之地),所有这些因素都造成了一种信念,这种信念虽然对爱欲的受辱大加责骂,却也做了使之再次受辱的一切:判处爱欲陷入不幸。娼妓(那是以生疏和妒忌为耻的形象)无疑在很大程度上与家父制本能相等同了。她提供的是反常性欲,再古怪不过的是,这与其贫困又失灵的行业形式发生矛盾了;在一个将所有人都从藏身之处驱赶出来的玻璃暖房式的社会里,卖淫便采取该形式。人们根本无需想入非非,就可以拥抱被禁足的领域,然而也会为妓女们(此时她们变得就像社会的妒忌要求她们和对待她们的那样令人厌恶)辩护,将她们当作性的另一种可能性的天真无

邪的代表,对抗伦理上的耻辱。伦理上提出的论据,即她们造成的伤
害,她们激起的愤慨,是无效的;任何人只要不想看见她们,似乎都没有
必要为她们耽误时间,在妓院被容忍存在的时候似乎完全没有必要那
么做。在报亭劳作的那些年轻人中,谁会觉得一个站街女的样子有什
么新奇之处,这是无法确定的;所谓他可能造成的灾祸,其实是虚构的。
像那样一种混淆(Quid pro quo)可笑而又令人反感,即一位新教牧师放
言要用布道和集会在大都市的某个区根除卖淫,而不是将自己的夜生
活限于夜间圣乐上,那些圣乐是他这类人被规定了要听的,在这些圣乐
中他可以得到心灵的快乐;叫人讨厌的是,那些皮条客并未依照他们的
惯例吹口哨,而是在住处射击了他;然而对公众伦常的一种严重的威胁
是,最终警察自行声明,说射击与道德运动毫无关系。在一个哪怕只是
远远看起来如其宪法假定的那般成熟的社会里,公众是不可能让这类
事情发生的;上述混淆透露出某些整体状况,即这类现象在发生,还断
542 断续续见诸报端,却没有一个人明白这里的滑稽可笑之处。当然,如果
人们因少数落后且狂热的人吵吵着将其意志强加给多数人而聊以自
慰,那是不切实际的;松懈下来的伦理不可能倚站在大街边①,也不可
能产生像是要接纳伦理的那种愤怒之情,这并未使居民的本能结构与
伦理协调起来。在德国,人们似乎有千百种理由害怕对手无寸铁的群
体的迫害;在这里千真万确的是,对妓女的迫害不断扩展开来。如果对
妓女的谋杀得不到补偿,那么这种行为在任何情况下都会得到辩解;然
而这类不清不楚的事情的频频发生表明(比如在与侵犯财产权的司法
程序的干净利落相比之下),正如经常也在不知不觉中发生的,社会权
力希望断送那些在其(错误地)看来体现出本不该有的快乐的人。[2] 推
动杀害妓女,很可能没有撇开婚外关系成为常态的那种情形,反而正是
为了那种情形:在经历所有的职业解放的过程中总还要承载起余下的
社会负担的女士们,即便在默默忍受之下也能感受到时时刻刻可能落
到她们头上的禁忌,比如在被扩及其他所有条款之上的委托代理条款

---

① 指卖淫。

的协助下,或者当她们怀孕的时候,便是如此。这便酝酿出报复心。社会学惯于称作人际关系的那种东西,具有一套令人绝望的动力学,属于这种动力学的现象甚至包括,承受压力的人试图将压力转嫁到另一些较孱弱的人头上,企图以理性的或非理性的方式传递仇恨。偏爱这种做法且以软弱无能为特征的群体之一就是娼妓。娼妓不仅弥补了男人们对官方一夫一妻制的怨恨(弥补之后他们又靠一夫一妻制过活),还弥补了女人们的怨恨,女人们在常常很不情愿地参与男女关系的同时,由于事情允许而总是怀念市民社会数世纪以来驯服她们追求的目标,并在私底下怀有那种永远都很好理解的意志,即通过婚配获得安全与名声。性禁忌的长期存在表明,迫害并没有使事情好转;不管是在职业上被划入市民之列的女人(就市民生活的优点并未改善她们的私人生活而言),还是被逐出市民之外的女人,均未得到改善。在可疑又无人负责的性压迫造成的全部恶劣后果中,这恐怕是最过分的。尤为引人瞩目的是那种类型的同性恋中的性压迫,该类型中为男性欢呼与为纪律和秩序欢呼相伴相生,该类型也凭着关于高贵身体的意识形态,已经准备好对另一些少数群体,比如对知识分子,发动攻讦。

可鄙的同性恋者条款躲到被解放的德国来了。减刑措施允许人们至少让未成年的被告免于处罚,这样的减刑措施很容易演变成对勒索者的恩惠。面对同性恋者条款,辩论实际上是不可行的,只能回想起耻辱。据说那只会暗示对同性恋的唾弃这个不被重视的方面,而同性恋者成了不祥之兆,预示着性被滥用。一些人可能会说,只要同性恋者不强奸未成年人或被监护人,同性恋者的生活较之过往实际上(in praxi)自在得多了。现在看来很荒谬的一种看法是,一部法律由于未见运用,或者只在较小程度上被运用,便证明自身是正当的;这类思维模式对于权利担保和活生生的人与法律秩序之间的关系而言意味着什么,这无需赘言。但如果同性恋者遭受的烦扰少一些,那么长期以合法的方式贬低他们的大环境必定使其遭受不间断的恐怖压力。但如果人们接受一种精神分析学说,即同性恋经常有神经官能症,是对童年时期种种冲突作出某种决断的产物,而该决断阻抑了所谓的俄狄浦斯情结的正常消

81

解，那么依照心理学上的依恋规律（Gesetz der Anlehnung），如果社会——
法律上的压力也是间接的，那么神经官能症将会永久化和强化。在同性
恋者中，似乎很有一些极具精神天赋的人；他们在心理遗传学上是很健
康的，因为他们凭借与母亲的彻底认同，也将母亲用以对抗父亲（实践中
的实在感的代表）的那些特征纳入内心了。倘若我的观察没错，那么恰
恰在具有精神天赋的同性恋者中间尤为引人瞩目的是心理上对他们的
创造力的束缚，是无能于实现他们原本很有能力做到的事情。然而这里
很可能分摊了恒久的恐惧压力，以及社会的唾弃，这唾弃既激励了立法，
又被立法强化了。通过同性恋者条款，社会即便在法律层面上也像在无
数其他层面上一样倾向于齐同，倾向于毁坏精神力量。最少在有关同性
恋的社会禁忌变少的地方，比如在一些贵族式封闭社会里，同性恋者显
得不那么患有神经官能症，在性格学上显得不像在德国那么畸形。

　　然而眼下所有禁忌中最强大的是打着"未成年"旗号且在弗洛伊德
发现儿童性欲时已然平息下来的那个禁忌。成人世界的那种普遍且有
根据的罪责感，作为对他的对立形象和避难所的罪责感，不可或缺的是
成年人所谓的儿童的无邪，而在成年人看来，为这种无邪辩护则是无论
如何都值得的。众所周知，依附成年人的人越是无意之中以身犯险，作
出预定要惩罚的行为，禁忌便越强大。未成年人情结的根据可能在于
该情结拒斥的那些极为巨大的本能冲动。人们思考它时必须顾及下面
这一点，即在 20 世纪，可能出于社会的某种无意识的同性恋化，爱欲的
理想成了儿童式的，成了人们在 30 或 40 年前戒慎恐惧般称作女孩子
（Weibkind）①的形象。《洛丽塔》（Lolita）一书并不好色，它作为畅销书
而言毕竟具有极高的文学品质，这部书的后果似乎唯有通过前述形象
（imago）的力量才能说得清。这个被唾弃的理想形象很可能也有其社
会性的一面，即长期积累起来的对那样一种状态的反感，该状态在时间
上将青春期与人的独立拉开距离。对洛丽塔、塔季扬娜（Tatjana）②和

---

① Weibkind 指兼具女人风韵与儿童纯真的形象，中译文很难传达这双重意思。
② 普希金长篇诗体小说《叶甫盖尼·奥涅金》中的女主人公。

洋娃娃(Baby Doll)形成补充的是那样一些团体,这些团体最爱做的事情就是在儿童身后的每一个游乐场都布置一位在伦理上成熟的女警察,这位女警察要防止儿童受到成年人所期待的那些恶事的沾染。如果冯塔纳笔下住在哈维兰的里贝克的那位冯·里贝克先生①的一个后代送给小姑娘们一些梨,那么他的博爱立马就显得很可疑了。

　　这里涉及的领域之所以很棘手,不仅仅是由于一旦人们不再追随主流意见,便会释放出极为强烈的感情,也是由于法律具有无可辩驳的防卫功能。不言而喻,下面这些情形必定遭到阻拦,即儿童被施以暴力,或任何一类上司滥用其职权强迫依赖他们的人服从。如果说可以允许一个对儿童犯有性侵害罪的男子逍遥法外,是因为他的父母养着他,还给他找到工作(这里一方面与另一方面②似乎没有任何关联),那么这样一来,那些有纯洁性癖好的组织便有了资格抱怨当局,说当局由于行事草率,实际上对于当事人不久之后谋杀一个小姑娘负有责任。但人们围绕真相的这个核心七嘴八舌议论起来,这些议论似乎有待核查,而不是因为有了庄严的热情便可禁绝任何进一步的思考。比如说,色情文学的阅读与观赏导致的所谓危险后果,便是想当然。这种想法愚不可及,也是对个人自由的一种干涉,即禁止原本能在此获得满足的成年人接触这些东西。在未成年人那里,有害的后果及其特质尚需确定:神经官能缺陷、恐怖症、转化性癔症(Konversionshysterien)或者诸如此类的特质。唤醒通常本已存在的对性的兴趣,这不可被当作坏事加以诽谤,除非人们足够激进,直截了当谴责性本身——这种姿态在今天似乎很难觅得知音,伦理的倡导者往往提防这种姿态。恰恰是在未遭扭曲、未被压抑的情况下,性就其自身而言根本没给任何人造成祸害。这一点不仅必定在说出来的时候不合时宜,还必定穿透立法的逻辑及其运用。鉴于当前由人类的管理者施加于他们头上的种种现实的和潜在的损害,在性方面寻求保护的需要尚有某种迷乱之处,但敢于把

546

---

① 冯塔纳有一首同名叙事诗,在德国妇孺皆知。
② 应指上述主张中提出的结果与原因。

这一点说出来的人的数量甚至少于抗议细菌战与核战争这类极其浩大的社会性活动的人的数量。

在未成年人保护法中似乎至少要考查的是,未成年人实际上是否为牺牲品(无论权力的牺牲品,还是奸诈的欺骗手法的牺牲品),或者说他们本身是否并未长期处在法律自诩能加以拖延的那种状态下,以及他们是否并未因为喜欢某个事物而挑逗人们强奸他们(哪怕只是为了勒索到那个事物)。这样一来,那样一位男妓就可以指望找到亲切善意的法官了,他从背后杀死他的顾客,劫了财物,然后在法庭上说,他是出于对向他提出的无理要求的恐惧才这么做的。即便对非独立之人的保护,也太过马虎。如果实践中充分实现了法律条文,那么牢房里的空间就容不了那么多犯人了;只不过这根本不是什么论证,但这毕竟是一种提示。此外,现行的法令允许导演与他的女演员产生某种关系,却禁止剧院经理与其管辖的职员产生这种关系。人们似乎必须合理地修正相关条款,使其仅仅适用于那样一些情形,即上级利用其职权对付下级,在实际的和可证实的意义上以免职和其他不利情形威胁下级,但在因各种读物中描述的保罗和弗兰切斯卡①从前遇到的那类情形而团结起来的时候却不这么做。现行《刑法典》第 174 条中的某种排除一切强奸情形的措辞,恰恰当该条款(即便该条款在众多伦理条款中绝非唯一被如此这般对待的条款)被要求对在政治上和在其他方面不讨人喜欢的人(这种说法在现代德国的行话中可谓精通传统了②)进行排挤时,便愈发紧迫了。

547　　　总的来说,问题似乎绝不仅仅在于缓和立法。一些东西似乎应当强化,尤其是针对残暴违法行为的那些条款。正如卡尔·克劳斯认识到的,未经允许而爱抚未成年人的行为总是遭到严厉处罚,其情形与父母或师长将他们打个半死一样。如果一个人在痛饮③之下做出野蛮暴行,那么在法的精神(esprit des lois)根本上还习惯于不仅将痛饮作为

---

① 古罗马著名爱情故事中的人物。
② 原文中"不讨人喜欢的人"(Mißliebige)和上文中"强奸"(Mißbrauch)均含有前缀"Miß-",该前缀表示滥、错,依然含有强烈的家父制预设。
③ 指酗酒。

无心之过,还将它当作男性美德的证明的情况下,他的遭遇对他而言便算是减刑了。总是有人保证说,若是酒醉后感官依然灵敏的汽车司机碾死某个人,他犯的绝非什么无伤大雅的过失;这种现象仅仅证实了,如此这般看待司机罪行的倾向有多么根深蒂固,而这一点在判决中也很可能反映出来。德国的驾车习惯很可能与英美国家和罗曼语系国家相反,完全属于那样一类民族特性,在那些民族特性中希特勒帝国精神的某些东西清晰可见地留存下来:对于人命的轻视——关于人命,德国的一种古老的意识形态已经灌输给高中生说,它不具有最高的善。那时作为单纯经验性东西遭到蔑视,与崇高的道德规律对立起来的东西,如今在一个以摆脱了种种意识形态自傲的社会的发展进程中,则出于自我保存的原始冲动,出于非隐喻意义上①对进步的渴望,出于健全的事功意志的体现,而遭到鄙视。这里事情当然也不是在完全非意识形态的意义上发生的:过去由道德规律支配的地方,如今在意的是人们对交通规则的尊重;心安理得地杀死某个人的前提是信号灯变成绿色了。与此相似,社会心理学在研究国家社会主义的准则时便发明了合法事物(Legalitären)的概念。蓄意谋杀要通过举办某些活动〔也可能是事后(post festum)做出来的〕来掩盖,此时民意代表声明这些活动是正当的。合法需求明显包含了道路交通的野蛮性,正如包含了在迫害无辜受害者和过失犯罪时的那种野蛮性一样。对暴行、对与建制性社会形式相协调的那些受挤压的本能的默许,紧紧伴随着对家父制本能的憎恨。在原则上和在难免有些夸张的意义上似乎可以说,**在法和伦常中** 548 **这些全都能博得好感,在那里社会压迫(最终是施虐狂式的暴力)的种种行事方式得以延续,与此同时抵制社会秩序本身的暴行的那些行事方式也得到了无情的回应。**一项名副其实,但此时此地又当然很难预见的刑法改革,似乎会从民族精神、从那样一些社会事实(faits sociaux)中解放出来,涂尔干早就希望确定,那类事实会造成伤害。

当行动成为自我和本我冲突的结果时,对于判例是严厉还是宽大

---

① 即字面意义上。

的追问,是以关于意志自由的争论为导向的。肯定意志自由的人通常赞同报复理论(尼采对报复理论已看得很透彻),也赞同严厉惩罚;决定论者则赞同教育理论(专门性预防理论)和恐吓理论(一般性预防理论)。这种二选一的局面是致命的。对意志自由的追问很可能根本不是抽象的,即根本没有脱离关于个体及其纯粹为了自身的性格的理想构造,而是仅仅存在于对个体与社会的辩证法的意识中。自由,包括意志自由,似乎尚待实现,不可被假设为实定地被给予了的。另一方面,决定论的总论点正如自由意志论(liberum arbitrium)①的总论点:意志的行为依照决定论的说法所依赖的那些条件的总体本身构成了一个理念,而且不可像一个可支配的大小一般被对待。因为哲学即便到了最高点,也并不单纯教导这两种观点中的一个或另一个,而是表现出事态的二律背反。康德有个理论,即所有经验性行动都由经验性特征规定,然而经验性特征最初却是由理智性特征设定的,可以追溯到某种自由的行动;该理论或许是最卓越的模式了,哪怕只是由于考虑到想象下面这种情形有多么困难,即主体似乎能坦然面对自己的性格,而心理学似乎能揭示出性格形成过程中幼儿时期的一些决定性因素(这些决定性因素,至少18世纪末的德国哲学是想象不到的)。但性格的各个环节越是必须被归入经验的层面,所有这一切应当归诸其上的那个原本可以理解的性格,就越模糊,也越不可理解。该性格似乎完全不可规定为个体心理,而是要规定为对由客观上自由的人们构成的一个团体的主观心境。所有这一切都使传统哲学陷入窘境,法学在刑事裁判方面的争论陷入这类窘境时便探究窘境的根基。这样一来,单纯表达世界观的那种任性做法便轻易登堂入室,冒充最高权威;一个人倾向于决定论还是倾向于意志自由学说,目前看来这取决于这个人(出于上帝才知道的什么理由)选择什么。如果说世界的科学化进程按部就班,毫不留情地推进,以致专家群体没收了一切可能的认识,那么在一门像法学一般利用其科学上的严格性为自己服务的学科的核心部位,便是带着其固

549

---

① 字面意思为"自由抉择",历史上演变为"自由意志"之意。

有的全部模糊性的常识（common sense）被提升为健全的民众感情
（Volksempfinden）、普通意见、标准。当理性在法学内部力争权利，超
出其已然固化的制度领域时，上面这种做法恰恰为心理学在权威施以
惩戒的需求背后揭示出来的那些毁灭性本能大开方便之门。但哲学陷
入的那种矛盾，即如果没有自由的理念，人类是不可想象的，然而现实
的人又里里外外都不自由，是实实在在被激发出来的，绝非思辨形而上
学的失灵，而是那样一个社会的过错，它即便在面临内心的不自由时也
抑制思辨形而上学。社会是真正起决定作用的东西，而社会的机构也
蕴藏着自由的潜力。在深知主观自由含有客观社会环节的那种伟大的
哲学衰落之后，该哲学所见的二律背反便降格为一些孤立的、水火不容
的口号：这里是官方夸夸其谈的空洞的自由感，这种自由感往往不过使
人服从于非自由，即服从于权威秩序；那里是顽固又抽象的决定论，它 550
走不出对决定的空洞保证，却往往又根本没有触及真正起决定作用的
东西。在道德哲学和法哲学的种种争论的核心之处，是虚构出来的绝
对主义与相对主义之争在不断重演。贸然将自由与非自由分离开来是
错误的，尽管这种分离也还具有真理的成分，因为它扭曲地表现了主体
相互之间和主体与社会之间的现实分裂。

　　逻辑连贯的决定论极其忠实地道出人在现实生活中的不自由，它
似乎没有一丝一毫可与奥斯维辛的实践相对抗的东西。因此它似乎触
及那样一个边界，该边界既不能由研究所谓的价值的那种替代性哲学
来跨越，也不可被化作伦理道德的单纯主体性。它凸显了理论与实践
的关系中那个不可消除的差异化环节。实践并不出现于自足的、静止
的思想之中：将理论化作独立实体，正如对实践这样做一样，本身就是
理论谎言的一部分。救济受迫害者的人，比仅仅沉思是否存在着某种
永恒自然法的人在理论上更有道理，尽管道德实践需要透彻的理论意
识。就此而言，费希特关于不言而喻的道德要求的命题尽管有些可疑，
却也有其道理。那种苛求自己，迫使实践完全与自己合一，以便与实践
相对抗的哲学，与一种抛弃理论思考的决定论式实践是同样错误的。
健全人类理智为了得到某种称手合用的东西而将这一事实掐头去尾，

这便伤及真理的性命了。今日的哲学不可简单转化为立法和司法程序。立法和司法程序应当谦逊一些,这不仅仅是因为它们不能胜任哲学上的复杂思考,也是为了适应其见识所处的理论层次。法学不应该欢欢喜喜地草率思考一下就企图肤浅而极端平面化地将问题呈现出来,它似乎有必要先了解心理学知识和社会知识最先进的水平。科学

551 到处占领朴素意识的地盘,直到使不受约束的思想的活动能力瘫痪;然而堪称法学地盘的东西则由那样的科学支配,该科学被全社会以及作为精通法学事物的心理学①(事实上在更广的范围内)所熟知。它将死板而合乎逻辑的体系与那样一种精神上的行事方式结合起来,该行事方式表现得仿佛科学在起决定作用的东西方面一无所获,仿佛每个人都要凭一己之力找出适合他的哲学,以便用一堆自制概念的费力运转,代替当下可支配的知识。一般而言,人们敢于作出如下假设,即唯有出于协助其他事物的目的而发动起来的哲学——这一现象如今似乎首先在存在主义存在论上表现出来——才起反动作用。与此相反,精神分析学上那些实实在在的发现似乎可以运用到性禁忌和性立法上:这样对于犯罪学的设问方式会卓有成效。若是撇开一切体系方面的要求,据说有一些可能的研究还是值得列举的:

1. 在如下两方面之间成为枢纽的那种民意测验是要举行的:一方面是性偏见和对惩罚的幻想,另一方面是具有权威性的意识形态敏感性与意识形态偏向性。这里可以从《权威主义人格》②一书中的所谓 F 量表出发,只不过要运用的研究手段似乎完全是依照有关性的种种观点的各维度组织起来的。值得强调的是,那时在美国有一些与该领域相关的说法证明自身是非常敏锐的,而且这一点迄今为止还在依照德国的状况修改美国量表的种种尝试中反复表现出来。

2. 或许是依照偶然性原则,伦理诉讼中的判案依据似乎在于,花一

---

① 此处"心理学"前的定冠词为"die",语法不通,疑为"der"笔误。

② 阿多诺参与撰写并被译作英文的社会学研究著作,1950 年出版。这里书名原文为英文,下同。该书德文版以《权威性人物研究》(*Studien zum autoritären Charakter*)为书名于 1973 年出版。

段很有限的时间搜寻不止，塑造出一些决定性的观点及论证结构来。流行范畴以及论证逻辑似乎都要面对分析心理学的诊断。由此可以预期的是，这里触及的论证经常具有那些规则性重现的报纸简讯的冲击力度，简讯说一个领养老金的妇人的尸首从河里漂到了岸边。这里涉及的是自杀。心灵抑郁被假定为行为动机。 552

3. 由于在性方面违法或犯罪而被关押的刑事罪犯的一个有代表性的样本，似乎要就其收监时期在精神分析的意义上予以研究。分析似乎要与判案依据进行比较，以便核查分析是否有根据。

4. 与此相关的刑法的范畴结构似乎需要加以批判地分析。这里似乎不应当有什么完善的立场在外围被提出来：必须追问的似乎仅仅是内在的连贯性。这里值得期待的东西应往哪个方向去寻找，这一点由（比如说）部分责任能力（teilweiser Zurechnungsfähigkeit）这个概念刻画出来。该概念允许同一个人先后相继被认定为该蹲监或坐牢的和不该进精神病院的。

5. 刑事诉讼法的一些与性权利相关的方面似乎还值得进一步作些研究。因此在一位被告公开表露出不快的所有场合，似乎都可以格外重视警察的报道，这些报道与违法行为被做出的那个通常很混乱的场景相关。一些人为此还说，那些报道通常是在对受惊吓的被告施以压力的情况下产生的，而被告那时可能已经陷入一堆警察的纠缠之中了。当然，他们中的许多人对于他们向警察作出的陈述的意义不甚了了。——被告在预审的时候绝不可请律师，这一点往往也妨碍了为他们辩护。这一点似乎值得研究。

6. 一些诉讼根本不可能直接成为伦理诉讼，但在这些诉讼中触及了性的环节。对于这类诉讼，似乎应当考察那些环节如何参与规定了诉讼进程，并在可能的情况下参与规定了判案过程。最近的例子是薇拉·布吕内[①]案件。不难想象，在基于一种很难说完全具有说服力的 553

[①] 薇拉·布吕内（Vera Brühne, 1910—2001），联邦德国著名电影《薇拉·布吕内案件》（1966年）中女主人公的原型，被控与人合伙谋杀慕尼黑的一位医生及其情妇。

推定证据之上而作出的强硬判决与审判过程中透露出来的性爱事情之间表现出种种关联,尽管这里有许多事情与谋杀根本没有合理的关联。那种不恰当的观念当然也偷偷潜入进来,即一个过着放荡生活的女人也是可能杀人的。

7. 时至今日依然在立法中出没(如健全民族感、普遍有效观点、自然道德之类概念)的一些教条的概念,似乎还需要有哲学素养的人加以塑造与分析。尤其值得重视的似乎是对行动的那些在习俗评判的意义上(more iuridico)合乎理性主义的论证,那些论证实质上是依照心理学上的非理性规律运行的。

8. 在意识到这样一种举措具有阻人前行且无疑非常突出的一些困难的情况下,经验的研究似乎应当弄清楚,人们将对年轻人的危害作用默默地归诸其上的某些行动与行事方式是否确实造成了危害。那些当人们信赖精神分析时经常被刻画成恶棍的裸露癖,实际上大多是无害的,也不危险。他们所做的事情不过就是无法自控地寻求他们那点可怜的满足,这样看来他们似乎更适合治疗,而不是蹲监狱。然而据说他们使注视他们的未成年人遭受到心灵伤害,这看来就只是主观断想。即便可能,也没有坐实的一点是,儿童遇见裸露癖会留下心灵紊乱的后遗症;一种设想似乎无论如何强调都不为过,即一些女人和小姑娘出于精神方面的缘由,虚构出碰到裸露癖时的恐怖经验,或者就像精神分析所说的那样,出现了反向幻想;犯罪学普遍比较信任基于证词的案情。类似的看法可能也适用于所谓对年轻人的猥亵表现产生的后果。人们热衷于说的是,有一群年轻人,读过某部正好因为淫秽而被禁的书,他们被人问及他们精神状态和心理状态的各个维度,被问及他们对于道德、性爱以及情欲场合的观点;与此类似的还有负责监督的一群人,他们没读过这部书。尤其值得注意的似乎是,这里涉及的是不是自主选择的群体,因而同样值得注意的似乎是,读过这部书的人是否并非比没读过的人更有性经验或更有兴趣。由此一定要考虑到,这些研究被证明实际上是行不通的,不可能发展出一种能确保和澄清成果的方法。然而即便这一点,似乎也有认识的价值:只用想一想,假设的损害既不能加以证明,也不能加以否定,这似乎必定会促使立法在使用伤害概念时格外谨慎。

9. 关于性禁忌在民众伦常中的延续:似乎应当研究一下,依照电影工业在爱抚、暴露和所谓猥亵方面,比如说,自愿进行自我审查的那些流行的准则或游戏规则被消除的是什么,以及反过来,在真正有害的那些方面,比如给施虐狂性行为、暴力犯罪、技术完美的入室盗窃树立榜样时,被放行的是什么;当然,对暴行的愤怒与性暴行相伴相生的情形并不罕见。在美国,被禁止的事情和被允许的事情之间这种显著的不相称在 10 年前就有人指明了,却似乎没有改变自那时以来的实践:性禁忌如此持久地起作用,与社会默许暴力原则的情形完全相同。

注释

[1] 见本书页边码第 555 页及其后一页。
[2] 说明一下对快乐的敌视在裁决中是如何反映出来的:猥亵概念的表述源自德意志帝国最高法院,后来被德国联邦最高法院承接过来。根据这一裁决,猥亵包括客观上依照健全观点在性关系中损害羞耻感与伦理感的以及主观上被纳入淫欲意图的所有行动。

清理过去意味着什么

　　"清理过去意味着什么"这个问题必须得到阐明。它源自近些年作为流行口号已变得极为可疑的一个说法。那里所谓的"清理过去"，并不是说人们严肃地加工过去，明明白白有意识地突破过去的禁令。人们希望将过去划下终止符，并尽可能地忘了过去。遗忘和宽恕一切的姿态似乎本应由遭受不公的人摆出来，实际上却由做出不公行为的那些人中的一部分摆出来了。在一场科学争论中我曾写道：在刽子手家里不要谈论吊绳①；否则容易引起忌恨。但无意识且完全无意识地推脱罪责的倾向居然如此悖理地与关于清理过去的思想结合在一起，这却足以促发一些思索，那些思索与人们迄今还十分畏惧，不敢直呼其名的一个领域有关。

　　人们希望摆脱过去，这种做法有道理，因为在过去的阴影下根本无法生活，还因为若是对罪与罚只能再报以罪与罚，那么恐惧便没完没了；这种做法也没有道理，因为人们希望摆脱的过去还保有最大的活力。国家社会主义还在延续，而我们迄今还不知道，它是仅仅作为曾经发展得极为庞大怪异且死而未僵的东西的幽灵而存在，抑或压根就没死；还不知道，随时准备好投身于不可言说的东西的那种心情还在人群之中延续，也在弥漫人群的关系格局之中延续。

　　我不想探讨新纳粹主义组织。我所考察的是国家社会主义作为潜

---

① "吊绳"（Strick）字面意思为绳索，这里指绞刑用的绳索。

在威胁在民主制**内部**的延续，而不是**敌视**民主制的法西斯主义倾向。556 可以用"渗透"来刻画一种客观趋势；唯有因此，那些模棱两可的人物才构成渗透现象在实权职位上的回归（come back），因为局面有利于此。

德国的过去绝非必然是所谓本性难移的，即便事情据说就是如此也罢，过去也不曾被克服，这是没有争议的。在这里，事情总是被引向所谓的内疚感，通常还伴随着那样的联想，即内疚感只有通过构建某种德国式集体罪责才能产生。毋庸置疑，许多神经官能症与过去有关：当人们未受损害时，便采取辩护的姿态；在实际上很少为过去辩护的那些地方，迸发激烈的感情；感情的缺乏与严肃到极致恰成对照；对知晓的东西或半知半解的东西的简单压制也并不鲜见。因此我们在社会研究所①所做的群体实验中常常发现，在回想起放逐和大屠杀时人们选择的是一些柔和的表达、一些婉转的改写，或者说因此就形成了一个话语的空穴；用"水晶之夜"这个普遍被引进、近乎善意的说法表示1938年11月的那场大屠杀，就证明有这种趋势。压根不愿意了解那时的种种事件的人，数量是相当庞大的，尽管到处都有犹太人失踪，尽管很难假定那些见过东部发生了什么事情的人总会对必定给他们带来极端重负的东西保持沉默；人们很可以假定，在一无所知的姿态和至少冷漠又恐惧的漠不关心之间维持着某种比例。无论如何，国家社会主义坚定的敌人早前是确知其事的。

我们也都知道有人决心在今天否认或弱化发生的事情——那么人们并不为那样的论证感到羞耻是很令人心痛的，即毕竟最多只有五百万而不是六百万犹太人被毒气杀死了。此外，广为流传的开脱罪责的做法也是不可理喻的，仿佛德累斯顿就抵消了奥斯维辛②似的。在这类算计、这种通过反唇相讥匆匆逃避反省的现象出现时，就已经有了某557种非人性的东西；而战争中的战斗（考文垂与鹿特丹③堪称这类战斗的

---

① 指作者本人主导的法兰克福大学社会研究所。
② 这是两个隐喻，德累斯顿指盟军对德国的大轰炸，奥斯维辛指犹太集中营与犹太大屠杀。
③ 二战中德国曾对英国考文垂和荷兰鹿特丹进行大轰炸。

典型)很难与成百万的无辜人士的被成建制谋杀相比。即便这种无辜，这最简单也最合乎情理的事情，都被否认了。恶贯满盈也会充当对上述心态的辩护：由此看来，沉睡的意识安慰自己说，并没有什么事情发生，倘若蒙难者并没有造就事情发生的动因的话，而且"某种"这样的局面模糊难辨，可能往任何它喜爱的方向继续发展。①心智的蒙蔽使人忽略了极度虚构的罪责与极度真实的惩罚之间显著的不相称。在此期间胜利者倒被弄成了被征服者在位时所做事情的发起者；而对于希特勒的恶行负有责任的据说应当是那些容忍他夺权的人，而不是为他欢呼的人。所有这些蠢事实际上都是心灵上未曾克服的某种缺陷的标志，是创伤的标志，尽管对创伤的顾念本应当早于对蒙难者的顾念而起作用。

尽管如此，关于罪责情结的话语却含有某种不真实的东西。在该话语加以借用并一道采用其种种联想手法的精神病治疗中，该话语说到，罪责感是病态的，是与现实不相称的，是精神性的，正如分析师们称呼的那样。"情结"这个词的助力造成了一种假象，即罪责（太多的人拒绝、卸下对罪责的感觉，并用种种愚蠢的理性化手法扭曲它）似乎根本就不是罪责，而仅仅存在于那些人心中，存在于他们的心灵状态中：极为实在的过去被降格为那些自感与其相关的人的单纯想象。甚或罪责本身就可能只是一种情结，背负过去事物的重担就可能是病态的，而健全且现实的人则献身于当前及其合乎实际的目标？这种想法固然是从歌德的那句"那就是等于从来没有"②(Und ist so gut, als wär'es nicht gewesen)中获得了教益；然而那却是在《浮士德》的一个关键地方，由魔鬼说出口，为的是揭示他内心最深处持守的原则，即毁坏记忆。被杀害者据说还要在我们因软弱无能而唯一能馈赠给他们的东西（记忆）上受骗。那些压根不愿听这些事情的人的顽固信念，当然还是要与某种强大的历史趋势协调起来的。赫尔曼·亨佩尔③多次谈过德国的历史连

①　原文大致的意思是，自我安慰的普通大众可能认为，恶贯满盈自会恶贯满盈，与我无关，蒙难者本身并非事情的动因，未蒙难者也未必会受到事情的影响。

②　中译文取自歌德：《浮士德》(第二部)，郭沫若译，人民文学出版社1959年版，第357页。

③　赫尔曼·亨佩尔(Hermann Heimpel, 1901—1988)，德国历史学家，专长为晚期中世纪史。

续性意识的收缩,这是自我的那种社会性衰弱的一个征兆,霍克海默与我在《启蒙辩证法》里曾尝试考索其源流。像"年轻一代常常不知道俾斯麦和威廉一世皇帝是谁"这类经验性断言证实了对历史感缺失的怀疑。

对国家社会主义的遗忘,很可能应当从一般社会处境出发,而远非从精神病理学出发来理解。然而抵抗难堪的、令人不快的回忆的心理机制仍可服务于这些具有最高现实感的目的。抵抗者本身,比如说当他们带着现实感把问题引向这里的时候,无意中透露出,对于已发生的事情的过于具体与顽强的回忆在国外对于德国的形象不利。这种古道热肠与理查德·瓦格纳的那句当时极具民族主义色彩的格言糟糕地合拍了:"德国的"就意味着为事情本身而做一件事情——倘若这件事情没有先行(a priori)被规定为业务。回忆的消除毋宁说是过于清醒的意识的一项功绩,而不是软弱的清醒意识在对抗强大的无意识过程。在遗忘那些极难消逝的东西的过程中,也鼓噪起一种狂热的固执,即正如众所周知的,人们只有先阻止了自己,才能劝阻别人。

当然,被激发起来的种种活动和行事方式,就其扭曲其所关心的事实而言,并非直接就是合理的。但它们在如下意义上是合理的,即它们倚仗社会的种种趋势,而作出这般反应的人自知与时代精神是一致的。这样的一种反应直接在迁就进步。谁若是不怀有那些无益的想法,就根本不会制造麻烦。附和别人,说一说弗朗茨·伯姆(Franz Böhm)① 极为精辟地称作"非公众意见"的那些话,似乎很有利。有些人附和某 559 种虽被官方禁忌控制,却因此而愈发具有传染性的舆论,这些人同时也就证明自己既是依附性的,也是独立的人。最终德国抵抗运动总是没有群众基础,而群众基础很难因失败而被魔法般地召唤出来。人们很可以猜测,民主制如今比一战后得到了更深的探讨:反封建的、彻底资产阶级性质的国家社会主义通过群众的政治化,在违背自身意志的情

① 与阿多诺同时代或稍早在德国有两位弗朗茨·伯姆,一位(1903—1946)是新康德主义哲学家,另一位(1895—1977)是经济学家。因无足够文献依据,此处还不能确切判定阿多诺这里指的是哪一位,哲学家伯姆的可能性更大。

况下,在某种意义上甚至为民主化作好了准备。容克贵族阶层和激进工人运动都消失了;在前者那里,类似于均质的资产阶级状态的某种东西被建立起来了。然而民主在德国来得太晚,即没有与经济上的自由主义盛期同时到来,它是由胜利者引入的,这些情况使得民族与民主关系的问题绕不过去了。这一点很少直接被说出来,因为在此期间事情在民主制下进展极其顺利,也是因为在种种政治联盟下,事情似乎违背了与西方(尤其是与美国)的那种被制度化的共同利益。但对于再教育(re-education)的仇恨再清楚不过地流露出来。就此而言人们可能会说,政治民主的体系在德国虽然是作为美国所谓的一个真命题(working proposition)①、作为迄今为止允许甚或促进了繁荣的作用要素被接受的,但民主不是那样被引进的,即人们真正将它视为自己的事情,真正将自己视为政治进程的主体。民主被当作诸多体系中的一个,仿佛人们在货物清单上可以在共产主义、民主制、法西斯主义、君主制之间任选其一似的;但民主却没有被当作与民族本身合一的,没有被当作民族的成熟状态的表现。它是依照成败而被评价的(而这成败也是个别利益之所系),但并未被人们视作自己的利益与整体的利益的统一;在现代民主国家里,议会对民意的代表也使得实现这一点难上加难。人们在德国,在德国人中间,常常会听到一种特别的意见,即德国人还没有成熟到接受民主制的地步。人们以自己的不成熟为由造出一种意识形态,这与那样一些未成年人的做法不无相似之处,他们在强力行为之下被逮住时以自己依附于少年群体来开脱。这种论证方式的荒谬表现出意识中明显的矛盾。如此这般老练地表现自己的幼稚与政治上的不成熟的人们一方面认为自己是政治主体,这些主体似乎能决定自己的命运,也能自由地建立社会。另一方面他们却推脱说,当下的局势为此事设下了强硬的界限。由于他们无法以自己的思想突破这些界限,他们便将这种无能(实际上是被加给他们的)归咎于他们自身,或归咎于大人物或他人。他们自己似乎再次自动分裂为主体与客体。当今

---

① 直译为"起作用的命题"或"行得通的命题"。

流行的意识形态总归是那样规定的,即人们越是被加上一些他们无可奈何或他们认为无可奈何的客观形势,他们便越是将这种无能主观化。依照"事在人为"的套话,他们将局势归结于人,这样一来局势一切如故。在哲学语言中,人们似乎很可以说,这个民族对于民主的陌生反映出社会的自我异化。

在前述客观形势下,最紧迫者恐怕莫过于国际政治的发展。它似乎在为希特勒对苏联的突然袭击背书。当西方世界本质上是通过防备俄国的威胁才成为一体时,情况看起来就像是,1945 年的胜利者由于愚蠢而毁了防卫布尔什维主义的堡垒,以便过几年再把它重建起来。① 从那句称手可用的"希特勒总是说过这话"还引出一个方便的借口,即这话放在其他情形下同样是有道理的。似乎只有鼓舞人心的礼拜天演说者才能忽略历史的厄运,说在某种意义上曾使张伯伦②们及其拥趸将希特勒作为抵抗东方③的奴仆而加以容忍的那种构想,历经希特勒的倒台而幸存下来。这确实是一种灾难。这事的原因在于,东方对于吞噬西欧这个前沿地带的威胁是显而易见的。谁不抵抗这种威胁,就确确实实犯了重复张伯伦绥靖政策(appeasement)的错误。只不过(!)人们忘了,这种威胁正是通过希特勒的行动才得以化解,而希特勒带给欧洲的恰恰是绥靖者(appeasers)认为他以其扩张战争本应加以阻止的东西。比起个人命运来,政治共同体的命运就是一个责任关联体。对东方的抵抗在其自身就有一种动力机制,该机制让人想起在德国已成过往的东西。这还不仅仅是在意识形态的意义上说的,因为与布尔什维主义斗争的口号从来就有助于那些对自由的理解比布尔什维主义好不到哪里去的人进行伪装。这也是在现实的意义上说的。依照希特勒时代已有的一种观察,极权体系有组织的战斗力将该体系自身本质中的某种东西强加给其敌手。只要东方与西方之间经济上的落差还存

561

---

① 这里说的是战争后期西方与苏联结盟,战后又针对苏东国家建起铁幕。
② 亚瑟・内维尔・张伯伦(Arthur Neville Chamberlain,1869—1940),英国政治家,1937—1940 年任英国首相,以对希特勒的绥靖政策而闻名。
③ 指苏联。

在,比起东方的宣传来,法西斯主义的变种形式在群众中就有更大的成长机会,而另一方面,人们当然也并未感到自己被推向法西斯主义的终极手段(ultima ratio)。但同类型的人群对于两种极权形式都没有抵抗力。对于依附权威的那类性格,当人们从某种特定的政治—经济意识形态出发构造它们时,一般将其判定为虚伪的;1933 年之前上百万的选民在国家社会主义党与共产党之间众所周知的摇摆不定即便在社会心理学上来看也绝非偶然。美国的研究已经表明,那种性格结构根本就不合乎政治经济学的标准。那些标准界定的毋宁说是像是那样的特征,比如对如下这些维度的思索:权力—无权、僵硬与迟钝、因循主义、顺势主义、自我反思的缺乏,最终还有经验能力的缺乏。依附权威的那类性格全然认同现实的权力,在任何特殊内容面前都是如此。在根本上,那类性格所能支配的不过是一个软弱的自我,因此作为对自我的替代,它也需要认同伟大的集体,也需要通过这种认同来掩盖自己。人们在现实中处处都能遇到神童电影中表演的那些形象,这一点既不取决于世界本身的糟糕,也不取决于德国民族性格具有的所谓特质,而取决于那样一些顺势派的认同,那些人预先就和潜在的极权政府忠实信徒一道,与权力机关的操纵杆暗通款曲。此外还有一种幻觉,即国家社会主义政权无非就意味着恐惧和苦难,尽管它即便对于自己的许多拥趸而言,也的确意味着这些。对于无数人来说,在法西斯主义之下的生活根本就不差。暴政的前锋仅仅针对少数相对而言被精确界定的群体。顺应希特勒之前时代的危机经验,"这事有人操心"的感觉占上风,而且绝不仅仅是"喜悦产生力量"①之旅(KdF-Reisen)和厂区内的花盆构造出的意识形态。与自由放任的做法(laissez faire)相反,希特勒的世界实际在某种程度上保护它的东西免遭社会自自然然就会有的那些灾害,而人们过去是任由那些灾害摆布的。它粗暴地先行采取了现今所见的危机控制措施,即一场由国家操纵工业社会的野蛮实验。那种声名鹊起的一体化做法,即有组织地密实化从而囊括一切的社会网络,也

562

---

① "喜悦产生力量"(Kraft durch Freude)是纳粹建立的工人娱乐组织。

保护人们免受对于落入网眼并掉落的普遍恐惧。在无数的人看来,异化状态的冷漠由于共同生活的那种经操纵和劝诱形成的温暖而消融了;不自由和不平等的人们构成的民族共同体虽然是谎言,在那时也实现了一场古老的、当然自古以来就很糟糕的市民之梦。提供这类奖赏的体系很可能蕴藏着自己毁灭的种子。第三帝国在经济上的繁盛在很大程度上基于战争的脚手架之上,而战争又带来了灾难。但我提过的那种遭到削弱的记忆拒绝接受这些论点。它一心一意美化国家社会主义时期,那个时期一些人对于集体权力的幻想得到了满足,那些人作为个人是无力的,只有作为这种一般性的集体权力才自认为是个人物。⁵⁶³这种极富启发性的分析根本不可能发现这类满足在世界①的背后具有任何实在性,也不可能发现被注入这类满足之中的驱动力。即便希特勒的孤注一掷(va banque-Spiel)也不像那时平庸的自由主义理性或今日对失败的历史回顾所以为的那般荒谬。希特勒指望利用暂时的优势无止境地扩充军备以超出其他国家,就他那时的追求而言,绝不愚蠢。谁若是想一想第三帝国的历史,尤其是战争的历史,就总会发现希特勒战败的那些因素似乎是偶然的;而必然的只有整体的进程,在这个进程中得到推崇的恰恰是大地上剩余部分具备的更大的技术—经济潜力,而大地似乎不愿意吞噬自身——这在某种程度上是一种静态的必然性,而绝非某种与时俱进的逻辑。对于国家社会主义那种随大流式的同情要说服自己和别人相信下面这一点,根本就不需要进行多少诡辩,即事情本可以照别的路线发展得同样好的,真正说来只不过是犯了一些过失而已,而希特勒的垮台是世界历史上的偶然,世界精神还是可以对其加以纠正的。

在主观的方面,即在人们内心里,国家社会主义加剧了集体的自恋,简单说:将民族的虚荣推展得离谱了。坚硬的世界给个人允诺的满足越来越少,然而当文明通常拒绝给予他们许多东西时,这些人依然如故,一往无前;个人自恋的本能冲动在认同整体的过程中得到了替代性

---

① 指被纳粹营造出来的集体主义世界。

的满足。[1]这种集体的自恋由于希特勒政权的崩溃,受到极大的伤害。它受到的伤害发生在单纯事实性的领域,个人似乎并未意识到这种伤害,并因此而克服这种伤害。这便是关于未被克服的过去的讨论在社会心理学上的恰切意义。即便依照弗洛伊德的理论,当集体认同破碎时会从"大众心理学和自我分析"中出现的那种恐慌,也停止了。如果人们没有忽视大心理学家的指令,那就只有一个推论是对的:在秘密地、无意识地郁结且因此尤为有力的状态下,上述认同和集体自恋根本没有被毁灭,而是延续下去了。正如1918年之后一样,人们在内心并未完全认可失败。考虑到明显的灾难,由希特勒整合起来的集体就愈发团结了,还紧紧抓住像秘密武器这类幻想出来的希望,然而秘密武器实际上握在别人手里。在社会心理学的意义上似乎还要补充如下期望,即受损的集体自恋等着被修复,还向往着在意识中首先依从自恋的愿望勾起过去回忆的所有东西,但接下来也力所能及地改写现实,仿佛那损害不曾发生过一般。经济上的繁荣,即对于"我们有多厉害"的意识,在很大程度上达成了这一期望。但我很怀疑,所谓的经济奇迹(所有人虽然都参与了,但也都就此说了些坏话)在社会心理学上的影响是否真的达到了相对稳定年代里人们可能以为的那个深度。正因为饥饿在整个大陆上蔓延(尽管在技术上而言它似乎是可以被消除的),无人能太理直气壮地为富裕感到高兴。正如在电影里某人胃口大开,将餐巾掖进领口时,遭到一些人心怀嫉妒的嘲笑,人类并不喜欢怀有他们深知其总是以匮乏为代价的那种善意;妒火延烧到所有幸福头上,哪怕那是自己的幸福。饱足先天(a priori)就成了一个骂人的词,而这词似乎仅有那么一点点糟糕的意思,即饱足之后再也没什么可吃的了;所谓的唯心论在今日的德国恰恰道貌岸然地在所谓的唯物论头顶上作威作福,这样的唯心论常常将它心目中自己的深刻之处仅仅归功于被压榨的本能。在德国,对于善意的仇恨产生了对于富裕的不快,而这种情绪便将过去神秘化为悲剧。但前述不适感(malaise)绝不仅仅产生于什么含含糊糊的源头,反而经常产生于理智得多的源头。富裕是一种经济景气的状态,没人相信它会永远延续。倘若人们安慰自己说,像

1929 年黑色星期五这样的事情以及与之密不可分的经济危机不会再现了,那么这里就已经隐含着对一个强大的国家权力的信赖了,人们满心认为它会提供保护,即便失去了经济和政治上的自由时也是如此。哪怕在一片荣景之中,甚至在暂时缺乏劳动力的时候,大多数人私底下很可能还是觉得会失业,觉得自己是慈善事业的接受者,正因此也才尤其觉得自己是社会的客体,而非社会的主体;这便是他们感到不快的极为合法且合理的根据。很明显,这种不快在特定的时刻会郁积在身后,并被滥用,制造新的灾难。

如今法西斯主义的理想图景无疑与所谓的不发达国家的民族主义合流了,现在人们已经不这样称呼这些国家,而是改称发展中国家了。与那些感觉在帝国主义的竞争中吃了亏又想出人头地的人同气相求,这一点在战争期间有关西方财阀统治和无产阶级国家的那些口号(slogans)中已赫然可见。这种趋势是否以及在多大程度上汇入了德国传统中那个反文明、反西方的支流,这是很难弄清的。民族主义在今日既是过时的,又是现实的。过时,是因为考虑到各民族不得不与最强大国家占据至高地位(比如最强大国家独自就能支配武器技术的发展)这一格局下的大国①结合起来,各主权民族(至少在先进的欧洲大陆是如此)便丧失其历史实体性了。在民族的理念下,针对封建主义在领土方面的约束,独立自由市民的利益在经济上曾结成一体,和衷共济;这样的理念本身对于整个社会有目共睹的潜力又成了约束。但民族主义就下面这一点而言又是现实的,即流传下来的、在心理学上尤为流行的民族理念(它总还是表现了国际经济中的利益共同体)对于数千万的人实现一些并不直接掌握在手的目的而言,还是具有足够约束力的。民族主义的自信无以复加,然而它在政治上又被迫充当促使人们坚守一些客观上已过时的格局的最有效手段。因此作为一种本身并非全善的东西、一种极端故意地固执盲目的东西,民族主义如今具有了一些滑稽的特征。当然,民族主义这一原始部落形制的遗物从未完全失去这些特

---

① 这里应指超级大国(美国)领衔的西方阵营下小国依附大国的格局。

566

征,正如自由主义证明了个人权利也实实在在是集体福利的条件。只有在民族主义已无法无天的时代,它才完全演变成施虐狂和毁灭狂。希特勒统治的那个世界针对非其族类的一切的那种愤怒,即作为偏执狂妄想体系的民族主义,已然是这种类型了;上述这些特征的吸引力在今天来看,很难说更小了。偏执狂,由于将自身所想的东西投射到他人身上而迫害他人的那种迫害妄想,还在蔓延。从反犹主义这类集体妄想中,一个在心理上显得不再能应付世界,并被击退到某个虚假内心王国的人的病理学得到了证实。依据精神分析学家恩斯特·西美尔①的论点,这类妄想甚至很可能使一些半疯的人免于成为一个彻底的疯子。如今民族主义的妄想在对新灾难的合理恐惧中越是凸显,它便越是大力拓展。妄想是人类依照自己的方式打造世界这一梦想(人性的世界不屈不挠地驱逐这个梦想)的替代品。但 1933 年到 1945 年发生的一切都与可悲的民族主义沆瀣一气。

因此,法西斯主义得以幸存,人们反复提及的"清理过去"迄今为止尚未成功,而且退化为它的讽刺画,即空洞冷漠的遗忘,这些现象促使曾导致法西斯主义的那些客观社会条件持续存在。本质上它不能从主观性情中推导出来。经济秩序,在很大程度上(依照其模式而言)还包括经济组织,一如既往地使大多数人紧紧依赖他们无可改变的既定事实,陷入未成年状态。如果他们希望生活下去,他们能做的只有适应、顺从既有的东西;民主理念所呼吁的那种自主的主体性恰恰是他们必须抹杀的,只有当他们放弃了自己时,才能获得自己。要看穿这个固执盲目的整体关联,这恰恰是在苛求他们在认识上付出那样一种痛苦的努力,而生活的惯例,尤其是已膨胀为总体的文化工业,在阻止他们付出这种努力。这样适应权力本身的必要性(它促使人们认同现状、既有事物)产生了极权的潜力。它被促使人们适应的压力本身不断生产和再生产的那种不满之情和愤懑之情强化了。由于现实并未兑现前述自主性,最终并未兑现民主制概念实际上许诺了的那种可能的幸福,人们

① 恩斯特·西美尔(Ernst Simmel, 1882—1947),德国精神分析学家,后移居美国。

便对现实漠不关心了,倘若他们没有在私底下憎恨现实的话。政治的组织形式被认为并不适合于社会和经济的现实;正如人们必须适应自身,他们也想适应集体生活的种种形式,这种想法愈演愈烈,以致人们期待这种适应带来作为竞争不休的一个巨型企业的国家制度的流线化(streamlining)。那些实实在在长期无权无势的人根本不能忍受作为幻象的愿景;他们更愿意摆脱对于那样一种自主性的责任,他们怀疑自己还能不能依照那种自主性生活,而愿意投身到集体自我(Kollektiv-Ich)的熔炉中去。

依照"一般而言如今只有夸张手法才能充当真理的媒介"这一准则,我对黑暗面难免夸张了一些。请诸君不要误将我断片式的和往往带有狂想性质的评论当作随意构造:它们本身是由灾难性的事情本身造成的。我的本意是要将带有日常生活的光鲜脸面的某种趋势刻画出来,以免它冲决了暂时为它设立的制度性堤坝。危险是客观的,并非一开始就在人内部。正如已经说过的,许多迹象都表明,较之魏玛时代而言,如今民主连同与其一道被设定的东西更加深入人心了。当我突出那些不那么明显的东西时,就难免忽略深思熟虑本应顾及的一件事情,即从1945年至今,在德国民主制的内部,社会的物质生活空前丰富地再生产自身;而这与社会心理学也是有关的。那样一种主张无疑并不很乐观,即宣称事情几乎不是围绕德国民主制在运转,因而倘若留给过去的只有足够多的时间和其他一些东西,那么事情也并不是围绕对过去真正的清理在运转。只不过在"时间充裕"这一概念中还有某种幼稚的、同时纯然思辨的东西。我们并非只是世界历史的旁观者,看着世界历史在其广阔空间内或多或少不受束缚地奔突,世界历史本身(它的节奏越来越像灾难的节奏)似乎也并不愿意给它的主体一段看到万物自行改观的时间。这就直接引向了民主制下的教育学。首先,关于已发生事情的宣传必须抵制那样一种遗忘,它极其容易滑向对被遗忘事物的辩护;比如通过父母来促进那种遗忘,这父母必定会听到孩子问起希特勒这个尴尬的问题,于是在这一点上他们为了洗刷自己的嫌疑,就谈一些好的方面,还说情况其实根本没那么糟。在德国,斥责政治性课程

568

103

蔚然成风,这类课程当然可以改进,但教育社会学手头的资料表明,政治性课程一般在认真进行而非作为烦人的义务时,带来的好处比人们通常认为的要多。然而如果人们把国家社会主义在某种意义上幸存的客观潜力看得很重,如我认为必须做的那样,那么这也会为启蒙的教育学设定界限。如果那是教育社会学或教育心理学,那么教育学往往只能触及那些对此保持开放且正因此而对法西斯主义不无抵抗力的人。

569 然而另一方面,通过启蒙而强化这个反对私下勾兑意见的群体,也绝非多余。相反,不难想象由这个群体中产生某种骨干力量,该力量在形形色色的领域中起的作用还是能形成整体趋势的,而且该力量越是深入人心,有利于此趋势的机会便越多。不言而喻,启蒙不会满足于这类群体。在此我想撇开那个不但极为重要,而且肩负着极大责任的问题不谈,即在尝试进行公开启蒙的时候探讨过去的事情在多大程度上是合适的,以及坚持这样做是否恰恰并不会引发对启蒙本应带来的东西的顽固抵抗和那东西的对立面。我本人倒认为情况更可能是,意识带来的祸患可能永远不会像无意识、半意识和前意识带来的那么多。本质上而言,事情很可能取决于过去的事情在何种意义上被想起;取决于人们是止步于单纯的指责,还是通过理解那不可捉摸的东西来抵抗恐惧。为此当然需要对教育者进行某种教育。这种教育由于下述现象而受到最严重的阻碍,即美国所谓的行为科学(behavioural sciences)此时在德国根本还没有得到推广,或者说只得到最微不足道的推广。最紧迫的任务似乎是,应当要求各大学的人士强化一种似乎与对我们自己这个时期的历史研究相重叠的社会学。教育学必须做的事情不是凭着东施效颦式的故作深沉就人类的存在胡说八道,而恰恰是关心人们往往指责再教育(re-education)没有很好地完成的那种使命。一般而言,德国的犯罪学还没有达到现代的标准。但首先应该想到的是精神分析,它一如既往地遭到压制。精神分析或者是完全缺席,或者被那样一些流派替代,它们夸耀自己胜过备受指责的 19 世纪时,实质上只要有机会转向自己的反面,便会落于弗洛伊德理论之后。对弗洛伊德理论准确而不折不扣的了解要比什么都实在。对该理论的憎恨直接与反犹主义合流,这绝不仅仅是由于弗洛伊德是犹太人,也是因为精神分析恰恰存 ⁵⁷⁰ 在于那种会大大激怒反犹主义者的批判性反省中。像大众分析这样的事情(仅仅因为时代因素)越是难以进行,那么如果严格的精神分析找到其制度上的位置,它对于德国精神氛围的作用便越是有益,即便那仅仅意味着成为不言而喻的常识;那作用不是向外出击,而是对自身进行反思,也对自身与顽固意识大感愤怒的那些人之间的关系进行反思。但无论如何,在主观上抵制产生灾难的客观潜力的种种尝试似乎不会满足于仅仅作些表面的修正,那样的修正几乎无法真正触及将会被灾难殃及的东西。比如对于犹太人在过去的伟大功绩的暗示即便看起来可能很真切,也没太大用处,而是冲着宣传去的。但宣传,即对非理性事物的理性操控,却是极权势力的特权。抵制这些势力的人,似乎不应以某种必然会自找麻烦的方式仿效这些势力。对犹太人的颂扬将犹太人作为群体区隔开来,本身就给了反犹主义太多的借口。仅仅因为下面这一点,反犹主义就很难被驳斥,即无数人的心灵经济(die psychische Ökonomie)过去需要反犹主义,今天很可能还在弱化的意义上需要它。宣传上每次发生的事情总是模棱两可的。有人给我讲过一个女人的故事,她观看了改编的《安妮①日记》②之后大受震惊,说道:诚然如此,但人们至少应当让**那个**女孩活下来。乍看起来,事情无疑还不错。但个别情形虽说本应明明白白向人展示那可怕的整体局势,同时却也由于自身的个别化,成了对整体局势的无罪辩护,而那个女人当时就遗忘了整体局势。这类观察的棘手之处总是在于,人们永远不可能为了它们的缘故抵制由《安妮》改编的剧本等一类作品的上演,因为它们有助于潜在地改善局面(一个人越是抗拒,就越是显得冒犯死者的尊严)。我也不认为通过安排年轻德国人与年轻以色列人的聚会、竞赛能获得多 ⁵⁷¹ 大的效果,哪怕这类接触总是值得期待的。这里人们太过依赖如下预设,即反犹主义触及犹太人的某种要害,而且可以通过与犹太人打交道

① 安妮·弗兰克(Anne Frank, 1929—1945),生于法兰克福的犹太女孩,著名的《安妮日记》的作者。

② 可能指从《安妮日记》改编的戏剧或电影(比如1959年便有同名电影)。

的具体经验来克服;然而真正的反犹主义者毋宁要那样定义,即他根本
不可能获得任何经验,他容不得真正的交谈。如果反犹主义最初就具
有客观的社会依据,而且在反犹主义者内部也有其依据,那么依照国家
社会主义的才智来看,这些人必定可以发明出犹太人来,倘若根本没有
那样的犹太人的话。就人们希望在主体内心克服反犹主义而言,人们
本就不会对看清那类事实有太高的期待,对于那类事实,他们经常拒绝
让其靠近,或作为例外情形加以中立化。毋宁说人们应当将这一论证
转向作为人们谈话对象的那些主体身上。似乎应当使这些主体了解在
他们心中造成种族偏见的那些机制。作为启蒙,对过去的清理在本质
上就如上所述转向了主体,是对主体的自我意识的强化,因此也是对他
的自我的强化。对过去的清理可能会与对一些经久耐用的宣传技巧的
认识相结合,这些技巧准确地与我们必须在人内心中假定其存在的那
些心理倾向协调起来了。由于这些技巧僵硬呆板且数量有限,所以将
它们分离出来,使它们为人所知,并用来进行某种预防接种(Schutz-
impfung),就根本没那么困难。主体方面的这种启蒙该如何进行的问
题,很可能只有由教育家和心理学家共同努力才能解决,这些人没有以
科学的客观性为借口逃避他们的学科在今天提出的那个最紧迫的任
务。然而考虑到延续不止的潜力背后具有客观的力量,主观上的启蒙
即便以完全不同以往的活力,触及了完全不同以往的深层维度,也是不
够的。如果人们希望在客观上拿什么东西对抗客观的危险,那么任何
单纯的理念都是不够的,甚至自由和人性的理念也不够,该理念①正如
572 人们在那时学到的,在其抽象形态下在人们看来根本没多大意思。如
果法西斯主义的潜力与这理念(哪怕这理念极为狭隘)的利益有所关
联,那么最有效的解毒剂就是以理服人地指出这理念的利益,而且是指
出直接的利益。如果人们在这般忙忙碌碌时忽略了下面这一点,那他
们实际上承认了自己误入歧途,采取了想入非非的心理主义:战争及其
带给德国居民的苦难虽然不足以消除上述潜力,但与上述潜力对立而

---

① 阿多诺将自由与人性并称为一个理念。

言才显得重要。如果提醒人们想想最简单的一件事,即公开地或伪装地复兴法西斯主义会造成一个强制体系下的战争、苦难和贫困,最后还可能造成俄国对欧洲的统治,简言之,复兴法西斯主义会导致灾难性政治,那么这件事要比指向理念性的东西,甚或指向他人的痛苦(正如拉罗什弗科①所知,人们总是很擅长恰如其分地对付这种痛苦)给人们留下的印象更深。与这个视角相对照,当前的困境(malaise)倒像是饶有兴致的奢侈了。但尽管有人想尽办法压制消息,斯大林格勒与夜间轰炸②尚未被遗忘净尽,事情还没有发展到那一步,即所有人都不理解使事情发展到这步田地的那种政治的复兴与第三次布匿战争③的前景之间的关联。即便没忘,危险还在。似乎只有当过去事物的原因被消除的时候,过去才得到了清理。仅仅由于那些原因还在延续,对过去事物的禁令至今尚未失效。

注释

[1] 参见本书页边码第 588 页及其后一页。

---

① 弗朗索瓦·德·拉罗什弗科(François de La Rochefoucauld,1613—1680),法国贵族与军事家、文学家,擅写格言警句,是法国道德主义的代表。
② 夜间轰炸(Bombennächte)指二战后期(1945 年 2 月 13—15 日)英美空军针对德累斯顿的大轰炸,造成两万余人死亡。
③ 这里以第三次布匿战争隐喻将来可能的第三次世界大战。迦太基在第二次布匿战争中遭遇惨败,失去所有海外领地,后罗马向其发起以强凌弱的第三次布匿战争,强行屠城,将迦太基降格为罗马的一个行省。

意见，幻想，社会

公众意见这个概念尽管有多重含义，在很大程度上还是得到了正面的接受。**一般而言**，出自柏拉图以降的哲学之中的意见概念在如下意义上是中立的、不含价值判断的，即依此概念来衡量，各种意见方可成为正确的或错误的。两类意见都面临着一种观念，即意见是致病性的、变态的、妄想型的；那种观念常常与偏见概念相混同。根据这种简单的两分，据说一方面存在着像健全的、规范的意见这样的东西，另一方面是本性上极端、非主流、古怪的意见。在美国，比如说，法西斯主义小团体的观点就被视为某个极端分子团体（lunatic fringe）、某个荒诞的社会边缘群体的观点。这个边缘群体的传单被目为"怪诞"，这些传单不顾众人驳斥，还是主张人祭、锡安长老礼仪等思想。实际上这些产品中的精神病因素昭昭在目，当然这种因素很可能正好充当了促使这些产品发挥作用的酵素。然而这种因素原本恰恰会使人们不信任源自流行观点的一种精雕细琢的推论：多数人怀有的规范性意见必然战胜幻想的意见。两次大战之间《柏林每日小报》①的那些幼稚的自由主义读者对世界的想象无非是，它是一个常识（common sense）的世界，虽然在其左翼和右翼被一些暴躁的人扰乱，却必然保有权利。人们极为信赖规范性意见，反对固定的理念，以至于在国家社会主义者（他们只不过是以极为狡诈的方式保留了那类古老的头衔）长期加以一体化的范围

---

① 《柏林每日小报》（*Berliner Tageblatt*）是 1872—1939 年在柏林出版的报纸。

之外，一些老派的先生信任的还是他们的专有小报。这些订户必定会得到的阅历，作为他们的审慎习惯（只要局面不再依从应有的游戏规则发展，反而日甚一日沉沦到绝望的愚蠢之中），却会促使他们对意见本身构造的一幅轻信的景象展开批判性思考，那景象展现的是一种规范性意见和一种反常意见和平而无拘无束地共存。不仅"从一开始规范的东西就是真的，偏离的东西就是假的"这个假定极其可疑，对单纯意见，即对流行意见（该意见信以为真的无非就是大家的想法）的颂扬，也很可疑。而且所谓的消极意见，即偏见、迷信、谣言、集体幻想（如其穿透历史，尤其穿透一切群众运动史那般）的畸变，也与意见概念完全分不开。要先行（a priori）规定什么算作规范的东西，什么算作偏离的东西，似乎很难；历史也具有那样的潜力，即看似毫无希望地孤立起来的和软弱无力的一些观点，在历史进程中（不管此事经过合理的验证，还是荒诞无稽）获得支配地位。然而由此迸发出的被动意见，即来自集体理念的畸变与癫狂，也处在意见本身的概念动力学中，而这种动力学又包含了社会的实实在在的动力学，后者必然产生这类意见，产生错误的意识。如果说对此趋势的抵制不应当从一开始便被误判为无害又无益的举动，那么在规范意见中就应当看出被动意见的倾向。

一如既往，意见也是在有限的意义上将某种主观的、局限于其真理内容上的意识设定为有效的。这种意见的形态可能真正是无害的。如果某人说，他以为新的系办公楼有七层楼高，那么这话的意思就是，这事他是从第三方那里听来的，他却并不确知其事。如果某人说的是下面这话，那意思就截然不同了：他无论如何都以为，犹太人是带来祸害的一个少数种族，正如萨特关于阿尔芒叔叔的那个颇有启发性的例子所示，阿尔芒叔叔感到自己算个人物，是因为他厌恶英国人。这里的"我以为"不是在限定那个假设性判断，而是在强调它。那么当一个人宣称他那没有说服力的、没有得到任何经验证实的、草率绵软的意见是他的意见时，如果他哪怕只是表面看来能限制这意见，他恰恰通过将这意见关联到作为主体的他自身上而赋予它权威性，即由自我表白而来的权威性。这里透显出来的意思是，他全身心表示支持；他也有那样的

109

市民勇气,即勇于说出表面看来不受欢迎、实质上当然极受欢迎的话。相反,当人们碰到一个有说服力且有根有据的判断,而该判断又令人厌烦时,这种倾向同样广为流传,与此同时人们似乎也能驳斥因为该判断仅仅被视作意见而失效的做法。在叔本华百年忌日的一场报告[1]里显而易见得到阐明的一点是,叔本华与黑格尔之间的差别并不像叔本华挖苦讽刺时说的那么大,而且在重点强调的定在的否定性(Negativität des Daseins)概念中,两人还不自觉地会合了。一个对黑格尔的了解仅限于叔本华骂过他的报纸写手,在他的报道中凭借"照他的看法"这个短语就忽略了演讲者的那个论题,通过该短语,报道者给他难以消受甚或难以核查的思想蒙上了一层优越的气氛。这意见是报道者的,而不是演讲者的:演讲者确实了解某种事情;但当报道者怀疑演讲者只是在表达意见时,他本身为了自己的利益,已经遵从了某种机制,这种机制将意见,也就是将他自己那无关紧要的意见,作为真理的标准了,而真理则可能被他废除了。

很少有人止步于那样一些无害的意见,比如那个并不确知新楼到底有几层的人的意见。虽然个人可以反思他的意见并防止将意见坐实,但意见这个范畴本身作为精神的一个客观的层级,却装备齐全,反对这种反思。这种现象首先可以归结为个体心理学的简单事实。谁对某个尚未解决的问题怀有某种意见,他并没有预先规定什么;对这问题的回答并不像一座楼的总层数那样容易核实,这就使得人们倾向于固守该意见,或者用精神分析的语言来说,在感情上占据它。总是宣告自己没有这种倾向的人,似乎是愚蠢的。这种倾向基于**自恋**,因而基于如下这一点,即人们迄今为止仍汲汲于将他们相当一部分爱的能力不是用到被爱的别人身上,而是用到他们自己身上,汲汲于以某种扭曲的、未被承认的,因而也带有恶意的方式去爱。一个人当作意见的东西,作为他的所有物而成了他的人格的一个固有部分;而使意见失效的东西,则被无意识和前意识记录下来,仿佛他本人会受到损害似的。刚愎自用,即人即使在愚蠢意见的谬误被理性洞察到也顽固地为这些意见辩护的那种倾向,导致了事态的扩展。哪怕是为了避免因自恋造成的伤

110

害(这伤害由于抛弃意见才降临到他头上),刚愎自用者发展出一种常常大大超出他的理智格局的洞察力。为了给自恋者的瞎折腾辩护而花费到世界上的聪明才智,很可能足以改变那被辩护的东西了。为非理性服务的理性——用弗洛伊德的话来说就是理性化——帮助了意见,而且如此僵化,以致它在这里既不被搅动起来,又不显露其荒谬。在最荒唐的意见之上有庄严的理论大厦被建立起来。在这种僵化的意见形成的过程中——而且该意见与其发病机理合一了,人们超出了心理学之外。在将意见幻化而成的那些心理机制起作用之前,某种意见的设定,即单纯陈述"某种事物就是这样的"做法,已经潜在地包含了固化、物化。判断的那种合乎逻辑的形式,无论正确与否,都自带某种体面的、支配性的东西,这东西在将意见作为一件财产顽固坚持的过程中反映出来。一般而言,具有某种意见、对事物下评判,就已经在某种程度上针对经验而将自身封闭起来了,并且倾向于幻想,而另一方面,却只有那有判断力的人才有理性:这或许是意谓(Meinen)的最深刻且不可消除的矛盾。①

如果没有固定的意见,没有将某种并未完全认识的东西坐实,没有认可人们完全不知其是否为真的某种东西为真理,经验,甚至生命的维577持,几乎都是不可能的。胆怯的步行者横穿马路,黄灯亮了,他现在正要过马路,研判自己会不会被碾压;他并不完全知道碾压的事是否真的会发生。下一辆车可能有一位和善的司机,他不会踩油门的。但在步行者怀着这种信念,冲着信号灯横穿马路的瞬间,由于他根本不是什么先知,他很可能被碾压。为了表现得就像致力自保的健全人类理智要求的那样,他似乎必须横穿马路。就每一种名副其实的思想在由既有的事实兑现后仍会延伸开去而言,一切思维都是夸张。但在思想与兑现之间的这种差别中,不仅蕴含着真理的潜力,也蕴含着幻想的潜力。幻想尤其惯于援引的一个依据是,根本没有任何思想得到什么保障,即

---

① 这里所谓的矛盾在于,人只有深刻洞察经验,方能具有判断力,作出合理的评判,但评判活动本身就具有封闭性,具有使人隔绝于经验之外的倾向。

保障它所引发的期待不会落空。孤立而有约束力的、绝对可靠的单个
标准是没有的,只有穿过由种种中介构成的复杂结构,才能作出决断。
胡塞尔曾指出,个人必须假设他既不知其根底又不能完全验证的无数
命题有效。人们日常与技术打交道,这早就不再表明专业教育有任何
特权了,这类交道不间断地造成上述局面。意见与洞见的区别(亦即洞
见是经过验证的意见,还教导通常的认识论),大多数情况下曾是一个
空洞的允诺,实际的认识活动鲜少胜任这一允诺;人们在个体和集体的
意义上被迫凭着一些原则上回避考察的意见行事。但当意见与洞见的
区别因此甚至脱离了鲜活的经验,并作为抽象的主张远远地悬于天际,
这区别至少在主观上,在人类意识中,损害了意识的实质。他们并未掌
握迅速防止将其意见当作洞见,将洞见当作单纯意见这种局面的手段。

578 　如果说赫拉克利特以来的哲学家们都忙于指责拘泥于单纯意见的多数
人,而不是去认识事物真正的本质,那么他们的精英思维加给底层人口
(underlying population)的,就只有社会建立之初就有的那种过失。原因
在于,没收了人们在意见与真理上的那种从不(ad Kalendas Graecas)①
拖延的决断的权威机关,就是社会。公众意见(communis opinio)代替
了真理,事实上它最终还间接地在一些实证主义认识论中代替了真理。
规定什么是真的,什么又是单纯意见(亦即偶然和任意)的,并不像意识
形态希望的那样是明证,而是社会权力,这权力反而谴责与权力自身的
任意不同调的东西为单纯的任意。健全意见和致病意见之间的界限实
际上(in praxi)是由现行权威划出的,而不是由对事实的洞见划出的。

　这个界限越是模糊,意见越是无节制地蔓延开来。对意见的修正,
亦即使意见成为知识的东西,便是将思想关联到其对象上。当思想安
享对象时,它就发生改变,并抛弃随意性的环节;思维绝非单纯主观性
活动,而是正如哲学在自身高度上知晓的那样,在本质上是主体与客体
之间的辩证过程,在这个过程中两极才得以规定自身。即便思维的利

---

① 字面意思为"希腊人的朔日",但希腊人使用阳历,并无朔日(每月初一)的概念。故
此语隐喻一种从不存在的东西。

器，即聪明，也不仅仅在于主观机能在形式上的力量，即构成概念、判断、推理，它也在于将这机能转向与思维不同者的那种能力。被心理学称作"精神贯注"的环节，即在思维中占据客体，并不外在于客体，并不仅仅是心理上的东西，而是客体真理的条件。当这个环节荒废时，理智便陷入愚昧。对本质东西与非本质东西的区别的无视就是陷入愚昧的第一个指标。每当思维机制自娱自乐，空转不停，这些机制的形式主义与秩序规定代替了事情本身时，带着愚昧气息的某种东西就会获胜。意见便带有这种东西的征兆，它将自身巩固下来，并势不可当地推进。意见最初是尚无对象的意识。但这意识仅凭自身的动力进展，而没有 [579] 触及它所意谓的和它真正应当把握的东西，因此事情对它而言就太容易了。意见作为与其对象分离的理智（ratio），当其不离不弃地投身于单纯的推论时，遵从的是某种力量经济学（Kräfteökonomie），走的是抵抗最少的路线。单纯的推论在意见看来是一种功绩，然而意见却常常不过是黑格尔所谓的"向着客体的自由"（即思想忘情于事情本身并修正其自身的那种自由）的缺乏。布莱希特极为明确地拿"谁说了 A，便不可说 B"这个原理来与此对照。单纯的意见很容易走向被动投射陷入的"停不下来"的境地。[2]

但与此同时，意见持续不断地蔓延也得到了客体方面的推动。世界在幼稚的意识看来是越来越不透明了，同时它在极多的事物上又越来越透明了。这种不透明性具有的优势，即有利于防止穿透那个薄薄的表面，这种优势强化了上述幼稚，而不是像轻信的教育信念希望的那样，幼稚减少了。但认识不能胜任的东西，意见便作为其替代品出手加以控制。意见以欺骗性的方式，消除了认识主体与脱离主体之外的实在之间的陌生性。由此便在单纯意见的不充分性之中透显出前述异化本身。因为这不是我们的世界，因为它是他律的，所以它在沉迷而又顽固的意见中只能扭曲地表现出来，而意见中的这类幻想最终又会在种种极权体系中逐渐增加被异化者的优势。因此无论对于认识还是对于某种变化着的实践，指出莫名其妙流行着的一些观点是胡说八道都是不够的；依照那些观点，人类遵从种种性格学，以及一种在商业上觉醒

并标准化了的占星学联系到黄道 12 宫上去的那些预测。[3] 人类不会
580　仅仅因为下面这一点,便成为金牛座和室女座,即他们愚蠢到服从报纸
中缝内容的影响(报纸中缝内容认为不言而喻的是,有某种事情要发
生),而是因为在他们看来,那种陈腔滥调(Clichés),以及对他们生活的
那些愚蠢的指令(那些指令只不过重申了他们本来就必须做的事情)常
常使生活的导向变得简单些,哪怕表面上如此也好,而且暂时舒缓了他
们面对生活,甚至面对自己生活时的陌生感。单纯意见的抵抗力由它
的心理功用表现出来。通过心理功用的这类表现,人们就能整理矛盾
重重的现实,使之显得无甚矛盾,又无需在此大费周章。此外还有自恋
的满足心态补充进来,这种心态提供了特许意见,因为它鼓励它的拥趸
们,让他们认为自己总是通晓世事的,并且属于智慧者之列。坚守意见
者信赖自己,觉得自己不会受到任何偏离该意见的反面判断的侵染。
但这种心理功用由被动意见实现出来,要远远优于由所谓健全意见实
现出来。卡尔·曼海姆曾提醒人们注意,种族幻想多么天才地通过如
下方式满足了大众心理的需求,即它允许多数人感到自己是精英,并在
可能毫无防卫的少数人身上弥补对于自己的无能与低劣的预感带来的
遗憾。自我的虚弱在今天根本不是心理上的,而是灵魂机制中个人实
实在在的无力面对社会化机构时的感受;这种虚弱似乎在忍无可忍的
意义上影响到自恋带来的伤害,如果这种伤害没有通过认同集体的权
力与威严而寻求补偿的话。适用于此的是势不可当地从如下这种幼稚
的自恋性偏见中产生的种种被动意见,即人们本身是好的,而别样的东
西就是卑劣糟糕的。

　　意见发展到被动状态的过程让人想起那样一些恐龙,随着器官越
来越专门化(这些器官的配置使它们越来越适宜于生存斗争),它们在
其历史的最后阶段产生了变异和畸形。如果人们希望仅仅从人类、人
类的心理、最多从思维本身的某种趋势中推导出意见的发展,那就太轻
581　视这种发展了。真理被意见瓦解,连带着瓦解导致的所有灾祸,都把问
题引回到在强制性地、绝非小打小闹地与真理理念本身一道发生的事
情上。该理念作为带有某种客观性的、不变地保持自身的、统一而又自

在存在着的理念，曾是那样一个尺度，柏拉图据该尺度看出单纯意见这个对立概念并批评单纯意见是可疑的主观东西。但在精神史上，真实东西的理念与单纯存在者（孱弱的意见被单纯存在者的魔力迷住了）之间这种僵硬的对立不无可疑之处。亚里士多德已反驳道，理念和定在根本没有被什么深渊隔绝，反而相互指涉。他的批判越来越倾向于指责自在存在着的真理这一理念［在柏拉图那里与意见（doxa）对立］本身就是单纯的意见，并将对客观真理的探问引回到主体身上，而主体据说是认识者，甚或从自身中产生这样的真理。后来西方形而上学在康德和黑格尔所达到的高度上，试图通过真理的主观化来拯救真理的客观性，甚至将真理等同于主体性的总概念，即精神。但这种构想既无法在人当中，也无法在科学当中得到贯彻。自然科学最吸引人的那些成果恰恰归功于放弃真理独立性的学说，归功于纯粹形式，也归功于无所顾忌地将真东西的范围限制在最初在主观上被观察到，然后被加工出来的事实之上的做法。由此关于自在存在着的真理（Wahrheit）的学说得到的回报是这真理自身的非真（Unwahrheit），是主体的那样一种自负之情，它最终号称主体自身就是客观性，就是真理，并主张主体与客体的某种类同或和解，而这种类同或和解被世界矛盾重重的性格证明不啻为谎言。

最近，客观的理性概念的疑难遭到蒙昧主义式的曲解利用。由于人们无法像手握行政文书那般直接又彻底地弄清楚真理和意见都是些什么，那么为了维护意见的崇高声誉，二者的区别干脆就被抹杀了。怀疑与独断的联手是康德早已觉察到了的，而这联手的传统似乎可以追溯到市民思维的开端，追溯到蒙田为塞朋德①所作的辩护②；这种联手是在颂扬那样一个社会下的原始状态，该社会必定会在自己的理性面前战栗，因为它还没有发展出理性。"理性信仰"（Vernunftglaube）的套

582

---

① 雷蒙德·塞朋德（Raymond Sebond，约1385—1486），加泰罗尼亚学者，教授医学、哲学，后成为法国图卢兹的钦定神学教授。

② 蒙田《随笔集》中有《为塞朋德辩护》（Apologie de Raymond Sebond）一文，代表了蒙田的怀疑主义思想。

话适应了这一点。由于每一个判断都要求主语接受判断内容,因而在这一点上每一个判断都认为,单纯意见或信仰与有根据的判断之间的区别根本失效了。谁表现得合乎理性,他信仰理性就会像无理性之人信仰其教条一样。因此据说对某种臆想中的天启事物的教条式认信具有与脱离教条的洞见相同的真理内容。这个论点的抽象性中隐藏着它的骗人之处。此信仰非彼信仰:在教条中是将一些反对理性或与理性不相容的命题固定下来,在理性中则无异于对精神的某种活动方式的义务,这种活动方式并不粗暴地中断或抹杀自身,而是在对错误意见的否定中按照一定的方式前行。理性决不能归属于任何更普遍的信仰概念或意见概念之下。它在对落入信仰、意见这些范畴之下并与它们绑在一起的东西进行批判时是具有特殊内容的。个人认某事物为真(Für-wahr-Haltens),这个环节(该环节在其他情况下恰恰表明激进神学有缺陷,加以排斥)对于理性而言是非本质的。理性的兴趣是认识,而不在于这认识把自己当作什么。理性的定向把主体从自身引开,而不是使主体强化自己短暂的信念。只有在糟糕的绝对浅薄状态下,意见和洞见才在主观上占用某种意识内容这个共同点上拉平了;毋宁说,这个共同点,即主观上的征用,已经是向谬误的过渡了。在每一个命题(不管这个命题有多少谬误)的说理方式中,两者的区别都具体呈现出来。阿图尔·施尼茨勒①凭着良好的分寸感(后者甚至不受太过浓重的心理学色彩影响),在一个世代②以前就这样写道:"将教会的教条与科学的教条(即便在后者很可疑的情况下)放在同一个层次,这最多是一种无意而为的不真诚。可以充当(即便是错误地充当)科学教条的东西,其地位无论如何要归功于思想家和学者的诚实与辛劳,也归功于千万次观察的核实。教会的教条最好也不过就是对某种幻景的轻易断言,千万人往往只是由于恐怖主义的逼迫才相信这断言。"[4] 当然,需要补充说明的是,如果说理性不愿意献身于二手的教条,似乎也必须对施尼茨勒

① 阿图尔·施尼茨勒(Arthur Schnitzler, 1862—1931),奥地利医生、小说家、戏剧家。
② 指一代人的间隔(约 30 年)。

相当幼稚地假定的科学概念进行批判性反思。在这类反思中,哲学便有了用武之地;当哲学还信赖自身时,它的科学不是别的,只是完成这类自我反思的东西,而对自我反思的放弃本身就是向单纯意见退化的标志。

由于衰弱的、总是顺从于现实的意识此时再也不能展现真理概念所要求的反思的张力,而真理概念并不像死物一般抽象地与单纯的主体性相对立,而是通过批判、凭借主体与客体的相互中介而展开自身,所以在真理的名义下(这真理将真理概念作为一种幻影、作为残余神话的一个片段加以清除),真理和意见的区分本身便越来越棘手了。当然,那种早就与作为某个专业门类的哲学意识分离开来的社会意识,是考虑不到这一点的。但这类考量在与单纯意见对立起来且成为认识模式的那种研究方式中反映出来。由此可见这类考量的力度。在哲学概念的核心处(如果允许这样说的话)发生的事情影响到日常意识,尤其影响到社会意识。这种意识默默放弃了真理与意见的区分,而那样的区分不会不触及精神的运动。在精明的意识看来,正如在新闻工作者 584 看来,真理往往因此而成了意见。但意见取代了真理。代替那既成问题又有约束力的真理理念本身出现的,是让我们感到更舒适的真理理念,据说它对于所有人,至少对于众人而言也是如此。"1300 万美国人不可能弄错"(Thirteen million Americans can't be wrong),一句颇受欢迎的广告词这样说道,这是对时代精神更忠实的回响,对于自认为是文化精英的那些人遮遮掩掩的傲慢而言,这话也很正确。意见的平均状态(它带有聚集于其中的社会权力)成了物神,而真理属性则传送到这物神上。在这里察觉到可怜之处,对此表示愤怒或报以讥讽,要比严肃对待这里的事情容易得多。在逻辑实证主义的某些(而非全部)流派中,消解真理概念的最新方式提出的那些古怪的苛求也历历在目,而它们在自身根基之处又严重地自相矛盾。原因在于,这恰恰预设了思想与事情,即与那样一种经验的关联,该经验被弃之如敝履,理由是思维转变为某种尽可能独立于事情之外的方法了。那样一种古老的常识(common sense)很应景,它仗着自己看似具有合理性,极尽享受,同时又幸灾乐祸地发誓要否弃理性,心中明知世上的事情并不取决于思想,

117

而取决于财富和权力；另外它也别无所求。市民肩膀的耸动，看起来就像是不愿受骗者坚定不移的怀疑，正如贝克特的《终局》一剧中某处所说的，这是"将会如既往那般出现的事情"，是对一切认识的主观相对性的志得意满的宣告。这种怀疑导致的看法是，顽固又昏聩的主观一己利益，据说会而且总会充当万物的尺度。

人们可以就像在试管中一样，在最重要的一个社会理论概念（即意识形态概念）的历史上研习这一点。意识形态概念在其整个理论形成过程中与一种社会学说相伴相生，该学说被理解为客观的，探究社会的客观运动规律，并设想出某个正当的社会；在那个社会里客观的理性似乎得到实现，历史的非逻辑性、历史的种种盲目的矛盾似乎被消除了。对于这种理论而言，那时意识形态在社会的意义上必然意味着虚假的意识，因而意味着与某种真实意识的对立，而且只有在这种对立中方可加以规定，但同时其自身也可以从社会的种种合规律性现象中，尤其是从商品形式的结构中推导出来。那时意识形态即使在其非真实状态下，作为上述必然性的表现，也是真理的一个部分。后来的知识社会学，尤其是帕累托①和曼海姆，在以另一种意识形态概念（它将这个概念称作全面意识形态概念并非偶然，而这个概念又与盲目的、全面的统治极好地协调起来）代替这个意识形态概念后，基于其经过科学提纯的概念系统和摆脱了教条的开明状态，有所斩获。[5] 依此说来，每一种意识都预先受到利益的牵制，都只是意见；真理理念本身稀释成了由这些意见合成的一个视角，对于如下异议并无招架之力，即真理理念也不过就是意见，即漂游无据的理智的意见。由于进行这种泛滥无归的扩张，批判的意识形态概念便失去了意义。出于对心爱的真理的敬重，而宣称一切真理都不过是意见，这就使得真理理念屈服于意见了。社会不再由理论进行批判性分析，而被证实为其实际上愈发成为的样子，即一堆笨拙、偶然的理念与力量的杂拌，这些理念与力量的盲目性使得整体

---

① 维尔弗雷多·帕累托（Vilfredo Pareto, 1848—1923），意大利工程师、经济学家和社会学家。

归于毁灭。——应当如何严肃看待尼采出色预见过的那种现象，即真理由于某种未加反思便释放出来的启蒙过程而自我销毁[这一点在上述这类偏离上，正如在对于典型的(par excellence)被动意见、对于迷信]的态度上，是可以见得的。康德这位以客观真理的名义施行主观性的启蒙者，就他针对施威登贝格①写的《一位视灵者之梦》中就将这种迷信暴露出来。一些经验论者虽然与康德相反，压根不愿了解起建构作用的主体性，但因此却在对真理概念进行还原的过程中醉心于某种本身无意识的，因此也愈发无拘无束的主体主义，长久以来并未坚定反对迷信。他们看起来似乎倾向于同样反对迷信，退回到某种不带概念预设地进行观察的科学活动的中立性上去。即便对于那些玄奥神秘的事实，人们似乎也可以满心期待地以观察者的姿态毫无偏见地加以靠近。人们放弃了将一种小伎俩扫地出门的权利，这伎俩在于，依照人们自己的感官而言越出了感性经验的可能性边界之外的东西，似乎可以被做成这类经验的对象。面对幻想，人们似乎还是愿意吐露衷肠。似乎也还存在着虚伪的不偏不倚，那是对思想的阉割，这种态度愿意昏头昏脑地信赖认识的一些孤立的材料；什么是偏见，什么又是不偏不倚，这根本不能抽象地规定，而只能在认识与现实构成的整体关联（这方面的问题就是在这种整体关联中被提出的）中来决定。在一门配合护教学而来的科学中向来不缺乏那样一些人，他们甚至不动声色地歪曲了种种被动的偏见，甚而将对这些偏见的理论洞察，以及把这些偏见还原到社会与心理缺陷上的做法，反过来看作偏见；与此同时，依照这些人的意见，不偏不倚的科学同样似乎也能很好地构成一个坐标系，在这个坐标系中，正如在已故的马堡大学心理学家扬施②笔下一样，"权威主义人格"(Authoritarian Personality)似乎成为正面形象，而抵制这种人格的那些暗自保持自由的人则似乎成了颓废的懦夫。距此不远的是那

586

---

① 埃马努埃尔·施威登贝格(Emanuel Swedenborg，1688—1772)，瑞典科学家、神秘主义者、神智学家。

② 埃里希·鲁道夫·扬施(Erich Rudolf Jaensch，1883—1940)，德国心理学家、哲学家，马堡大学讲席教授，在纳粹政权下曾积极参与学院生活的一体化运动。

样一种科学观念,它对真理概念漠不关心,满足于建立在自身内部或多或少保持同调的一些分类系统,人们可以完美地将观察对象捕捉到这些系统内。被动意见是所谓的规范性意见的一部分,这一点明确地表现在那种现象上,即形形色色的无根据又无意义的观念与一个理性社会关于理性事物的官方假定形成显著的矛盾,这些观念绝非例外,绝未减少。联邦德国超过一半的居民认为,轮到占星术的某种因素发挥作用了,这门占星术在市民时代早期(那时科学批判的方法还不像今天这样发达)就曾被莱布尼茨刻画成他彻底鄙弃的唯一一门科学。有多少人反反复复无数次拥护遭到驳斥的种族理论观点,比如拥护"头盖骨的某种特征与性格特征相合"这种信念,这很可能难以考证,原因在于对征询的后果的这样一种畏惧之心在民主德国是很常见的,这种畏惧所顾虑者在于,这类征询恐怕根本还没建立起来。对于合理性就是规范东西(Rationalität sei das Normale)的信念是错误的。在整体的那种旷日持久的非合理性的吸引之下,人类的非合理性也就成为规范的了。人类与其实践行动的目的合理性(Zweckrationalität)之间的鸿沟巨大,但非合理性总已准备好了在政治行为中将这种目的合理性也淹没掉。由此便酝酿出公众意见(der öffentlichen Meinung)概念在公、私意见的关系这个问题上遇到的所有困难中最严重的那个困难。如果公众意见要合法运用自洛克以来便归于民主社会理论的那种审查功能,那么它本身在其真理性方面也必须经得起审查。当下公众意见只有作为所有个人的意见在统计学上的平均值才是合格的。在这个平均值中,这种意见的非合理性,它的随意性和事实上的无约束性这个环节必然又冒出来;因而它似乎恰恰不是它宣称依照其特有概念纠正个别错误政治行动时能成为的那样一种具有客观效力的权威。然而如果人们不管不顾,想要将公众意见视同该意见的见多识广的所谓喉舌,那么对大众交流手段的这种支配便成为该意见的标准,而对公众交流的批评则是公众意见不可轻视的使命。将公众意见干脆等同于那个自命为精英的阶层似乎是不负责任的,因为在这个群体内部,对事情的真正理解,随之还有比单纯意见更有用的某种判断的可能性,难分难解地纠缠进精英所承担的特殊利益中去，仿佛那些利益就是普遍利益似的。在某个精588英群体这样看待和解释自身的时刻，他们已经使自己成了他们宣称要成为的形象的反面，并从他们以为或许会使他们获得理性洞见的那些情形中推导出可以进行不合理统治的结论。若有天意，人或许能成为精英，可是人永远不可自命为精英。此时人们如果考虑到这类疑难，希望干脆将公众意见概念抹掉，干脆放弃这个概念，那就进一步废除了一个在对抗性社会里（只要这社会没有蜕变成极权社会）能阻止最糟糕事件发生的环节。德雷福斯诉讼①的修正，还有一位下萨克森州文化部长由于哥廷根大学学生的抗议而下台，这些事情没有公众意见的作用是不可能发生的。尤其在一些西部州，公众意见直到世界被管理的时代都保留了它过去与专制主义斗争时一度具有的某些功能。在德国，这个公众意见从未很好地作为独立市民阶层的哪怕十分成问题的声音形成过；这里由于公众意见首次显得更有力地活动起来，它即便在今天也带着长久以来的某些软弱无能的成分。

　　荒谬的意见在今日采取的特有形态是民族主义。[6]带着新的传染性，它在那样一个时期感染了整个世界，那时它由于技术生产力达到的高度，即由于潜在地将地球规定为一个行星，至少那些不算不发达的国家里失去其实在的基础，并完全成为它一直以来已经是的那种意识形态。在私人生活中，自我吹嘘一类的事情声名狼藉，因为这类表现形式无意间透露了太多自恋居于压倒性地位的信息。个人自身越是有成见，越是灾难性地追求个别利益（个别利益在前述信念中层层相因，这些利益的坚固力量又因这信念而得到强化），下面这个原则恰恰必然会越发小心翼翼地被默默预设下来，即正如国家社会主义的口号说的那样，共同利益先于个人利益。然而禁忌向个人自恋施加的力量，对个人自恋的压制，恰恰赋予民族主义恶性的力量。在集体生活中，事情的走向并不由个人之间关系的游戏规589则决定。在每一场足球比赛中，本地居民总是在蔑视客人②权利的情况

---

① 指德雷福斯案件，19世纪90年代法国军事当局对犹太籍军官阿尔弗勒德·德雷福斯的诬告案。

② 指参加和参观客场比赛的外地球队和球迷。

下无耻地为自己的球队欢呼；如今不无理由地经常遭到恶评的安纳托尔·法朗士①在《企鹅岛》中断言，世界上每一个祖国都高于一切。人们似乎只需严肃对待市民的私人生活中的种种规范，并将其提升为社会规范即可。但这样一种好心的劝告认为下面的情形是可能的，即事情是在一些拒绝个人需求、不断使个人的自恋失望、实实在在地使个人极大地陷入无助境地的环境下才发展至此的，个人注定要走向集体自恋。作为替代，集体的自恋似乎补偿给作为个体的这些人某种自尊，它将这些人因为幻想与其合而为一而希图其回报的同一种集体事物抽离于他们之外。对于民族的信赖比起其他任何一种被动的成见来，更是灾难性意见；这是将人们一度归属其中且一度生活于其中，又直截了当地具有善好且优势的面目的东西坐实了。这种信仰使得"我们都在同一条船上"这条丑陋的紧急状态智慧膨胀为道德准则。将健全的民族感与被动的民族主义区别开来，就像信赖规范意见而排斥病态意见的做法一样富有意识形态特征；所谓的健全民族感发展为畸形膨胀的民族感的那种动力学势不可当，因为谬误生根于个人泯然混同于自然与社会的非理性整体关联，而个人不过出于偶然才位于这种整体关联之中。

考虑到所有这些问题，事情总是合乎黑格尔的如下格言（这格言在公众意见概念能够实实在在地彻底开展之前，便觉察到了该概念本身的内部矛盾）：公众意见既要加以重视，又要加以鄙视。悖论并不产生于必须思考意见时摇摆不定的含糊状态，而是直接与现实的矛盾合一，该矛盾与意见利害攸关，也产生出意见。若是没有偏离现实的意见，就没有任何自由；但这般偏离会使自由遭受危险。与一个自由社会的理念根本无法分离的言论自由理念，必然成为表达、捍卫和尽可能实施自己意见的权利，即便这意见是错误的、糊涂的、灾难性的。但如果人们因此就希望限制言论自由的权利，那就等于径直奔向暴政了（当然暴政也间接蕴藏在意见的后果中）。言论自由概念内部包含的对抗导致的

---

① 安纳托尔·法朗士（Anatole France, 1844—1924），法国作家，著有《金色诗篇》《波纳尔之罪》《企鹅岛》等作品。

结果是,这概念认定社会由自由、平等而成熟的人构成,然而社会本身实实在在的建制实际上阻挡了这一切,并反复导致主体不断倒退的局面。言论自由的权利假定了个人及其意识与合理的整体利益的重合,而这种重合在人们认为其形式乃天经地义的那个世界里恰恰受到了阻碍。

今天,以真理的名义反对单纯意见的做法尤为可疑,因为在单纯意见和现实之间有某种致命的亲和性,而这种亲和性又助长了意见的顽固性。一个为了避开致命辐射的危害而在卧室里竖起床铺的笨女人的意见固然可能致病;但核污染的世界里辐射的危险已经如此之大,以致笨女人的担忧在事后还是由她的精神病性格加以回避的那同一种理性兑现了。客观世界近乎于迫害狂将它想象出来的那个样子。迫害狂概念以及全部的被动意见对此总是无所防备。今天,谁若是还希望以传统的人类理智范畴把握致病原,就会落入他想通过忠于健全人类理智加以防备的同一种非理性状态。

人们可能会拿那样一种一般性规定孤注一掷,即被动意见是僵化的意见、物化的意识、受损的经验能力。自从柏拉图批判智术以来流布甚广的那种将意见(doxa)与单纯主观理性等量齐观的看法,其实也只是一孔之见。意见(当然这里指被动意见)总是缺乏主体性,也总与主体性的虚弱一面为伍。柏拉图对苏格拉底的那些张牙舞爪的敌手的漫画式描绘清楚地表现了这一点。当主体不再有合理综合的能力,或者面临劲敌时怀着绝望的心情否认合理综合,意见便扎下根来。在这里,主体主义多数时候根本不重要;意识毋宁说以主体主义为借口自动为自己开脱,这意识恰恰不具有认识为了显得客观而需要的那种自我意识。主体以意见的名义当作私人特权归给自己的东西,完全只是它置身其中的那种客观局面的副本。它所以为的意见只不过是所有人那里都流淌着的东西罢了。对于与事情本身没有任何真切关联,又因事情本身陌生冰冷而撞壁的主体而言,它既为了自身、也客观公正地就此说的话,就成了单纯的意见,成了一件复制品和一个记录,这复制品和记录也可以是别样的。在主体主义的意义上将问题归结为个人意识的偶然性,这种做法与对某种客观性卑躬屈膝般的敬重精确地合拍了,该意

591

123

识任由这种客观性通行无阻,而且该意识对这种客观性的敬意还表现在如下担保中,即意识经常想到的东西,仗着客观性的强力便无拘无束了;依照客观性的尺度来看,理性根本什么都算不上。在意谓的偶然性中折射出客体和理性之间的鸿沟。主体敬重强力,是因为主体降格为它自己的偶然性了。因此被动意见的状态很难通过单纯的意识得到改变。既侵袭物的世界又向这世界屈服、同化于这世界的那种意识的物化,那个对于世界的冷漠和优势除了尽可能加以克服便无可奈何的人作出的可疑的适应之举,都扎根于物化了的、摆脱了直接人际关系的、由抽象的交换原则支配的世界。如果说在虚伪的人那里实际上根本不会有正当的生活,那么真正说来在他那里也根本不可能有正当的意识。虚假的意见,似乎只有以实实在在的方式,而不是仅仅通过在理智上对它加以修正的方式,才能加以摆脱。某种意识,如果此时此地便摆脱了成为被动原则的那种意见僵化现象,似乎与那种僵化本身一样可疑。它落入观点到观点之间短暂易逝而又无原则的变幻,落入软体动物式的胡闹,那种胡闹在一些所谓敏锐人士身上可以见得,它根本达不到洞见的综合,因为那时洞见已被冻结于物化的意识之中。这样一种在某种程度上可谓天堂般美妙的意识似乎先天(a priori)就与现实不相称,而现实又是它必须认识的,现实也是僵化的东西本身。对于正当意识的任何指点似乎都是徒劳的。真正说来,正当的意识仅仅在于孜孜不倦地反思意识的种种困境,也反思意识本身。

英美国家的意见难题表现为通过怀疑瓦解真理。对于现实的客观认识,与此相关的还包括对于现实的形态的追问,都被归结于认识主体上,正如这些主体的种种并不融入任何客观的上位概念之中的利益,依照自由主义的学说而言,都会盲目地将该利益不断威胁要扯碎的那个整体再生产出来。英美文化圈的客观—科学信念带有的那种潜在的、自我隐藏的主体主义,伴随着对于无拘无束的主体性的不信任,伴随着一种稳固不变、已成下意识反应的倾向,即通过指出认识在认识者那里受到的局限,而将认识相对化。在这里意识本身的主体主义情感激烈地要防止的嫌疑是,人们自己采取的立场,其依据没有别的,只有直接被给予退无可退的单纯个体的东西，因而最终只有意见。——与此相反，**德国的诱惑**（如果说还不是生活于地中海文化圈东部且从未完全被拉丁化的所有民族的诱惑的话）则在于客观真理这一理念不通人情的僵化，这样的僵化同样使得客观真理理念成了单纯主观东西（当意见算作主观东西时）。在德国，与西方国家向讳莫如深的事实投降，以及思想适应一向就有的现实这些现象相应的，是反省的缺乏，是关于伟大事物的幻想的寸步不让。意识的两种形态，即在事实面前卑躬屈膝的形态和以主权者或创造者的姿态误判事实的形态，乃是那样的真理的相互分离的两半，该真理在实际上并未实现，它的落空甚至冲击到了思想。从真理分离开来的碎片无法再拼凑出真理来。从效果来看，真理完全不难理解：谁若是让人们寻找容身之地的世界原封不动，那么世界作为真正的存在、作为世界所是的和壮丽精神由以想象自身的那种规律，便会证实他就是那容身之地本身。传统的德国形而上学以及产生这种形而上学并长期容留它的那种精神，沉湎于真理，并一步步退化为随便某种乡愿之物，某种永远的以点代面之举（pars pro toto）。实证主义通过责备所谓的单纯意见而破坏真理，并且由于认为除了单纯意见之外什么也不剩下，而支持单纯意见。有助于对抗这双方①的没有别的，只有矢志不移进行批判的努力。真理的所在无他，唯有抵抗意见谎言的意志。

思想（大概并非今天的思想才是如此）在清理意见的过程中考验自身：在严格字面意义上清理支配性的意见。支配性的意见并非完全是认识者的缺陷，而是由社会的整个建制强加给认识者的，因而也是由支配格局强加给他们的。这种意见的传播给出了虚伪东西的第一个指标：由统治而来的思想审查触及多远的地方。意见的标志是平庸。平庸的东西作为不言而喻的东西，是不成问题的，在此之上有差别之物才一层一层耸立起来，这种看法本身就是似乎应加以清理的那种意见的一部分。平庸的东西不可能是真的。在某种虚伪的状态下被所有人接

①　指前文提到的形而上学和实证主义。

受的东西,由于认为这种状态是他们这些人的状态,在进入一切具体内容之前就已经有了意识形态胡闹的色彩。物化的意见的外皮防护的是现成事物及其规律。仅仅反对这种现象还算不上真理,也很容易堕落为抽象的否定。但反对这种现象可以触发一个进程,没有那个进程就没有真理。然而思想力量的衡量标准在于,思想在努力清理意见的过程中不会轻易满足于单纯向外表现得越来越尖锐。思想也应当在自身内部抵制意见。亦即抵制各自的那样一种立场和方向,在彻底社会化状态下激烈抵制的人也是隶属该立场和方向的。该立场和方向构成了这个人内心的意见环节,他在反思这个环节,这个环节的局限性是他必须突破的。思想中一切原封不动重复上述立场的东西都是糟糕的;那些预先就与作者持同样看法的人所说的也是这样。思想终止于这一姿态,被降格为对某种广为接受的东西的单纯陈述,也成了不真实的。原因在于,思想表现的是它没有吃透的东西,仿佛那东西就是它的成果似的。没有任何思想是不带有这种意见的残余的。这样的残余对于思想而言既是必然,也是赘余。思维的原理是忠于自身,因为思维在这类环节上否定了自身。这是思想的批判性形态。唯有该形态,而不是思想心满意足地与自身达成的共识,才有助于改变。

注释

[1] 参见 Max Horkheimer, *Die Aktualität Schopenhauers*, in: Max Horkheimer und Theodor A. Adorno, *Sociologica II. Reden und Vorträge*, 2. Aufl., Frankfurt a.M. 1967, S. 124 ff。

[2] 参见 Max Horkheimer und Theodor A. Adorno, *Dialektik der Aufklärung*, Amsterdam 1947, S.220 ff。

[3] 参见 Theodor W. Adorno, *Aberglaube aus zweiter Hand*, in: *Sociologica II*, a.a.O., S. 142 ff。(如今亦可参见:*Gesammelte Schriften*, Bd.8: *Soziologische Schriften I*, Frankfurt a.M. 1972, S.147 ff.)

[4] Arthur Schnitzler, *Bemerkungen. Aus dem Nachlaß*, in: *Die neue Rundschau* 73(1962), S. 350.

[5] 参见 *Ideologie*, in: Institut für Sozialforschung, *Soziologische Exkurse. Nach Vorträgen und Diskussionen*, Frankfurt a.M. 1956, S. 162 ff。

[6] 参见本书页边码第 562 页及其后一页。

提纲:一些批判模式(续)

《提纲》可被视作《干预》的第二部分。在可能的情况下，所谓的哲
学对象与现实对象之间的张力还要更大，如果说这种传统的区分一般
来说还有意义的话。

《论哲学思维》提供了对能将人导入思维对象内部的那种操作方式
的一个反思。《理性与启示》是在明斯特与欧根·科贡①进行的一场讨
论的底稿；该文的那些论题有助于使作者对实证主义的批判不致被人
误认为是在复辟。《进步》尽管带着入门导引的所有缺陷，依然属于《否
定辩证法》的复合体。《论名流》希望勾画出传统范畴与其毁灭之间关
系的简要模式；该文与论进步的那个文本有关联。《休闲》是一个摘要，
与《无有典范》系列之下关于文化工业的那个文本类似。

两篇教育学的尝试之作在当时是随意即兴创作的，也无意遮掩这
一点。在1965年关于教师职业的那个文本中说过的话，如今才得到现
实的印证。关于奥斯维辛的那个文本作者当时无法编辑；他当时不得
不满足于消除表述上的一些最严重的缺陷。谈到最极端的事情，谈到
痛苦的死亡时，人们会为形式上的讲究感到羞愧，仿佛形式在不可避免
地将它所支配的东西弄成某种材料时，是冒犯了苦难。在这方面似乎
要将一些新式野蛮现象囊括进去：不人道的事情袭入周围的文化之中，

---

① 欧根·科贡（Eugen Kogon，1903—1987），德国评论家、社会学家和政治科学家，曾
因反对国家社会主义而被长年隔离于布痕瓦尔德集中营。他是联邦德国与欧洲一
体化的精神教父。他的著名著作为《党卫队之国》。

便使得这文化(它必定为使它显得高尚的种种做法辩护)本身成为野蛮,只要这文化做了野蛮的事情:文化利用温情脉脉的表现,否认实实在在的野蛮。曾在奥斯维辛达到顶峰的恐惧,凭着精神所固有的某种逻辑,造成了精神的退化。谈到奥斯维辛,语言都不够用了;差异化的做法是不可取的,如果人们希望保持该做法的初衷,然而放弃这套做法后,人们又适应了普遍的退化。

598

需要坚决强调的是,似乎只有在一种不再产生对奥斯维辛负有责任的那种格局和那种人的总体建制下,奥斯维辛之后的教育才能成功。那种总体建制尚未萌芽;不幸的是,那些希望发生改变的人对此却心灰意冷。

在《何为德意志的?》①一文里作者尝试依照布莱希特的那种如今极受欢迎的说法,对作者所了解的一个问题进行功能上的转换。该文可与《美国的科学经验》一文对观。后者也涉及作者与实证主义的那场争论的主观方面。

《辩证法附论》直接是《否定辩证法》的附论,是为了1969年夏季学期的一门讲座课而写的,这门课必然是要被扰乱和被中断的②。就理论与实践所说的意思,依照意图而言包含了哲学思辨和直接的事实。

《提纲》这个标题提醒人们注意以无体系、离散性的方式呈现通过经验的统一性而聚拢为星群的那种东西具有的百科全书形式。那么正如这一小卷书③以一些随意挑选的提纲来操作一样,或许一部新的《哲学词典》(*Dictionnaire philosophique*)也是可以设想的。读者如果联想到标题本身带有的争议,这是作者乐见的。

1969 年 6 月

---

① 全文标题为"回答这个问题:何为德意志的?"。

② 指因学生运动而中断。

③ 《提纲》原本是一个独立的小册子。

论 哲 学 思 维

赫尔伯特·马尔库塞 70 寿辰志庆

如果人们如单腿站立一般就哲学思维说点什么，又不想滑入无的放矢胡言乱语的境地，就必须将自己限制在某一个方面。因而我只想说点我认为在自己的思维上观察到的情况，而不涉及思维究竟是什么，或者说不涉及思维心理学。哲学思维在这里是要与被思考者、与内容分离的。这就使我与黑格尔对于哲学思维的无与伦比的洞见相冲突了。什么被思考与如何被思考这两方面的分离在他看来恰恰是错误的，是一种糟糕的抽象，而哲学的任务似乎正是以自己的手段纠正这种抽象。颇为反讽的是，哲学在常识（common sense）那里极易引发愤怒，因为哲学被混同于它加以反抗的那种抽象。很可能，在前哲学认识（der vorphilosophischen Erkenntnis）中如同在哲学中一样，没有衡量思维独立的某种尺度便不能针对事情本身做什么。逻辑装备大大超升于原始意识之上，这要归功于思维的独立。从内容上看，标志着哲学的历史发展趋势的启蒙，在这独立的过程中力量陡增。但思维带着它的独立化的装备，同时也成了物化的战利品，汇合成专断的方法。这一点在按控制论运行的机器上大致表现出来。就这类机器在主观理性的方法所擅长的一些事情上比思维主体做得更好而言，它们让人们看到了被形式化的、舍弃其实质的思维的虚无性。如果思维主体热衷于把自己弄成这类形式化做法的实施工具，他们就可能不再是主体。他们与作

600 为他们更不完备的摹本①的机器为伍。哲学思维只有在不满足于那些易于得到且一旦陷入便无法挣脱的认识时，才会开始。电脑的人道意义似乎在于，减轻活生生的人的思维负担，使其获得追求新知识的自由。

在康德那里，思维在自发性的名义下，依照其偏狭的、主观的概念呈现出来——因而撇开了逻辑学的客观思维规律。据说思维首先是被朴素的意识留意到的一种行动，当时朴素的意识将个人似乎根本无需费力便可获得的那些观点、印象，与关乎思维的那种努力的经验区别开来。然而康德的伟大之处，即哪怕对于人自己的所谓基本立场也坚持加以批判，在下面这一点上尤其名副其实，他在事实状态与思维极为合拍的情况下，并不将自发性（在他看来自发性就是思维）简单看作有意识的行动。在他看来，思维决定性的构造功绩与已然被构造起来的世界内部的思维行动不是一回事。这类功绩的实现很难被自我意识看到。朴素实在论的幻象，即那种认为人们在经验中与物自体打交道的观点，甚至在下面这一点上也找到了依据（这一点从康德那里似乎可以看出来）：意识由以先行塑造感官材料的那些行动没有原原本本地为意识所知，那是这些完全被动的材料的"奥秘"。这奥秘的特征以体系本身所固有的方式表现为，"我思必定能伴随我的一切表象"这一自发性公式希望说的无非就是，在主观意识（而且是人格性意识）的统一体中就有某种事实状态；奥秘的特征还表现在，尽管这里主观意识困难重重，它依然是"我的"观念，而我的观念不能代替别人的任何意识。无人能凭自己的想象力复制出另一个人的痛苦。这就导向了先验统觉的问题。凭着由单纯归属性产生的这个规定，我思本身便已成为某种被动

601 的东西，完全不同于对某个"我的"主动反思。康德在思维的主动性上极为坦率地切中了被动的东西，正如他令人印象深刻的正直性使他即便在最直白的命题里也总是重视现象中呈现出来的东西；《纯粹理性批

① 这里可能预设了"人是神的不完备摹本"这一传统神学观念。相比之下，机械是摹本的更不完备的摹本。

判》，正如黑格尔对意识的分析的名号一般，已经是一部《精神现象学》了。在行动的常规意义上说，思维只是自发性的一个方面，而且很难说是核心的方面，真正说来它仅仅位于已关联于物的世界而建立起来的东西的领域中。在康德视为先验领域的那个层面上，主动性与被动性绝不像依照作品的外部构造似乎可以期待的那样，以管理的方式相互分离开来。在那个被动的环节背后，在没有被康德探讨的情况下，隐藏着貌似独立的、原初的统觉对于那一如既往的同样无规定的客观事物的依赖性，该客观事物在康德体系中逃到关于超验物自体的学说中去了。如果思维在其自身中，依照自己的形态，并非总是也与那本身不是思维的东西结合在一起，那么思维作为一种行动的客观性似乎根本无从谈起；那里探求的是本就可以在思维中被勘破的那个谜团。

真正具有生产力的地方，真正有所产出的地方，也总是发生某种反作用。被动性就在主动事物的核心之处，那是自我在非我之上的自行塑造。这对哲学思维的经验形态仍有所启发。思维要具有生产力，就必须总是从它的事情本身出发而被规定。这便是思维的被动性。它付出的努力与它对于事情本身的把控能力相重叠。心理学将这能力称作对象性关系（Objektbeziehung）或对象性投注（Objektbesetzung）。但这能力远远超出了思维进程的心理学面向。思想的客体性、真理取决于它与事情本身的关系。从主观上来看，哲学思维不断面临的挑战，是在自身内部表现得逻辑连贯，也能接纳并非它本身且并非先天（a priori）就服从它自己规律性的东西。思维作为主观行动，在像康德和唯心论者们教导的那样构造甚或产生事情本身的时候，尤其必须投身于事情本身。即便在思维看来事情本身这个概念很成问题，它还自告奋勇要去建立事情本身的时候，思维也仰赖于事情本身。对于客体的那种要在主客体的相互中介中加以把握的、脆弱且独一无二的优先性，很难说有比下面这一点更强的论据，即思维必须紧贴某个客体，即便它还根本没有这样一个客体，甚至立意要产生这客体的时候，也是如此。方法的这种事实性在康德那里沉淀在内容中。虽说他的思维以主体的各种形式为指向，但这思维却在客观性规定中寻找其目标。尽管发生了哥白尼转向①,康德无意中还是穿透这一转向,证实了客体的优先性。

思维并未耗竭于心理过程中,一如其并未耗竭于无时间的纯形式逻辑中。它是一种行为方式,而且对于这种行为方式而言,与它所对待的事物产生关联是绝对必要的。思维活动的主动环节是专注。专注是拒绝从事物本身转移开注意力。通过专注,自我的紧张便由与之对峙的某个东西缓解了。敌视思维的是贪欲,是被分散注意力望向窗外的一瞥,这一瞥希望没有漏看什么东西;像塔木德这类神学传统已警告过这一点了。思维的专注赋予多产的思维一种善于撇开陈腔滥调(Cliché)的特质。思维在没有任何东西将它从事情本身转移开的情况下,允许自身被命令,在这一点上它与所谓艺术家的念头不无相似之处。事情本身向着有耐性和美德的思维开放。"勤奋出天才"这个原理的真理并不表现在零零星星的短期工作上,而表现在对事情本身的耐性上。"耐性"一词被动性的弦外之音很好地表明了前述行为方式的特征是什么,既非不知疲倦地要闹,亦非单调地固执②,而是长久地、力度适当地望向对象。通行的科学训练要求主体为了配合事物本身的那种被幼稚地假定的优先性而将他自己排斥在外。哲学与这种训练相矛盾。思维不可还原为方法,真理不是提出主体之后剩余的东西。思维毋宁说必须将全部神经支配现象与全部经验都纳入对事情本身的考察中去,以便依照理想消失于事情本身之中。反之,猜疑则是当前对思维的敌意的新形态。这种敌意在狭义的思索中累积起来,而狭义的思索则凭借它被动且专注的环节,而不是通过勤奋,证明自身是有用的。狭义的思索如果平息下来,那是保存了某种运气的因素,而运气则是对思维的常规看法所讨厌的东西。美国式的思索使用"扶手椅思维"(arm chair thinking)这个独有的轻蔑表述来说这个意思;这个表述刻画的是那样一种人的行为方式,他舒适地坐在圈椅里,就像一位和蔼却多余的

---

① 哥白尼转向(Kopernikanische Wendung),学界另一种常见的说法是"哥白尼革命"(Kopernikanische Revolution)。

② 要闹指无主见地完全沉浸于对象中,固执指仅仅专注于自身的观点,而不顾对象的情形。

祖父坐拥晚年财产一样。

　　针对坐在那里思想者的怨恨（Rancune），也有它令人讨厌的道理。上述这类思维经常表现得像是没有任何材料似的。它沉陷到自身中，像是沉陷到一个自以为纯净的层面中。黑格尔指责这层面是空洞的深度。关于不被任何对象迷住和挂碍的某种存在的幻想，终究不过是完全无规定的和形式性的思维的自我映照。这种幻想将思维弄成了一位智者翻看自己肚脐的滑稽景象；思维堕落为某种拟古癖，这种癖好由于要从哲学思维手中救出它的特殊对象（据说那对象绝不能成为对象），就失去了事情本身的环节，即非同一性环节。今日的智慧虚构出精神的某种在历史上不可再现的农业形态，就像是一些冒充原品的塑料制品，因为这些塑料制品做出早期历史上古拙的样子，希望呈现出古老的真相，而这古老的真相从未存在过，在当今也不过是极为忠诚地补充了晚近的工业化世界。哲学思维中人工合成的拟古癖的状况不见得比模仿阿提卡典范的卡诺瓦①和托尔瓦森②石膏古典主义强到哪里去。但思索似乎也不应转化为某种间接的实践行动；那样的实践行动在社会上仅仅有利于压制思维。比较典型的是，人们在反作用的意义上，在学院内建立起自己的一席之地，这个地盘据说会给被召唤去的人们提供沉思的机会。如果没有沉思的环节，实践就会退化为无概念的营营碌碌；然而作为得到爱护的特殊层面的沉思如果与可能的实践切割，结果也很难说更好。

　　人们对思索的描绘很可能不够准确。似乎最应该将它称为日渐扩 604 大的专注。当心无旁骛地专注于它的事情时，它就在事情中觉察到超出预想之外，因此也突破固定范围的东西。事情本身也可能是极抽象的、经过加工的；事情的特质不可通过某种编造出来的具体化（Konkretion）概念来预先判定。对于思维"就是从单个规定按照纯粹的、逻辑连贯的方式发展出来的"这种陈腔滥调（Cliché），应当采取全盘保留的

---

① 安东尼奥·卡诺瓦（Antonio Canova，1757—1822），意大利新古典主义雕刻家。
② 贝特尔·托尔瓦森（Bertel Thorvaldsen，1770—1844），丹麦雕刻家，丹麦艺术黄金时代的先驱。

态度。哲学的反思似乎必须打破人们不折不挠地期待于思维的所谓思想进程。真正的思想必须不顾对事情的经验如何，自己获得新生，而对事情的经验在思想中才得到规定。哲学推论的本质就是使思想获得新生的力量，而不是抖搂出一堆结论来。真理是形成中的星群（Konstellation），绝非自动穿行的东西，在那种东西中主体虽然减轻了负担，却似乎也成了多余。但凡有分量的哲学思维都无法概要重述，这样的思维并不接受过程与结果的那种常见的、科学上的区分（众所周知，黑格尔认为真理是过程与结果融为一体的），这便使得上述经验触手可及。哲学思想如果要被弄成上述经验的骨架与净利润，就毫无用处了。压根就不关心这些的无数哲学论文，要比审美上的欠缺更庸俗：这显示出这些论文本身的虚伪。当哲学思想即便在一些重要文本中脱离事情本身，落回花样翻新的理想中时，它就失败了。哲学上的思考有如对间歇性念头的思考，后者常常受到思想之外的东西干扰。在果决的思维中不可避免要利用的那些分析判断会成为虚假的东西。思维的力量并不随大流，乃是对众所周知的东西的抵抗。坚决的思维需要文明的勇气（Zivilcourage）。单个的思想者必须冒这个险，不可迷迷糊糊地交换来或买来任何东西；这就是自主性学说的核心经验。如果没有风险，没有

605 错误出现的可能性，客观上而言就根本没有真理。大部分思维的愚痴都是在思维不可或缺又总在思维中时不时活跃起来的那种勇气（Courage）遭到压制的情况下形成的。愚痴根本不是缺乏，不是思维能力单纯的缺席，而是思维能力残废形成的伤疤。尼采满腔激情，对此了然于胸。他关于险象环生的生命的那套具有帝国主义危险的口号在根本上可能更喜爱的是：要以危险的方式思考，要鼓动思想从对事情本身的经验出发，不被任何东西吓退，不被预先想到的任何约定俗成之物阻碍。然而自给自足的连贯逻辑在其社会性的一面必定一次次阻碍那里的功能、思想。今天当思想坚决有力而非花里胡哨地起作用时，这很可能并不能归结为个人的特质、天赋、才智。理由都是客观的；比如其中一个理由就是，受惠于生平环境的思想者，未能使不加掩饰的思维脱离审查机器。科学需要的是并未遵从它的人；适宜于那人的精神气质的是贬

损科学的东西,是对迟钝的警醒,而迟钝是科学一贯谴责自己,也下意识地为之惭愧的。

过程与事情本身的关系,在哲学思维中与在实证学科中有着质的不同,这涉及该关系的模式。在某种意义上,该关系总是试图表达出一些经验;这样的经验当然不是经验论的经验概念所能说尽的。在哲学的意义上理解,就意味着确保那种经验,如果人们自主地,然而也最密切地关联于每次预先被刻画出来的问题来反思这种理解的话。在清楚预见到会招来无聊嘲讽的情况下,人们还是可以说,哲学思想的特点在于能比人们预想的更早地一步步得出结论。人们可能在根本上并不信任海德格尔式的连字符语文学①,却也不会禁绝对下面这一点的回忆,即事后反思(Nachdenken)相对于思考(Denken)②而言,在语言上将人引向作为事后重演(Nachvollzug)的哲学施设(Vollzug)的理念。这里也隐藏着最大的诱惑,即为盲目指定的信念和意见辩护,使之理性化、合法化的诱惑。已证主题(thema probandum)在同等程度上既是思维的真理,也是思维的不真。就这种主题通过否定贯彻它追随经验的企图而言,它摆脱了它的不真。充分的哲学思维在批判的意义上并不仅仅针对现状以及现状在意识中有模有样的铸件,而是在同等程度上也针对自身。对于赋予该思维灵性的那种经验,该思维无法通过唯命是从的认可,而只有通过客观化才能胜任。在哲学意义上想来,谁若是始终逻辑连贯地将精神的经验固定下来,那种经验的对立面也便为他所知。很快精神的经验就只剩下狂想成分了。只有这样,事后的反思才不仅仅是对已经验的东西的重复性呈现。这种反思的合理性(Rationalität)作为批判意义上的东西,超出了理性化(Rationalisierung)。哲学的思维在考察它本身的人看来,还是成全了对他想加以认识的东西的认识,就他确知他想认识什么而言。思维对自身的这种经验与康德的划界相矛盾,后者的意图是通过思维去夺思维的权。它也回答了

① 指海德格尔经常通过加连字符的方式拆解现成词汇,以显明其词源含义。

② 从德文原文来看,这里的"事后反思"相对于"思考","事后重演"相对于"施设"都多出来一个前缀(Nach-),可以运用海德格尔的连字符拆解法。

那样一个可悲的问题，即人们如何能设想他们所设想的东西，同时又能通过那样的设想而生活。我思，那么我在(Cogito, ergo sum)①。

由于哲学思维的训练先已在表述问题时体现出来，所以在哲学中，呈现方式乃是事情的一个必不可少的环节。这很可能也是因为，思想者所想到的有说服力的答案不会像在邮件上划下最后一笔之后，如全部绞尽脑汁附加上去的东西那般凸显出来。就此而言唯心论是合法的。只不过唯心论将哲学思想特有的东西扭曲成一种傲慢的想法，即由于真理并非从外部加给哲学思想的，那么哲学思想与真理就是同一的。与哲学结合在一起，也成为哲学幸事的一点是，即便绝望的思想也带有对所思考事物的这样一些确定性，而这又是本体论的上帝证明的最后一丝残迹，很可能还是这思想的不可磨灭之处。如果有人放低姿态"事后就某种东西进行反思"（为的是探明他还不知道的东西），他的观点就像飘飞起来的直觉产生的那些观点一样偏颇。思维在就某件事情和某些表述开展工作方面做得很好；这些事情和表述关心的是思维的被动要素。极端一些说：我无所思，而这很可能就是思维。像那样一支铅笔或自来水笔似乎绝非上面这一点的糟糕的感性标志，它在人思考时被握在手中，就像西美尔或胡塞尔遗留下来的笔那样；胡塞尔要是不写作，好像压根就不能思考了，犹如那样一些作家，他们最好的思想是在笔头产生的。有一些器具是人们根本不需要实际使用的，这些器具提醒人们，不宜草率地空洞思考，而要就某种事物进行思考。因此，一些有待解释与批判的文本无比珍贵地支撑着思想的客观性。本雅明曾以如下格言影射这一点：一种体面的思想带来的是一份体面的愚蠢。如果思想为了维持原创性的幻想而避免这一格言，如果它在每一个对象中都立马觉察出对象化的危险，那么它不仅失去了未来（这似乎根本不是驳斥，而差不多是驳斥的反面了），而且本身也没有根据。但更为关键的是，任务（思想的产量取决于任务是否多产）是自主的，任务不是

---

① 通常译作"我思故我在"，但此译法容易使人误认为"我思"与"我在"之间有强因果关系，原文并无此意，故改为现译。

被提出,而是自己提出的:这是区隔思维与精神技巧的门槛。思维必定绝望地在这种技巧与业余的奔突之间穿行。当思维只知忽视精神的分工,而不是尊重并超越这种分工,思维就是业余的。轻率地重新开始,会使思想愚昧无知,其效果不下于热心地适应分工。哲学,用康德的话说,似乎会掌握它的世界概念,超升于将哲学作为专门科学的那种构想之上(依照康德的说法,这是哲学的学院概念,这概念一开始就与它自己的概念不相容),不下于超升于世界观的废话之上,那废话是从将专业化知识作为特长留给它的那种东西的可悲贫乏状态中,形成自己很优越这一假象的。对理性的衰落的抵抗,在哲学思维(哲学思维并未对已建立的权威,尤其对各门精神科学恭敬有加)看来,似乎是沉入到事情的内容中去了,以便在这些内容中(而不是超出这些内容之上)认识到真理的内容。今天看来,这似乎就是思维的自由了。当思维从劳作的诅咒中解放出来,在它的客体中达到宁静,它似乎就成了真的。

理 性 与 启 示

一

关于启示的争论曾在 18 世纪被推进到底。由于它已得到否定的结论,在 19 世纪它实际上被遗忘了。它应该特别感到庆幸的是,今日它又复活了。但这一开始就使得启示的批判者陷入某种尴尬境地。不想成为这种境地的牺牲品的人,必定知道它是怎么回事。要是人们重温一下启蒙论点的完整列表,就可以打发掉折中主义的如下指责了:人们依靠的是早已众所周知却不再有人感兴趣的东西。要是人们安慰自己说,那时启示宗教没能抵挡住批判,他们就使自己有了旧式理性主义者的嫌疑。当今流传极广的是那样一种思维习惯,即不是思考事实上的真理与谬误,而是将做什么决定推给时代本身,并尽可能地使前天的东西在昨天的东西面前出洋相。如果人们既不想陷入"人们早就知道这一点,因此它就是错误的"这种观念的禁区,也不想代之以适应当前的宗教气氛,这种宗教气氛极其古怪但又合乎情理地与流行的实证主义携手同行,那么人们最好想一想本雅明所描绘的神学的那种谜一般微笑的特征,"这种特征在当今是出了名的渺小卑下,而且本来就不为人所见"[1]。神学的任何内容都不会一成不变;任何内容都必须经受住化入凡尘这一道考验。与从前丰富而具体地发展起来的那个宗教观念的世界相反,当前流行的看法是,人们的生活和经验,即内在性,是一个玻璃温室,人们透过这个温室的墙才能瞥见某种长青哲学或长青宗教(philosophia oder religio perennis)的永恒不变的持久存在；这种看法本身表现出一种状态，即启示信仰不再实质性地出现于人们及其关系秩序之中，只能通过绝望的抽象物被保存下来。今天堪称本体论层面上努力的是：人们企图脱离绵延不绝的唯名论处境，突然跃入实在论，跃入自在存在着的理念世界，那个世界本身被弄成了单纯主体性的产物，成了所谓"决断"的产物，亦即任意的产物；这一点在广泛的意义上适用于与此密切相关的转向实定宗教的做法。

二

18 世纪为启示信仰张本的人的立场，与今天做同样事情的人的立场大异其趣；这正如完全相同的一些理念在某个历史瞬间之后可能具有完全不同的含义。彼时问题的关键在于为传统上已规定好的和多多少少受到社会权威支持的教义概念辩护，打退自主的理性(ratio)的攻击(这理性什么都不愿意接受)，成为经受住自己特有的考验的东西。针对理性(ratio)所作的这种辩护必须以理性的手段来实施，就此而言它正如黑格尔在《现象学》①中说的，从一开始就是毫无指望的：通过它所利用的论证手段，这种辩护本身一开始就接受了与它敌对的原则。今天发生的事情则恰恰是出于对那些手段、对理性(ratio)的绝望，而转向启示信仰。这种转向势不可当，却仅仅在否定的意义上被接受，仅仅作为启示被引证，以便制止黑格尔所谓的"消灭一切的怒涛"(Furie des Verschwindens)②，原因在于有启示似乎终归是好的。对于这类复辟的可能性的怀疑，由于人们诉诸许多同气相求地需要这种可能性的人的共识，而被抑制了。"今天信仰上帝早就不再不合时宜了"，一位女士610曾对我这样说，她的家庭在经历了狂暴的启蒙插曲后，又回到他们儿时的宗教上去了。充其量——因而当事情涉及的不仅仅是模仿与随大流

① 指《精神现象学》。
② 黑格尔用来描述法国大革命的说法。

141

时——是心愿成为这类行为之父:起决定作用的不是真理,不是启示的真实性,而是对导向的需求,是对预先固定下来的东西的依靠;还有那样一种期望,即人们可以通过决断,给祛魅的世界注入一种意义,人们长久以来忍受着这种意义的缺席,作为旁观者呆呆凝视无意义之境。今天宗教的复兴在我看来是宗教哲学,而不是宗教。无论如何这种复兴与18世纪和19世纪早期的护教学在下一点上是合拍的,即它致力于通过理性的反思召唤出理性反思的对立面;然而现在是通过对理性(ratio)本身进行理性反思,是怀着郁积已久的决心,打算痛击理性,是怀着对那样一种蒙昧主义的好感,它要比过去所有狭隘的正统观念恶毒得多,因为它并不完全相信其自身。新的宗教姿态是改信者的姿态,这种姿态即便在那些没有正式进行皈依的人们那里,或者在只是顺从他们当作"父辈的宗教"并加以认可的,也从来都具有父亲般权威的东西的人们那里,甚至是在克尔凯郭尔式的个人那里,也助长了那样一种做法,即恐吓性地依靠那愈发高涨的怀疑。

三

一度在帕斯卡尔或克尔凯郭尔那里由最进步的意识付出了不小于整个生命的代价而产生的那种理智,其献祭品逐渐被社会化了,而奉上这献祭品的人在此却不受恐惧与颤栗①之扰:对此大概不会有人比克尔凯郭尔本人更愤慨了。由于太多的思考、不屈不挠的自主性会妨碍对被善加管理的世界的适应并造成痛苦,无数人便将他们的这种被社会操纵的痛苦归罪于理性本身。据说理性就是将痛苦和灾祸带到世界上来的东西。启蒙的辩证法(事实上它也必定一同命名了进步的代价,即由作为对自然的越来越强的支配的那种合理性所造成的所有堕落),在某种程度上是过早被中断了,而中断依照的是那样一种状态的模式,它盲目的封闭性似乎封堵了出路。有一点被极大地存心误判了,即太

611

---

① 隐喻克尔凯郭尔的同名著作。

多的合理性(那是有教养的阶层尤其抱怨的,这个阶层还拿机械化、原子化甚至大众化这些概念来记录它)就是太少的合理性,那就是全部可计量的支配装置和支配手段的强化,而这要付出的代价是人类的目的、人类合理的惯例;这合理惯例不断听任非理性的单纯权力格局的摆布,而意识由于总是顾及种种现存的实定局面和实定状况,再也不敢攀升到合理惯例的高度之上了。一个人很可能对并未作为顽固支配手段而渎神般将自身绝对化的理性(ratio)进行自省,而当今的宗教需求表现出了一些这样的自省。但这种自省不可能止步于思想单纯被其自身否定,不可能止步于某种神秘的牺牲,不可能通过某种"跳跃"发生:那样的跳跃太像救灾政治(Katastrophenpolitik)了。理性反而必定要尝试的,不是把合理性当作绝对者(无论是对这样的形象加以设定还是加以否定),而是要将合理性本身规定为整体内部的一个环节,这个环节相对于整体当然也有其独立性。理性必定意识到它自己的自然本质。这个动机对于那些伟大宗教而言也不陌生:但这动机在今天恰恰需要"世俗化",如果说它在被孤立和被拔高的情况下并未促进它希望加以祛魅的那个世界的蒙昧化的话。

四

启示宗教的复兴乐意诉诸结合(Bindungen)概念,那结合据说是必要的:人们似乎脱离棘手的自主,选择了他律的东西。但撇开全部世俗性不看,当前的义务不是太少,而是太多了。经济权力与随之而来的政 612 治权力和行政权力的重叠在很大程度上将每一个人都贬低为传动装置的单纯部件了。如今比起自由主义盛期的情形来,个人可能更受束缚,在那个时代个人还不曾苛求结合。因此他们对结合的需求越来越成为精神上对总归已经现成存在的权威的巩固和辩护。关于先验的无家可归状态(该状态表现出个人在个人主义社会里的困境)的论说已经成为意识形态,成为劣质集体主义的遁词,那种集体主义就碰巧还没有任何独裁国家受其支配而言,是以另外一些提出了压制个人的需求的机构为基础的。社会权力与社会软弱之间愈发增长的不协调关系，在自我的内心聚合力的那样一种削弱中得以延续，即自我要是不认同那诅咒其陷入软弱的东西，就再也承受不住了。只有软弱才寻求结合；对于结合的渴求美化自己，仿佛摆脱了利己主义、单纯个人利益的局限似的，这种渴求实质上并不以人的尊严为意，反而屈服于人的无尊严状态。这背后当然有在社会层面有其必要的，也得到所有可能的手段强化的那种假象作为支撑，即主体、人没有能力成为人类了：这是对现存格局的走投无路的偶像化。人类败坏的宗教动机自从亚当堕落以来一再重现，正如霍布斯以来已极端世俗化的那样，该动机扭曲为对劣质东西本身的服务。由于人类据说不可能创立某种公正的秩序，现存的不公正秩序就受到他们的欢迎。托马斯·曼批评斯宾格勒时提到的"人性失败主义"，已经广为传播。转向超越性的做法反映出内在的、社会性的无望。这种做613法深深地怀有放任世界不管的决心，因为世界作为世界，不可能成为别的样子了。真正决定这种行为方式的模式，是世界划分成两个巨大的、僵硬地相互对立的区块，这两个区块既威胁要相互毁灭，又威胁要毁灭每一个人。由于延伸到这些区块之外的任何东西都不可见，对上述事情最世俗的恐惧便实体化为实存的，或者尽可能超越的。启示宗教以这种恐惧的名义赢得的胜利，都付出了极大的代价。如果宗教被采纳不是为了它自己的真理内容，而是为了别的东西，宗教就会侵蚀它自身。最近各种实定宗教乐此不疲，还尽力与其他种种公众机构竞争，这种现象表现的不过就是隐藏于这些宗教的实定性之中的那种绝望之情罢了。

五

当今启示宗教的非理性主义表现为，宗教悖论概念具有了核心地位。我只想提一下辩证神学。即使辩证神学，也根本不是神学上的常量，而是有着其历史位置。使徒在希腊化启蒙的时代所谓的希腊人的愚蠢，以及当今呼吁理性退位的东西，都不是恒久不变的。启示的基督教在其中世纪的高度上有力地抵制双重真理学说，认为那是一种自我毁灭的学说。伟大的经院主义,尤其是托马斯的《大全》①,其力量和威严之处在于,它在并未将理性概念绝对化的同时也从不唾弃它:在唯名论时代,尤其在路德那里,神学才转而唾弃理性概念。托马斯的学说不仅仅反映出它那个时代当然已经成问题的封建秩序,也符合那个时代最进步的科学状况。但如果信仰失去了与认识的共识,或者至少失去了与认识的那种多产的张力,它就会丧失约束力,丧失康德仍然打算在作为信仰权威的某种世俗化形态的道德律中加以挽救的那种"强制"特征。一个人为何应当采取**某一种**而不是另一种信仰,对此当今的意识 614
能找到的辩护理由除了它自己的需求之外什么都没有了,而它的需求是不能确保真理的。由于我似乎能够接受启示信仰,那么它与我的理性相对立,似乎必定会得到某种权威,而这权威已经预设我接受了它——这是一个不可避免的循环。依照盛期经院主义的学说,我的意志作为信仰的明确条件被补充进来,所以人们无从摆脱这个循环。意志本身似乎只有在对信仰内容的信念已经存在的时候,才是可能的,因而意志恰恰是凭借意志的行为才能达到的东西。如果宗教不再是大众宗教,不再在黑格尔的意义上是实体性的(如果说它一般而言曾经是这样的),那么它就会在强迫与任意兼备的状况下夹杂绞缠,一时成为某种被无拘无束地控制的东西,一时又成为某种权威世界观。很可能是对这一局面的洞见使得犹太教神学几乎无法拟定信仰原理,使得它所能要求于人的除了遵循律法生活之外别无其他;托尔斯泰所谓的原始基督教,很可能与此相近。如果这样一来总是可以绕过认识与信仰的自主性的问题,如果这样一来甚至宗教诫命与主体之间的间距也可以被消除,那么矛盾就暗地里继续起作用了。原因在于,一旦哈加达因素与哈拉卡因素②完全脱离关系,学说的权威从何而来的问题并未得到解决,反而被无视了。从宗教中剔除客观因素的做法就像物化一样,对宗教是灾难性的;物化是要僵硬且反理性地强迫主体接受教义,接受信仰的客观性。

① 应指《神学大全》《反异教大全》等。
② 犹太教的两种释经方式,前者允许有所变通,后者要求严守律法。

但客观因素是再也无法坚守住了,因为客观因素似乎必须接受客观性标准的检验,即必须接受认识的检验,而认识的要求被它傲慢地打发掉了。

六

遵照过去150年来将一切精神都普遍中性化为单纯文化的做法,传统启示宗教与认识的矛盾几乎不被察觉到,反而双方作为文化生意的两条脉络并行不悖,就像杂志里药品、广播、电视、宗教类的栏目标题挨个出现一样;与此同时,启示宗教自启蒙以来对意识的苛求不但没有退缩,反而愈演愈烈,发展到畸形的地步。之所以没人再谈论此事,是由于人们根本无法再将双方聚拢起来。将现代科学的批判性成果引入宗教之中的种种尝试(这类尝试在量子物理学的边缘尤为繁多),属于思维短路。这里要加以思考的不仅仅是流传下来的各大宗教具有的地球中心和人类中心特征,该特征与当前宇宙论的状态极端对立——这里人们还是很乐意利用宗教学说与自然科学结论对峙时的这种极端性,亦即可笑之处,以便凸显对峙本身的可笑,因为对峙是原始而粗糙的。过去宗教行事并不像这般机巧,也是很有道理的。以往它即便在宇宙论的意义上也有其真理依据,因为它知道,它要宣称自己有真理,就不可能在与质料性的具体内容相分离的同时又不遭到损害。一旦宗教牺牲其事实内容,它就有挥发为单纯符号学的危险,声称生命具有真理的做法也遭遇了同样的事情。但更为关键的或许是各大宗教的社会模式与当今社会之间的分裂。那些宗教过去是在"原始群落"(primary community)的那种透明格局,最多是在简单商品经济的基础上建立起来的。一位犹太诗人曾不无道理地描述,在犹太教和基督教中起支配作用的是村庄的上空。若非考虑到宗教的教义内容经过重新阐释之后获得了强制力,有一点是不容忽视的:基督教并非与一切时代都同样切近,人类并非不受时代限制地总能被一度听到的好消息震动。从物质生产不确定又不丰富的某种状态下的贫困经验中产生的日常食品①概

---

① 这里"食品"的原文为"Brotes"(面包),这里采取意译。

念,不可简单转嫁到有了食品工厂和过度生产的世界,在这个世界里饥荒成了社会的自然灾害①,那恰恰根本不是自然饥荒了。或者说:邻人 616 的概念与人们在其中得以四目相对的那些群体相关。对邻人的帮助在被上述社会的自然灾害践踏的世界里总是极为紧迫的,这种帮助相对于超出人际关系的一切单纯直接状态的实践而言,相对于世界的那种似乎终究能禁绝社会性自然灾害的变化而言,是微不足道的。但如果人们认为福音书中那样的话语无关紧要而撇开不管,并相信自己将启示的学说保存下来,并说得好像这类学说此时此地(hic et nunc)便可理解似的,那么他们就落入某个糟糕的选项了。似乎人们或者必须使这类学说适应改变了的时代进程,这就与启示的权威性不相容;或者带着一些要求呈现当下的现实,这些要求无法满足;或者不再触及现实的本质,不再触及人类实实在在的痛苦。但如果人们完全忽略所有那些具体的、在社会—历史意义上被中介过的规定,并严格遵从克尔凯郭尔的那句格言,即基督教不是别的,只是提醒人们上帝曾化身为人,却没有意识到那个瞬间本身,即没有意识到那个瞬间也是具体历史性瞬间,那么启示宗教就以吊诡的纯洁性的名义化为完全不确定的东西,化为某种虚无,这种虚无简直与消除启示宗教无异了。如果说还有多出这虚无的什么东西,它立马就会导致不可化解的难题,而狭隘意识的一个单纯的把戏,就是将这种不可化解的局面本身,即有限之人的挫败,美化为宗教范畴,与此同时这种局面则造就了当下宗教范畴的绵软无力。因此我所看到的可能性根本没有别的,只有对照所有启示信仰而言最彻底的禁欲,只有对于偶像崇拜禁令最彻底的忠诚,这就远远超出一度在场的东西之外了。

注释

[1] Walter Benjamin, *Schriften*, hrsg. von Theoder W. Adorno und aretel Adorno unter Mitwirkung von Friedrich Podszus, Frankfurt a. M. 1955, Bd.1, S. 494.

---

① “社会的自然灾害”(Naturkatastrophen der Gesellschaft)指的是社会中形成的类似于自然灾害的灾害,其根源在社会而不在自然。

进　　步

献给约瑟夫·柯尼希①

对进步范畴进行理论解释，就要求极为切近地考察该范畴，为该范畴祛除其肯定性用法以及否定性用法都不言自明的假象。但切近的要求也增加了解释的难度。比起其他概念来，进步概念更迅速地随着对于该概念真正内涵（比如什么是进步，什么不算进步）的分疏而瓦解了。谁想准确阐明这个概念，他便很容易毁坏它的旨趣。在能区分进步的朝向、内容、关涉之前拒绝谈论进步的那种毫无新意的机智之举，延迟了在这个概念中相互倚重的各环节的统一，使统一成为单纯的堆积，成为刚愎自用的认识论（当事情本身让人不可能找到毫不含糊的东西时，这认识论便寻求精确性），错失了事情本身，阻挠了洞察，也为虎作伥地通过那样一种急切的禁令而保存恶劣的东西，即禁止反思在一个充满种种乌托邦的、绝对毁坏性的可能性的时代里困境意识（das Bewußtsein der Verstrickten）希望体验的东西，不管是否有进步。如同每一个哲学术语那样，"进步"这个术语也有其模棱两可之处；正如在每一个哲学术语中那样，这些模棱两可之处也呈现出某种共同之处。此时此刻必须如何设想进步，这一点人们不甚了了，但正因此，人们不可能完全模糊地运用这概念。死板地使用这个概念，只是为了

---

① 约瑟夫·柯尼希（Josef König，1893—1974），德国哲学家。

骗取它预言的东西,骗取对怀疑的答复,以及那样的期望,即让人类能松一口气①毕竟还是更可取的。因为这一点,应当如何设想进步的问题就已经不可准确回答了,因为当前状态的急难之处在于,每个人都感受得到急难,却找不到化解之法。对于进步的这类反思虽然埋首研究进步,却又与它保持着距离,从麻痹人心的种种事实与专业解释那里退后一步,只有这类反思才触及了真理。如今这类反思在思索人类是否能阻止灾难时变得尖锐了。人类眼看着反映他们自己的社会总体状态的种种形式活灵活现,就此而言并没有某种意识到其自身的总主体(Gesamtsubjekt)形成并产生影响。进步的可能性,即避免最极端的全面灾祸的可能性,只能让渡到这个总主体头上。进步的其他一切因素似乎也必定结晶于这个总主体上。似乎长久以来就在嘲弄进步的物质匮乏,潜在地被消除了:在达到技术生产力的高度后,地球上任何人都无需忍饥挨饿了。是否存在着广泛的匮乏与压迫(这两者是一回事),这一点仅仅取决于能否通过合理地确定全社会达到人性的高度,以避免灾难。康德对某种进步学说的构思那时也被锚定在"人性理念"[1]上:"由于唯有在社会里,并且唯有在一个具有最高度的自由,因之它的成员之间也就具有彻底的对抗性,但同时这种自由的界限却又具有最精确的规定和保证,从而这一自由便可以与别人的自由共存共处的社会里,——由于唯有在这样的一个社会里,大自然的最高目标,亦即她那全部秉赋的发展,才能在人类的身上得到实现(大自然还要求人类自己本身就可以做到这一点,正如大自然所规定的一切目的那样),所以大自然给予人类的最高任务就必须是**外界法律之下的自由**与不可抗拒的权力这两者能以最大可能的限度结合在一起的一个社会,那也就是一个完全**正义的公民宪法**,因为唯有通过这一任务的解决和实现,大自然才能够成就她对我们人类的其他意图。"[2]②进步在其中似乎有

618

---

① 指利用虚构的进步图景使人在生活的困境中松一口气。

② 译文取自康德:《世界公民观点之下的普遍历史观念》,收于《历史理性批判文集》,何兆武译,商务印书馆 1990 年版,第 8—9 页。译文有所改动,重点号为阿多诺引文所无,这里遵从中译本加上。

其位置的那种历史概念是重点,加上康德的普遍世界公民式历史概念,这些历史概念中没有任何一种关乎特殊的生活层面。然而进步对于总

619 体的依赖性反过来又伤害了进步。这方面的意识鼓舞着本雅明在《论历史概念》论纲中针对将进步与人性捆绑起来的做法发起的争论,这份论纲堪称在政治上被粗鲁地归入进步派的那些人所能设想出的对进步理念批判中的最重要者:"进步如其在社会民主党人头脑中呈现的那样,如果有过的话,曾是人性本身(而不仅仅是人类的能力和认识)的某种进步。"[3]但人性依照"越来越好"的宣传方式原样(tel quel)进步得越少,一种进步理念没有了人性理念便越不可能;那么似乎可以将本雅明这段话视作一种指责,即社会民主党人混淆了能力和认识的进步与人性的进步,而不可认为他曾希望将人性的进步本身从哲学反思中剔除。在本雅明这里,人性的进步在如下学说中是说得通的,即对于尚未出生的一代代人的幸福的想象——没有这种想象,进步就无从说起——不可避免地附带着对救赎的想象。[4]下面这一点就证明进步汇聚到了类的延续上:没有任何进步能那样来设想,仿佛人性已经全盘存在,因而也能取得进步。毋宁说进步才是人性的建立,而这建立的远景之所以能打开,乃是由于面临磨灭的危险。正如本雅明进一步教导的,普遍历史概念的无可救药,就是由此得出的;仅就有关某种已经存在、自身协调且一致上升的人性的幻想还值得信赖而言,普遍历史概念才有启发性。如果人性总被塑造了它本身的那个总体俘获,那么依照卡夫卡的说法,进步还根本没开始,与此同时只有总体才允许设想进步。通过规定人性完全不排斥任何东西,上述现象最容易解释。如果说人性是一个在自身中不再包含任何限制性原则的总体,那么人性似乎既是自愿受到强制,使其所有环节服从于这样一个原则,因此也不再是总

620 体了:强制之下根本无法形成统一体。出自席勒《欢乐颂》那段话,"假如无此能力,只好让他哭着溜出这个同盟!"①以无所不包的爱的名义

---

① 通常译作"假如没有这种心意,只好让他去哭泣!"为了与下文对能力与"溜出"一词的讨论相对照,这里采取字面直译。

排除未能分享这爱的人；这段话无意中承认有超出市民的、既囊括一切又特殊的人性概念之上的真理。在这个诗句中以理念的名义降临到不受欢迎者或没有爱的能力者头上的东西，揭穿了理念的假面，表明理念不是别的，只是贝多芬的音乐用来将理念嵌入事物之中的那种肯定性权力；绝非偶然的是，这首诗使用"溜"这个字眼，在对不欢乐之人的羞辱中（由此再次拒绝给这人欢乐）引起了财产层面和犯罪学层面的种种联想。正如政治极权主义系统中的情形一样，属于总体概念的还有持续不断的对抗；所以童话中邪恶的神秘庆典都是通过这些未受邀请的人来界定的。只有当总体的那个设定边界的原则（倘若这原则也不过是命令人们向总体看齐）毁坏时，人性，而非人性的幻象，才会出现。

从历史上看，关于人性的构想已经蕴含于中期斯多亚派的普遍国家原理中了，该原理至少在客观上会引起进步，正如进步理念在其他方面对于基督教之前的古代而言可能很陌生。斯多亚派的那个原理很快就适应了为罗马建立帝国的要求辩护的任务，这就表明，由于进步概念与日渐增长的"能力和认识"的同化而降临到这个概念头上的事情是什么。现有的人性反而被弄得服从于尚未产生的人性，历史直接成为救赎史。这曾是到黑格尔与马克思为止的进步观的原型。在奥古斯丁的《上帝之城》(civitas dei)里进步观与基督的拯救（作为在历史上成功了的拯救）结合在一起；只有一种已获得拯救的人性才得到考察，正如天国的判决凭借这人性配得的恩典而在时间连续体中发生时，这种人性才运行起来。或许晚近有关进步的思维的厄运在于，它从奥古斯丁那里承接了内在的目的论和人性的构想，将它们当作关于一切进步的主体的构想，与此同时基督教救赎论在种种历史哲学思辨中渐渐失色。由此进步理念便在地上之城(civitas terrena)，在奥古斯丁的主张这理念的敌手那里开枝散叶。据说这理念（即便在主张二元论的康德那里也是如此），会依照它自己的原则，依照它的"本性"取得进步。一般而言这种启蒙才刚刚将进步交付到人类手中，并由此将进步理念具体描绘成尚待发展的东西；但在这种启蒙中隐藏着对单纯存在着的东西的乡愿式证实。当拯救没有到来，恶的延续未曾稍减，事情却带上了一层

621

拯救的灵氛。进步论的那样一个无边无际的变体形式曾是不可避免的。正如就基督之后的历史而强求成功的拯救的做法引发了抗议,相反在奥古斯丁对神圣物种的某种内在运行的神学解释中就已经势不可当地进行世俗化的动机。进步本身的时间性,它的单纯概念,以经验的尘世包裹着它;但如果没有这种时间性,尘世进程的邪恶之处尤其会在思想中被永恒化,创世本身会成为一个灵知恶魔的工作。在奥古斯丁那里可以看出进步、拯救和内在历史行程这些理念形成的紧密星群,然而这些理念如果不是相互消灭的话,也不会相互借势。如果进步被等同于作为直截了当的超越性干涉的拯救,它就会带着时间维度损害每一种可理解的意义,再挥发成无历史的神学。但如果它被牵缠进历史中,那就有将历史偶像化的危险,而在对这概念的反思中(正如在现实中一样),则会有一种荒谬的感觉,即阻碍这概念的东西已经是进步了。对一个内在而又超越的进步概念的种种辅助性建构已经在通过名词术语表调校自身了。

奥古斯丁学说的伟大之处在于抢了先。它已经包含了进步理念的所有深渊,并致力于在理论上跨越这些深渊。他的教义结构极为清楚地呈现了进步的二律背反特征。在他那里,正如在康德以来的世俗历史哲学的高度上再次出现的那样,以天国为定向而似乎成为进步的那场历史运动的核心之处已经含有对抗了;那场历史运动在他看来就是尘世事物与天国事物之间的斗争。一切有关进步的思想自此以后都是从历史上愈演愈烈的灾祸的重负中获得其思想深度的。如果说拯救在奥古斯丁那里构成了历史的目的,那么历史并非直接进入拯救,拯救也并非突然降临历史。拯救因为上帝的世界计划而进入历史,而自从初祖犯下原罪以来拯救一直都是与历史对立的。奥古斯丁认识到,拯救和历史这双方没有了对方都不存在,它们也不是相互融合,而是处在某种张力之中,这种张力聚集起来的能量的最终所求不是别的,唯有历史世界本身的消除。然而在灾难的时代还是要想到进步。进步不宜置于本体论的深度,不宜无反思地加给存在,正如衰落一样(这当然是近世哲学家更喜爱说的)。支配世界的善太少了,这样一来仿佛在一个谓词判断中就可以说世界有所进步了,但如果没有进步,也就根本没有善,也没有善的踪迹。如果说依照某种神秘主义学说,世界内的种种事件,直至最微小的行为,对于绝对者本身的存在都极有益处,那么类似的事情无论如何都有益于进步。在迷茫的整体关联中走出的每一小步都还是与这个整体关联的目的相关的。努力挣脱整体关联的东西,打个比方,让人打开眼界的东西,就是好的。作为努力挣脱整体关联的东西,它被牵缠到历史之中,而历史在并未明确以和解①为导向来安排自身的情况下,在它的运动进程中展现出它的可能性。

使进步概念获得生机的那些环节,依照传统惯例来看部分是哲学的,部分是社会的。如果没有社会,对进步的想象就完全是空的;进步的各种要素都是从社会中汲取来的。如果社会没有从采集或狩猎部落向农业进展,没有从奴隶制向主体的形式性自由进展,没有从对恶魔的恐惧向理性进展,没有从贫困向防止瘟疫和饥荒进展,向整个生活条件的改善进展,因而如果人们企图纯粹在空洞哲学的意义上(more philosophico)获得进步理念,比如从时间的本质中苦思冥想出这个理念,那么这理念根本没有内容。但如果一个概念的含义迫使人们过渡到事实状态,那就不应轻视这一过渡的支撑作用。和解的理念本身,依照有限者的标准来看即一切进步的超越性目的,不是从启蒙固有的过程中拆出来的;而启蒙祛除了恐惧,而且在将人设立成有关人的种种问题的答案时赢获了人性概念,这个概念是唯一耸立于世界的内在性之上的概念。进步在社会中依然没有展现出来,并未与社会成为一体;因此当社会存在时,社会偶尔成为进步的反面。一般而言,过去当哲学发挥作用时,它同时也是社会学说;只有当它不加抗辩地移交了它的权力以来,它才必定信誓旦旦地与社会分离开来;它落入其中的那种纯粹性,乃是反映出它的不纯粹性、反映出它与世界夹缠不清的那种坏良心。哲学上的进步概念在于,当这概念表现出社会运动的同时,也与这运动相矛盾。它产生于社会之后,需要与实实在在的社会进行批判的对峙。拯

_____

① 指宗教意义上的救赎。

救的环节虽然一再被世俗化,在它那里却是不可消除的。但它既不能被还原为事实状态也不能被还原为理念,这显示出它自己的矛盾。原因在于,这里的启蒙环节(当该环节平息了对自然的恐惧,在与自然和解时它的大限也就到了)与对自然的支配密不可分。进步的原型(假使进步被迁移到神性之中)就是对人类的外部自然与内部自然的控制。通过这种控制而进行的,在理性的同一律中达到其在精神上最高的反思形式的那种压制,复现了对抗。同一越是被占统治地位的精神设定,不公(Unrecht)就越是降临到非同一性事物身上。不公在对它的抵抗中得以延续。抵抗反过来强化了进行压制的那个原则,与此同时被压制的事物受了毒害还得一瘸一拐着前行。一切都在整体中进展,只不过迄今为止整体还没什么进展。歌德的那句"一切的执着躁动,一切的追寻往复,终将在上帝那里,得到永恒的安息"①总结了这方面经验,而黑格尔关于世界精神的进程、绝对动力学就是一种重返自身之中的活动,甚或世界精神与自身的游戏的那套学说,与歌德的名言极为相近。对于该学说的观点,似乎只需补充一点:每一个整体在其运动中都保持不动,因为它不知道在它之外还有任何东西,存在着的不是神圣的绝对者,而是绝对者的那个被思想弄得面目全非的对立面。康德既没有屈服于这个幻觉,也没有将断裂绝对化。如果说他在其历史哲学最崇高的地方教导说,对抗,即进步被牵缠到神话中,被牵缠到支配自然反遭自然羁绊的局面中,简言之,被牵缠到非自由王国中,凭着对抗自身具有的规律而迈向自由王国(后来由此产生了黑格尔的理性狡计),那么这话的意思不过是,和解的可能性条件就是它的对立面,自由的可能性条件就是非自由。康德的学说立于某个隘口上。它将那个和解的理念构想为对抗性的固有"发展",因为它从自然对于人类怀有的一种意图中推导出这种发展。另一方面,随同自然的这种意图一道被假定的是僵化的教条理性主义,仿佛自然的这种意图本身没有被囊括于发展之中,且因此而改变了它自己的概念(这概念就是将同一性设定下来的精

---

① 德语诗歌名句,出自歌德写于 1827 年的一首讽刺短诗。

神施加于自然的那种强力的反映）。自然概念的静力学是动力学理性概念的功能；动力学理性概念越是祛除它自身带有的非同一因素，自然就越是成为残渣（caput mortuum），这也就使得人们更容易拿那些将自然目的神圣化的永恒性质来装点自然了。除非能将理性归于自然，否则上述"意图"根本不可设想。康德在谈论自然概念的那个地方所作出的那种形而上学用法使得自然概念接近于超验的物自体；在那种形而上学用法中，如同在《纯粹理性批判》中一样，自然总是精神的产物。如果说精神依照培根的计划在其所有层面上都使自然向自身看齐时，是征服了自然，那么精神基于康德的学说又是将自身往回投射到自然之上了（就自然据说是绝对者，而不仅仅是被建构者而言），这是为了争取某种和解的可能性，在那种可能性中却没有留下主体优先性的任何痕迹。在康德最接近和解概念的地方，怀着对抗会在废除中走近大限的想法，出现了对那样一个社会的提示，在那里自由据说"与势不可当的强力结合在一起"。但即便关于强力的论说也提醒人们想起进步的辩证法本身。如果持续不断的压制在催生进步的同时也一再解除进步，那么压制作为意识的解放，一般而言才刚刚令人认识到对抗，认识到全部的蒙蔽，这构成了平息对抗的前提。日复一日相同的生活所产生的进步在于，一个人总算随时都可以开始做什么了。如果说人性的进步让人想起了一个巨人在久远不可回忆的长期睡眠之后慢慢苏醒过来，并冲垮和踩踏挡在路上的一切，那么他的猛然醒来却是成熟的唯一潜力；进步本身也要加以适应的那种受缚于自然的状态，并没有最后的决定权。对进步的追问，长久以来都没有任何意义。只有在自由理念能从中脱颖而出的那种动力学变得自由了之后，这种追问才成立。如果进步（自奥古斯丁以来则是将个人那被嵌入生死之间的、自然的生命进程让渡到类的层面）就像对于命运的指令给星辰划定的轨道的想象那般神秘，那么进步的理念也直截了当是破除神话的理念，冲破了这理念隶属其中的那种循环。进步意味着打破禁令，包括打破本身成为自然的那种进步的禁令，因为人类意识到自己生于自然，并停止他们施加于自然且由以不断经受自然的考验而延续的那种支配行为。就此而言可

625

155

以说，进步是在它终止的地方发生的。

进步的这幅形象（imago）被编码为一个概念，这个概念在今日遭到所有阵营的一致诋毁，那就是颓废（Dekadenz）概念。具有青春风格的艺术家们信奉颓废。这种现象的根据当然不仅仅在于他们希望表达他们自己的历史状态，人们常常认为这种状态属于他们在生物学意义上的病态。在努力以某种形象使这个概念永恒化的时候，富有生命力的——在这里他们也与生命哲学家们达成了深度共识——是那样一种感情，即在这样一幅形象中他们身上似乎预示了他们自己以及世界的毁灭的东西、真确的东西得到了拯救。一个人很难像彼得·阿尔滕贝格①那般简要地说清楚这一点："虐待马匹。这种行为会停止，直到路人气急败坏，以致无法自持，在这类情况下如疯狂一般，在绝望之下做出犯罪行为，将卑鄙下流的马车夫击毙。——再也无法容忍虐待马匹，这是颓废的、神经衰弱的未来之人的举动！迄今为止他们还有一点可怜的能力，即不为这类**身外**之事操心。"[5] 所以当谴责同情的尼采在都灵看到一个马车夫击打他的马时，就崩溃了。颓废乃是预示尚未开始的那种进步的海市蜃楼（Fata Morgana）。关于完满的、抛弃生活的遥远目标的那种（如果有的话）同样很狭隘且固执的理想，曾经充当所有人在其中互利互惠的那种营生具有的虚伪合目的性的反面形象。颓废（décadence）的非理性主义谴责占支配地位的那种理性的非理性之处。对于这种非理性主义而言，离析的、随意的、特权性的幸福是神圣的，因为只有这样的幸福才可为逃脱的状态提供担保；与此同时关于整体的幸福，依照流行的自由主义公式也是关于最大多数人的最大可能的幸福的任何直接的想象，则在那套自我保存的装置（那是幸福的死敌）之上出卖了这种幸福，即便这种幸福被宣称是目标，也是如此。从这种精神出发，阿尔滕贝格认识到，极端的个体化才维持着人类："原因在于，就某个方向上的某种个体性……具有某种合法性而言，它不是什么别的东西，只能是全部属人事物的某种有机发展中的首领、先导，但这种

---

① 彼得·阿尔滕贝格（Peter Altenberg, 1859—1919），奥地利作家。

发展却**阻断了所有人合乎自然的可能发展之路！**成为'**独一无二者**'是
没有价值的,那不过是命运与一个个体玩弄的蹩脚游戏。成为'**首领**'
才是一切！……他知道,整个人类都追随其后！他只由神派遣！……　627
所有人都会成为彻底聪明的、彻底柔和的、彻底可爱的。……**真正的**个
体性便在于**预先独自成为后来所有人**都必定会成为的那样。"[6] 人性
只有作为这种极端的差异化、个体化,而不是作为广泛的上位概念,才
能设想。

　　黑格尔以及马克思的辩证法理论针对涂脂抹粉的乌托邦发布的禁
令,是觉察到了对它的背叛。颓废是那样一个敏感点,在那里意识进步
的辩证法仿佛实实在在被据而有之。谁要是斥责颓废,就不可避免会
采取性禁忌的立场,违反该禁忌构成了颓废的二律背反般的仪式。在
为了维持支配自然的那种自我的统一性而坚持那些禁忌的时候,受蒙
蔽的、无反思的进步的声音发了出来。但进步因此便可能被人察觉其
非理性误区,因为它总是对它所利用的手段施魔,将这手段变成他截割
下来的目的。当然,与颓废对立的立场总是抽象的,而且这还特别给它
带来了可笑的诅咒。那个对立立场直接混淆了幸福的那种它必须加以
坚持的特殊性与乌托邦,混淆了那种特殊性与得到发展的人性,而该立
场本身也被它虽则招认,却也赞美的不自由、特权、阶级统治歪曲了。
依照该立场的理想激发起来的、爱欲方面的支配似乎同时也是王尔德
的《莎乐美》中的那种永久化的奴隶制。

　　进步冲破牢笼的趋势并不仅仅是越来越强的支配自然的那场运动
的他者,并不是对那场运动的否定,而是需要通过对自然的支配本身来
展示理性。只有通过理性这个转入主体之中的社会支配原则,似乎才
能废除这种支配。挣脱的可能性是在否定性的压力之下产生的。另一
方面,希望摆脱自然控制的理性才将自然锻造成它所恐惧的东西。在
辩证的意义上,在严格非隐喻的意义上,进步概念在于,它的工具论,即
理性,是一体的;在于在理性内部并非有一个支配自然的层面和一个和　628
解性的层面并存,而是两者都分有了理性的种种规定。一个环节只有
那样才变为它的对方,即它在字面意义上反映出,理性对自身运用了理

性,并在理性进行自我限制的情况下从同一性的魔力中解放出来。康德无与伦比的伟大尤其经得住考验的地方是,他即便在理性矛盾重重的用法中,即有时是在依照他的术语叫作理论理性、因果机械性理性的那种支配自然的用法中,有时是在判断力的那种和解性地紧贴自然的用法中,也坚守了理性的统一性,并将理性的差异严格迁移到支配自然的那种理性的自我限定中去。对康德的一种形而上学的解释似乎不必将任何潜在的本体论置入后一种用法之中,而是应当将他的整个思维的结构解读为某种启蒙的辩证法,而启蒙的辩证法是黑格尔这位卓越的(par excellence)辩证法家不曾察觉的,因为他心中怀有唯一的理性时,便消除了它的边界,由此也就陷入那样一种神秘总体之中,他认为该总体在绝对理念中"和解"了。进步不仅仅像在黑格尔历史哲学中那样限定了辩证法的范围,它在其概念中也像《逻辑学》范畴那般是辩证的。对自然的绝对支配是绝对受制于自然的状态,而这种进步即便在自我反思的过程中也是很突出的,这是一种将进步去神话化的神话。但主体的抗议似乎不再是理论上的,也不再是沉思性的。关于纯粹理性作为一种自在存在着的、与实践相分离的东西如何起支配作用的想象,也征服了主体,将这主体规制为达到某些目的的工具。然而理性的良性自我反思似乎构成了它向实践的过渡:它似乎洞见到自己是实践的环节;它似乎明白,不应将自己误当作绝对者,它是一种行为方式。进步的反神话特征在缺乏实践行动的情况下是无法设想的,这行动克制自己不落入关于精神自给自足的幻想。因此进步根本不是对可确定之事的什么中立性观察。

　　自古以来以花样翻新的语汇提出进步不存在的那些人,在这里获得了最危险的借口。这借口依赖错误的结论,即因为迄今为止从未发生过任何进步,所以未来也不会有任何进步。相同者冷漠的复归被这借口当作来自存在的消息,这消息必须被听取和被重视,然而与此同时,为那消息声言的存在本身乃是一种神话的暗码,脱离这种神话似乎才能获得些许自由。把对历史的绝望转译成据说必须加以遵守的规范的做法,回响着可鄙的迎接神学上的原罪学说的声调,据说人性的堕落

629

给统治提供了合法性,极端的恶给恶提供了合法性。这种信念有个说法,它以这个说法在蒙昧主义意义上唾弃近代进步理念:进步信仰。那些在平庸的、实证主义的意义上斥责进步概念的人,大部分本身就具有实证主义特质。他们声称那一再消除进步又一再显示出进步的世界进程(Weltlauf)权威地表明,世界规划(Weltplan)无法忍受进步,也会挫败那些不放弃进步念想的人。一派人被卷入自以为是的深度,其代价却是可怕的,自由理念遭到诽谤,因为人们秉持如下思路,即在人类身上失败了的东西,便是在本体论意义上被拒绝给予人类了;在人类有限与有朽的名义下,人类似乎就有了将有限与有朽都当作他们固有事务的义务。对于荒谬的敬畏,似乎应当冷静地反驳道,从投石器到百万吨级炸弹的进步的确是个大笑话,但只有在炸弹的时代才能设想暴力彻底消失的景象。尽管如此,一种进步论还是必须吸纳对进步信仰的种种非议中的可信之处,将其作为对治进步论沾上的神话的解毒剂。最后,对于一种通透的进步论看来,似乎不能说有一种平庸的进步论,这仅仅是因为,对于平庸进步论的嘲讽属于意识形态的看家本领。当然,若论平庸,尽管有孔多塞,18 世纪广遭诟病的进步理念——在卢梭那里人性可彻底完善的理论与人性彻底堕落的理论相伴相生——比起 19 世纪进步理念来还不是那么的平庸。在资产阶级(至少就政治形式而言)受压迫的时候,他们拿进步这个口号驳斥占支配地位的静止状态,他们的激情就是进步的回响。只有当该阶级占据决定性的权力地位后,进步概念才堕落为意识形态,而关于意识形态的沉思将 18 世纪归给意识形态。19 世纪触及市民社会的边界了,那时市民社会无法在其秩序不被消除的情况下,实现它自身的理性,以及它自身关于自由、正义和人道的邻人关爱的理想了。这就迫使市民社会谎话连篇地将被错失的东西当作它已完成的东西。有教养的市民指责没教养的或改良主义的工人领袖说过的谎言,当时实际上是市民护教学的表述。当然,当阴影随着帝国主义一道降临时,市民阶层很快就对上述意识形态及其手段绝望,便虚伪地将进步信仰所驳斥的那种否定性树立为某种形而上学的实体。

谁在回想起泰坦尼克号沉没时谦恭地默默扼腕,因为冰山给了进步思想第一击,那么他是忘记和忽略了,那起通常说来绝非在劫难逃的不幸事件促使人们采取了一些措施,在接下来的半个世纪里防止航运方面出人意料的自然灾害。有一条进步辩证法是,那些本身便是由进步原则促成的历史反弹(还有什么比蓝带之争①更进步的呢?),也为人类找到未来避免反弹的手段提供了条件。进步的那种颇具迷惑性的整体关联越出自身之外了。结合只有它才使得进步范畴有其道理的那种秩序来看,进步就在于其造成的毁坏万不得已时可由其自身的力量加以弥补,而永远不是通过恢复早前成为进步的牺牲品的那种状态来弥补。依照本雅明的比喻,支配自然方面的进步与一种真正的进步逆向而行,后者的目的似乎在于救赎;然而支配自然方面的进步并非全无希望。并非只有在防止终极灾难的时候,毋宁说在实际缓和连绵不绝的苦难的每一种形态中,这两个进步概念都相互关联。

631　　内在性(Innerlichkeit)自认为是对进步信仰的修正。但内在性、人性改良并不能确保进步。在奥古斯丁那里,进步观念(他似乎还不太可能使用"进步"这个词)已经像关于相对于未获救赎的俗世而言的成功救赎的教义要求那般模糊了。一方面,进步是历史性的,按照人类生命分期而成的尘世六个时代,渐次展开;另一方面,进步并不是这个尘世的,并不是内在的,用奥古斯丁自己的话来说是神秘的。地上之城(Civitas terrena)和上帝之城(civitas dei)据说是两个不可见的国度,而且据说无人能说出活人中谁属于这个城,抑或属于那个城;决定这一点的是隐蔽的神恩般拣选,是计划周密地推动历史的那同一个神圣意志。然而依照哈格②的看法,在奥古斯丁那里,进步的内在化已经允许给尘世分配一些权力,因而就像后来在路德那里一样,给人一种基督教在维护国家的好印象。在奥古斯丁那里与基督教救赎史理念融合在一起的

----

① 蓝带(das Blaue Band)是历史上的一种荣誉,授予欧洲与纽约之间的跨大西洋航线上航行最快的船只。

② 卡尔·海因茨·哈格(Karl Heinz Haag, 1924—2011),德国哲学家,阿多诺与霍克海默的学生。

柏拉图式超越性,使得将此岸托付给使进步得以被设想的那个背景性原则成为可能,也使得直到最后的日子——撇开一切历史哲学——才突然恢复原原本本的创世成为可能。这个意识形态的标记一直被嵌入迄今为止的进步内在化进程之中。与之相反,内在性本身作为历史的产物,构成了进步的功能,或构成其对立面。人的特质仅仅构成尘世内的进步的一个环节;今天它当然不是原始环节。"因为尘世内部没有发生任何进步,所以根本没有进步"这一论证是错误的,因为它虚构了处于其历史进程中的直接属人的社会,据说这个社会为人原本的样子立法了。但历史客观性的本质在于,人类制造的东西,即最广义的种种建制,独立于人,成了第二天性。这样上述错误结论就承认了关于人性稳定性(无论这种稳定性被人美化还是令人惋惜)的论点。尘世内的进步的神秘之处在于,正如黑格尔与马克思认识到的,这种进步的发生超出主体的理解,而且依照自己的模样形塑主体;仅仅因为进步没有完全掌握它的客体和它的主体,便驳斥它,这种做法是愚蠢的。要挡住叔本华所谓的自行滚动的大轮,需要的似乎当然是人类的那种并未完全被历史运动的必然性吸收的潜力。因此,关于别开生面的进步的理念如今受阻,这一现象就导致自发性的主观环节在历史进程中开始失去活力。拿孤立的、所谓本体论上的主观自发概念与社会的无限力量相对抗,正如法国存在主义者所做的那样,即便作为绝望的表现,也是太乐观了;能调转方向的自发性无法在社会扭结之外被设想。有一种希望是幻想的、唯心主义的,即自发性此时此地就够用了。只有在看不到希望有任何依据的历史时刻,人们才这样聊以自慰。存在主义的决断论只不过是在世界精神密不透风的总体上的反射运动。尽管如此,这总体也是假象。种种固化的建制,即生产关系,不是任何直截了当的存在,它们作为力量无限的东西反而是由人造就的、可撤销的东西。在它们与它们由其发源并将其包裹起来的主体的关系方面,它们彻彻底底是对抗性的。整体为了不毁灭,不仅仅需要改变,它由于其对抗性本质,也不可能强迫其与否定性的乌托邦所赞扬的那些人合为一体。因此,尘世内的进步,他者的这个死敌,对于他者的可能性其实也是开放的,正如

632

进步无力将这可能性吞入它自己的规律一样。

相反,事情在精神层面,在艺术中,尤其在法、政治、人类学中,就如同在物质生产力中一样活力十足,进展顺利。就艺术而言,黑格尔本人,尤其还有约赫曼①,都说过这一点;后来马克思在如下命题中原则性地表达过上层建筑与下层建筑在运动上的不同步,即上层建筑的彻底变革要慢于下层建筑。很明显,无人惊讶于下面这一点,即与在社会背景下也不无道理地被称作物质性东西者乱糟糟的情形(rudis indigestaque moles)相比,精神这一轻快健动的东西会是静态的。精神分析同样教导人们,意识与客观精神形态赖以为生的无意识是无历史的。一种极为突出的现象,本身在粗犷的分类中被归入文化概念之下,也包含了主观意识的成分,那就是永远对单纯只存在着的东西的一成不变横加责难。但对存在者的责难永远是徒劳的。整体的一成不变,人类对于生活必需品、对于使他们得以维持自身的种种物质条件的依赖,仿佛隐藏在整体固有的动力学背后,隐藏在所谓社会财富的增长背后;这对意识形态有利。然而对于有能力超出这种状态之外的精神这一具有真正动态性的本原而言,它没能成功这一点很好解释,这一点也是意识形态所乐见的。现实表现出向上发展的假象,在根本上(au fond)其实没什么变化。精神就其本身不仅仅是一套僵死装置而言,是花样翻新的;它在徒劳地重复的尝试中冲击头脑,就像隔着窗玻璃飞向灯光的昆虫一样。精神并不像它自我加冕的那样,是他者,是保持纯粹性的超越性东西,它也是某种自然史。由于自然史在社会中作为动力学出现,精神自从爱利亚派和柏拉图以来便误认为拥有了他者,拥有了脱离地上之城(civitas terrena)而沉浸于永恒不变之境的东西,而精神的种种形式(领先于所有这些形式的是潜藏于所有精神事物之中的逻辑)也是依此被剪裁的。在这些形式中赋予精神力量的,乃是精神加以抗拒,然而又难以避免成为其一部分的那种静态东西。现实给精神颁布的禁令阻

① 卡尔·古斯塔夫·约赫曼(Carl Gustav Jochmann, 1789—1830),生活于波罗的海地区的德国评论家,对诗、语言等颇有研究。

止精神飞翔到它自己的概念悖逆单纯存在者而妄想的地方去。作为更柔软也更易逝的东西,精神尤其无力抵抗压制与歪曲。占据超出所有进步之外的进步这一位置的东西,偏离了实际发生的进步,而这一现象又反过来向后一种进步致敬:由于缺乏与后一种进步的种种复杂关联,634 这个占据位置的东西反而表现出这种进步的要素。然而在能够有根有据地评判自为存在着的精神的情况下,当精神大步向前的时候,精神本身总是参与到了对自然的支配中,这恰恰是因为,精神不像它自己想象的那般分离(χωρίς),而是缠绕进它要依照自己的规律离开的那个东西之中。文化领域的一切进步都是物质支配、技术的这类进步。反之,精神的真理内容并非漠不相关的。莫扎特的一个四重奏不仅比曼海姆乐派①的一个交响曲制作精良,而且即便在更加突出强调的意义上,也属于制作更精良、更和谐的。另一方面,需要存疑的是,通过透视技法的展现,文艺复兴盛期的绘画是否真正超过了所谓的原始绘画;最好的艺术作品比起第一次产生艺术作品时(突然出现,一旦在技术上可掌控便消失),在支配物质方面是否真的完备一些。在艺术领域,物质支配方面的进步绝非直接与艺术本身的进步合一的。然而如果人们在文艺复兴早期驳斥透视法,为金色底子的镶嵌画辩护,那么这种做法就不仅仅是反动的,而且在客观上是不真实的,亦即违背了自身逻辑的要求;只有在历史中,进步的复杂关联才同步展现。长远而言(A la longue),在精神产物的长久持存中,这些产物的品质、最终它们的真理内容是可以超越它们每每具有的弊端而传承下来的,但这本身是凭借进步意识的某个进程而发生的。在辩证法家黑格尔和马克思这里还依稀可见的、关于希腊人的典范性本质的观念,不仅仅是教化传统的一个尚未消解的残余,而且是在一切质疑声中依然余留的某种辩证洞见的积淀。艺术(在精神领域中很难说只剩下艺术)要表现出它的内容,必须借鉴越来越强地支配自然的做法。然而这样一来,艺术还是在暗地里抵制它

---

① 早期古典音乐时代最重要的音乐流派,由当时聚集在曼海姆地区的艺术家们构成,成立了最早的交响乐团,当时闻名欧洲。

635 想表达的东西;艺术远离了使它无言也无意识地反对越来越强地支配自然的东西。这可能有助于说明,为什么所谓的精神发展的表面连续性常常发生撕裂,而且是在(如果有的话)经常由误解带动的关于回返到自然的口号下进行的。与其他环节一道,社会性环节尤其对如下现象负有责任,即精神恐惧它自身的发展内部的矛盾,而且(当然是徒劳地)试图通过回归到它已远离且因此误认为是不变的东西上去,来纠正这种矛盾。

或许"某种进步既存在,又不存在"这一吊诡现象在哲学中要比其他任何地方都更加强烈,而哲学是进步理念本身安家的地方。从某种本真哲学(通过批判)向另一种哲学过渡的势头越迫切,如下主张似乎总是越可疑,即在柏拉图与亚里士多德之间、康德与黑格尔之间,甚或在整个哲学通史中,有过某种进步。但在这一点上负有责任的,并不是所谓的哲学对象(即真正的存在,这种存在的概念在哲学史上无可挽回地消解了)的不变性,然而似乎也不应为某种审美式哲学观辩护,那种哲学观将让人印象深刻的思想建筑甚或名声不好的大思想家摆得比真理更高,而真理与种种哲学形态内部的封闭性与严格性绝不是一回事。那样一种判决完全是法利赛式的和虚伪的,即哲学的进步使其脱离了劣质哲学用口号喊出的那种关切:那口号似乎使得需求成了真理内容的保障。毋宁说,必不可少又颇为可疑的进步构成了具有特定主题的东西的边界,而这边界是由理性原则设立的,若是没有这原则,哲学便无法设想,原因在于,若是没有这原则,什么都无法设想。一个接一个概念跌入神秘的阴间。哲学与科学共生;如果不是凭借独断论,如果不是最终落入到神话中,哲学是不能宣布摆脱了科学的。但哲学的内容要表达的似乎是从科学、劳动分工、自我维持的营生的种种反思形式上被耽搁的或被切除的东西。因此哲学在进步的同时也远离了这进步原本奔向的目标;哲学将科学装置打磨得越好,哲学所感受到的经验的力636 量便越弱。哲学作为整体所完成的运动就是它的原则的纯粹自相等同。哲学总是以它唯独凭借自我反思才把握到的和能把握的东西为代价,通过这种自我反思哲学才抛弃单调直接性的立场——用黑格尔的话来说就是反思哲学的立场。哲学的进步是个笑话，因为这种进步越是紧密地配置论证的整体关联，各样陈述越是无懈可击，这种进步便越是成为同一性思维。这种进步以一张网将种种对象连接起来，这张网在填补它本身所不是的东西的漏洞时，信心满满地代替事情本身为所欲为。当然，与社会的种种实实在在的退化趋势相呼应的是，最后似乎还是要对哲学的进步复仇的，正如它过去也不曾是一种进步。假定从黑格尔到逻辑实证主义者（他们认为前者晦涩无聊，将其搁置一旁）有一种进步，这便徒增笑柄。即便哲学，在狭隘科学化（如果可以的话）和否认理性（如果可以的话）的过程中也不免陷入反动，而反动自然不如遭到恶意嘲弄的进步信仰了。

在创造了进步概念的市民社会中，彻底的进步与对进步的否定的汇聚，在原则上源自交换。进步是神秘的恒等（Immergleichheit）的理性形态。在每一次等价交换中，一个行为扣去另一个行为，差额就得出来了。如果交换是公正的，就不会发生任何新事，事情一仍其旧。但与此同时，关于进步的那种与上述原则相冲突的主张，就等价交换学说是谎言而言，还是正确的。从一开始，而根本不是到了资本主义在商品劳动力（Ware Arbeitskraft）交换中占取剩余价值以抵消再生产成本的时候，社会上更强大有力的那一方就比另一方获益更多。由于这种不公正现象，在交换中就发生了某种新情况，显示出自身的静力学的那个进程就成了动力学进程。扩大生产的真理靠等价交换的谎言维持。在整个体系中，各种社会行为必定相互抵消，然而这事又没有发生。在市民社会满足它对自身的构想时，它看不出任何进步；当它看出进步时，它就违反了它的规律（而这种干犯已经蕴藏于这规律中了），也凭着非等价交换使不公正现象永存（进步本应克服不公正现象）。但不公正现象也是可能的正义的条件。交换契约若是一再遭到破坏，它的实现就相当于它的废除；当真正等价的东西被交换后，交换似乎就消失了；真正的进步并非只是不同于交换的另一桩事，它反而是实至名归的交换。马克思和尼采这两个互为对跖的人都是这样认为的；查拉图斯特拉假定，人因仇恨而得救赎。原因在于，仇恨是交换的神秘原型；就仇恨被

637

交换支配而言,神话也在起支配作用。——在交换关系中,市民工业制度之下的进步形象(imagines)表现出恒等现象与新事物的交叠。因此在双方那里发生一种吊诡的现象,即一般而言还形成了它们之外的其他因素,而它们则会过时,因为凭借技术,交换原则的恒等性攀升到对生产领域里的重复进行支配的地位。生命进程本身在表现出恒等性的过程中僵化了:因此才有了19世纪以及20世纪早期就发生过的对摄影感到震惊的现象。堪称荒谬大爆发的是,在现象说不会再发生任何事情的地方,恰恰发生了什么;这东西的特征变得十分可怕。系统的荒谬之处集中涌现出来,令人惊惧,这个系统越是扩张,便越是固化为它向来是的东西。本雅明称作静态辩证法的东西,很可能不是某种柏拉图化的倒退,而是在哲学上令人知晓这类吊诡现象的尝试。辩证的形象乃是静态与运动的那种规定了最普遍的市民进步概念的对抗性统一在历史—客观意义上的原型。

黑格尔和马克思已证明,关于进步的辩证观点需要修正。这种观点教导的动力学不是被当作直截了当的动力学,而是与它的对立面,即与唯有在其上才能看出全部动力学的某种固定的东西一道被设想的。638 批评关于社会朴实性的一切观念都是拜物教的马克思,反对拉萨尔的《哥达纲领》,在劳动学说中同样也否认动力学的绝对化是社会财富的唯一源泉;他还看到了堕回野蛮状态的可能性。可能并非偶然的是,黑格尔尽管对历史作出了著名的界定,并没有一套详尽的进步论,而马克思本人似乎避免使用"进步"这个词,即便在《政治经济学批判》"序言"的那个经常被引用的纲领性文段中,也是如此。关于概念物神的辩证的禁忌乃是处在自我反思阶段的反神话式启蒙的遗产,这禁忌也扩展到了此前曾瓦解物化现象的那个范畴上,扩展到了进步上,因为进步一旦作为个别环节篡夺整体时就会欺骗人。进步的物神化强化了它的特殊性、它在技术方面的局限性。如果进步真正掌控整体(进步的概念就带着强暴的特征),它就不会具有总体性了。进步根本不是什么终结性的范畴。它希望抵制根本恶的获胜,而不是在其自身获胜。可以想象进步范畴失去其意义的状态,然而那种状态却不是当今与进步相伴相生的那种普遍倒退的状态。然后进步就演变为对倒退的持久威胁的抵制了。进步便是在所有层面上进行这样的抵制，而不是投身到各层面的进程中去。

注释

［1］Kant, *Samtliche Werke*, Bd.1：*Vermischte Schriften*, hrsg. von Felix Gross, Leipzig 1921, S. 225. ("Idee zu einerallgemen Geschichte in Weltbürgerlicher Absicht")

［2］同上书，S. 229。

［3］Walter Benjamin, *Schriften*, hrsg. von Theodor W. Adorno und Gretel Adorno unter Mitwirkung von Friedrich Podszus, Frankfurt a. M.1955, Bd.1, S. 502.

［4］同上书，S. 502。

［5］Peter Altenberg, *Auswahl aus seinen Bächern*, von karl kravs, wien 1932, S. 122 f.

［6］同上书，S. 135 f.

论 名 流

　　在反思名流时最好的做法或许是从我自青年时代以来便已怀有的一种厌恶之情说起，我猜想这种厌恶之情在我这一代知识分子中曾相当普遍。笔触，甚至早先连舌头都已经在抵制一个词了，这个词人们除了以讽刺的方式滑稽地模仿之外，很难以其他方式使用了。在围绕名流概念形成的官方层面，反感之情也是有的。名流过去是一些有勋章和绶带的人，是佩戴着一战前的一首慕尼黑小调嘲讽过的那种绳结的委员。这个词汇表现出装腔作势、傲慢自大、自命不凡。名流是那样一些人，他们指望着死后在他们墓前发表的演讲过活，散布一种能办大事的假象。他们成功地使他们在外围造成的社会影响有利于自己，仿佛有时候证明了前述假象的正确似的（有人在世界上做到了这一点），仿佛这假象的后果与其自身的本质必然合拍似的，然而此时这假象首先激起的是人们对这本质的怀疑。卡尔·克劳斯揭露过一些新闻工作者的可鄙的习惯，那些人写道，公众无关紧要，名流的集会才是重要的。经此种种之后，当人们听到名流的消息，比如听到公众生活中一位名流的消息，就羞得要钻到桌下去了。

　　倘若存在着某种哲学词汇史，那么这部历史在名流这个词语及其含义变迁上当仁不让。谁若是将这个词的兴盛（同时也是它的衰落）回溯到康德，准不会错。在《实践理性批判》探讨实践理性动机的第三章①

---

① 见该书第一部分第一卷第三章（"纯粹实践理性的动机"）。

里,重点谈到了人格性①,而康德此后一直强调它。依据康德,人格性
不是别的,正是"对整个自然的机械作用的自由和独立,但同时被视为 640
一个存在者的能力,这个存在者服从自己特有的,亦即由他自己的理性
所立的纯粹实践法则,因而人格作为属于感官世界的,就其同时属于理
知世界而言,服从于它自己的人格性;因为不必奇怪,人作为属于两个
世界的造物,必须不是以别的方式,而是崇敬地在与他的第二个和最高
的使命的关系中看待他自己的本质,并以最高的敬重看待这种使命的
法则"②。个人(Person)与人格性(Persönlichkeit)并不相同。但涉及后
来名流们争抢不休的那类仰慕与敬重的东西,绝非意味着这些在变质
的意义上实际上出众或自以为出众的人,而是在事实上活生生的人格中
体现出来的普遍原则。康德在原原本本的意义上尊重"人格性"这个词
的语法形态。尾音节"keit"③指某种抽象东西、某个理念,而不是个体。

　　然而由于这个普遍东西,即伦理自由,虽说属于理智的、精神的世
界,而不属于经验性个体的感官世界,但只在感官世界中呈现出来,所
以康德的那个人格性概念就与日益高涨的市民个体主义一道堕落,并
被安到个人头上,依照康德自己的区分,那些人是通过价格(Preis),而
不是通过尊严(Würde)规定自身的。为了某些外部和内部的性质起
见,个人据说慢慢就会直接成为在康德那里只有经过他内部的人性原
则中介后才会有的东西。康德对于人性原则的赞美,由个人沾沾自喜
地得到了。人们并非像康德可能认为的那样,具有人格性,而是人本身
就是一种人格性④;代替每个人内部的理智性特征、变得更好的可能
性、经验性特征、依其如今被造就的样子这般的人被设定下来,而且成

---

① 在康德那里,人格性是人的道德性成立的关键依据。我们依据这个词
　　(Persönlichkeit)在康德那里的含义,在翻译上遵照国内通行译法("人格性")。正如
　　阿多诺所展示的,其词义在当代已经演变为"名流",在表示当代含义的地方,我们改
　　变了译法。
② 译文取自李秋零译本。参见康德:《实践理性批判》,李秋零译,收于康德:《康德著作
　　全集》第5卷,李秋零主编,中国人民大学出版社2007年版,第93页。
③ 指德文"Persönlichkeit"(人格性)的尾音节。
④ 指当今自居为名流的那些人不是向人格性的普遍原则去努力,而是认为自己现成地
　　已经是高尚的人格性了。

了物神。出自《西东合集》①里《苏莱卡篇》的那个著名的段落标志着这个发展过程的一个隘口。"尘世之人最高的幸福/莫过于人格性",情妇说道。她将自身性(Selbstheit)设定下来,人们无需"惦念"这自身性②,她提出的要求是,"人要一仍其旧",像个男人和情人那样。但这里歌德并不听任其便。他,哈特姆③,回答她说,他发现最高的幸福似乎不在人格性中,而在情人苏莱卡身上。她的名字使他幸福喜悦,要胜过人格性的抽象同一性原则。歌德强调了同时代的那个尤其是依照他来塑造的人格性理想,为的是在想起本性被压制时再将它取回。

名流的标准具有普遍的力量和权力,对人们具有支配力,倘若名流凭借其地位取得了支配力,倘若名流,比如由于特别的权力欲,依照人们的行为和他们的所谓辐射而获得了支配力。在"名流"这个关键词中默默地被一同想到的是强悍人格。但强悍作为使他人顺从自己的能力,与一个人的品质根本不是一回事。当强悍被归结为伦理现象,语言用法和集体意识就屈从于资产阶级的成功宗教④了;同时在表面上似乎还确认了,上述品质反映一个人的纯粹本质,还是康德学说追求的那种伦理品质,康德学说即以该品质为目标。一个人在康德伦理学中发挥其伟大而又并不彻底明确的功能,在这个人自身中具有的品格、具有的紧密统一性这个概念中,已经为这里的过渡作好准备了。被夸赞为名流的那些人,必定根本不会是重要的、就其自身而言⑤富有的、千差万别的、有创造力的、极为聪慧的或真正善良的。真正算个人物的那些人,常常与对人们的支配力无缘,而支配力正是名流概念中让人想起的东西。强悍的名流常常只不过是善于影响别人,是一些长袖善舞的人,野蛮而又精巧地占有他们力所能及的东西。19世纪的社会在名流理想中将它自己的错误原则捧上了天:据说正派的人是与社会并驾齐驱,

① 《西东合集》(West-östlichen Diwan)是歌德著名诗集。
② 指人本身就是自身性,无需像惦念身外之物一样若有所失。
③ 哈特姆(Hatem)是歌德为自己虚构的阿拉伯风格的笔名。
④ 成功宗教(Erfolgsreligion)指资产阶级对成功的无限崇拜。
⑤ 指就其自身的人格而言。

依照将社会最紧密团结起来的那个规律来约束自己的人。

这种名流理想在其传统的、高度自由主义的形态下是没落的，而对于这个词的使用的反感之情则在社会上相当流行；比起1910年的节庆演说来，人们触及这一理想的次数肯定少得多了。说到货真价实的名流，人们还能联想到的不过是人们在大酒店厅堂里看到的那一类外貌俊朗、面孔漂亮而受追捧的先生；很难说那是总经理还是大堂经理。他们当中真正具有支配力的那些人，肯定都有幸利用了他们自身的公众知名度（publicity）。他们徜徉踱步，仿佛是他们自身或他们的企业集团的一张名片，与经济的发展相一致，而经济的发展又整合了此前分离开的生产、流通以及（如今天所说的那样）宣传的层面，将这些层面置于一个公分母的地位上。对于不属于过去的人格性的、不属于过去人们想象中的人格性的那些人，对于电影和摄影术中的偶像，人们根本不再要求其具有人格性，人格性几乎是起干扰作用了。如果英美国家的人们说某个人真是有个性（quite a character），这话的意思根本不友好。他不够圆滑，是一个怪胎，一个滑稽的残留物。谁若是抵制无所不在的适应机制，就再也不会显得更能干了。由于他并未通过适应实现自我保存，他就被看不起：他成了畸形的、残废的、孱弱的人。

在当前条件下，几乎不可能像旧的教育意识形态希望的那样，苛求某个人具有某种人格性；在过去，对于一位清洁女工而言，这样的要求总已经是很过分了。某种人格性的展现本身相当可疑地为它专断的自主性留下的社会空间，再也不存在了，很可能连在事务与管理上发布命令的高度也达不到了。人格性概念恶有恶报，因为它曾将人性理念对接到一个人"是这样而不是别样"的层面。人格性不过就是它本身的一个面具。贝克特在《终局》一剧中的哈姆这个形象身上演示了这一点：人格性就像个傻瓜。

因此，对人格性理想的批判终究就像这个理想本身过去表现的那样扩展开来了。因此那些希望站在时代前沿的教育学理论的不可动摇的一部分就在于，将洪堡那种有关得到全面发展和全面塑造人的，即有关人格性的教育理想打发掉。既然这种理想不可能实现（假设这种理想本应当实现的话），一种规范就在不经意间产生了。不可能出现的东西，也就不应当出现。对人格性的空洞热情的反感出现了，那种热情代表着自以为脱离了意识形态的实在性意识，致力于为普遍的适应服务，仿佛普遍的适应不无辩护地已经到处得胜了似的。在这一点上，洪堡的人格性概念绝非只是个体崇拜，个体就像植物一样，应当浇灌，才能茂盛生长。因此当他坚持康德"在我们人格中的人性"理念时，他至少没有否认同时代人歌德与黑格尔个体学说的核心思想。对他们所有人来说，主体并非通过纳喀索斯式地回转到自身的那种自顾自的做法，而是通过外化，通过投身于它身外的东西之中，才成全其自身的。在洪堡的残篇《人类教育理论》中是这样说的："只不过因为他的思维和他的行动者双方只有凭借第三方，即只有凭借对某种东西的表象和加工才是可能的，因为他真正的独特标志是能成为非人，也就是能成为世界，他才试图尽可能地抓住世界，也尽可能地将世界与自身结合起来。"要将这位伟大又宽和的作者硬塞进教育问题的替罪羊这一角色中去，除非忘掉他不同的学说才行。

考虑到落井下石者会露出阴险的表情（那些人如今沾上了名流概念，甚至可能包括每一个并未全心全意接受社会上对于专业人士的要求的人），走向衰落的东西及其形象（imago）还是披上了和解的余晖。极为可疑的是，不会再存在的东西，既然没了，也不可能存在了，还含有改善的潜力。由于人格性贬值为某种老气过时的东西，心理学上的倒退得到了促进。据说自我的教养受到阻碍（说得更明确点，这总是自我形塑的社会的趋势）是高级现象，是值得促进的。自主性、自由、抵制方面的环节被牺牲了，这方面的环节（可能在意识形态的意义上已经相当堕落了）曾在人格性理想中发生共振。人格性概念无可救药。然而在清除它的时代，它那里似乎还有某种因素值得保存：个别人委身于盲目践踏他的东西的力量（这个人若是认同那东西，也是同样盲目的）。这个值得保存的因素绝不是在已然社会化的社会内部的一片未被塑造的天性保留地。社会毫无节制的压力恰恰使得未被塑造的天性不断重新冒出来。自我的力量（这力量有消失的危险，先前被歪曲为一幅专横形

644

象后曾被包含于人格性理想中)乃是意识、合理性的力量。合理性在本质上致力于考察事物的实在性。在个别人内部,它顶替了实在性、非我,同样也顶替了个别人自身。个别人只有通过在自身内接纳客观性,并在某种意义上,即有意地,适应这种客观性,才能抵抗它。以往堂堂正正地叫作人格性的东西的喉舌,后来成了批判的意识。这喉舌也穿透了在人格性概念中顽固僵化了的那种自身性。

关于一个正派的人的概念,至少可以说一点否定性的话。他似乎既不仅仅是某个整体的单纯功能(那整体如此彻底地强加于他,使得他再也不能与之区别开来),也没有固守其纯粹自身性;这些现象恰恰就是糟糕的质朴性形态,这种形态总是在延续。如果他是一个正派的人,他便不再停留于人格性,但也并非不受人格性束缚,绝非单纯的反射光束,而是第三束光。这束光在诗人的荷尔德林式幻象中闪闪发亮:"既如此,那就坦坦荡荡地/穿过生活,无所畏惧!"

休　闲

　　对于休闲的追问，即人们休闲时干什么，休闲的展现提供哪些机遇，是不可抽象普遍地提出的。这个词（顺便提一下，这个词是新近才产生的——过去人们说的是"清闲"，而且那是宽松生活才有的某种特权，因此照内容来看也是某种异质的东西、更加充满幸福的东西）指向的是某种特定的差别，即与非自由的时光①、与被工作填满的时间，而且还可以补充说，与受异己力量规定的时间有别。休闲与它的对立面绑在一起。这个对立面，即它出现于其中的那种关系，赋予它本身一些本质特征。由此扩展开去，在更关乎原则的意义上说，休闲会依赖于社会的整体状态。但这种整体状态一如既往地将人们约束在某种禁令下。无论在工作方面，还是在意识方面，他们实际上都不能自由支配自身。甚至连那些以角色概念为秘诀的、妥协性的社会学，就借自戏剧的角色概念显示出下面这一点而言，都是承认上述现象的：社会强加给人们的生存状态与他们本身实际具有的或能具有的状态不是一回事。当然，人们本身和他们所谓的社会角色决不可简单割裂开来。这些角色的触角深入到这些人本身的特质、他们的内部结构上。在达到真正空前绝后的社会整合的时代，很难弄清楚人身上除了功能方面的规定之外还有什么别的东西。这一点对于追问休闲非常重要。它无异于表明，哪怕当禁令松弛，人们至少在主观上确信可以如愿行事的时候，这

---

① "休闲"（Freizeit/die freie Zeit）原文字面上是"自由时光"。

意愿也恰恰是由他们在无需工作的时候希望摆脱的东西塑造的。看似
合适对待当今休闲现象的那种追问,问的很可能是,在劳动生产率越来 646
越高的情况下,然而也在长久不自由的条件下,因而在人们天生所处的
且一如既往决定人们生存规则的生产关系下,休闲能产生什么结果。
如今休闲也大大增多,似乎是多亏了在经济上还根本没有得到充分利
用的原子能与自动化领域的种种发明,休闲才得以大量增加。倘若人
们试图回答这个问题,又无需在意识形态上作什么保证,那么有一种嫌
疑便挥之不去,即休闲转变成它自身概念的反面,成为对这概念的滑稽
模仿。在休闲中,不自由状态在延长,而大多数不自由的人根本不知道
他们的不自由状态本身究竟如何。

为了阐明这个问题,我想举我自己的一次微不足道的经验为例。
在采访和调查中,人们总是被问到有什么爱好(hobby)。当画报报道文
化工业的大人物中的某一位时(谈论这些大人物本身又成为文化工业
的一项主要工作),势必会就当事人的爱好(hobbies)说一些多多少少
令人舒适的话。如果这样的问题也冲着我来,我会感到惊恐的。我没
有任何爱好(hobby)。这倒不是因为我仿佛是个工作狂,仿佛除了努力
做工作狂必定会做的事情之外,什么也不知道做。但对于我在我的正
式职业之外从事的事情,我全都是极为真诚的,以至于那种认为彼时仅
仅涉及爱好(hobbies),因而仅仅涉及我只是为了打发时间才愚蠢地痴
迷其中的一些活动的观点简直要令我震惊了,倘若我反对野蛮的那些
显而易见的表现形式的经验没有锤炼过我的话。制作音乐、聆听音乐、
专心阅读是我的定在的一个固有环节,"爱好"(hobby)这个词仿佛是对
这些活动的嘲讽。反过来看,我的工作,即从事哲学与社会学方面的生
产,在大学从事教学,迄今为止在我看来都是极为幸运的,这使我不愿
意像流行的那种尖锐的划分要求于人的那样,将它与休闲对立起来。
当然,我十分清楚,我是作为一个幸运儿在说话,这里有相当大的偶然 647
性和罪责;我是作为一个获得了本质上依循自己的意愿挑选和安排其
工作这一罕见机会的人在说话。尤其是因此我在周密测定的工作时间
之外做的事情,一开始就没有与工作完全对立。倘若休闲真的成为那

样一种状态,即原本优先要做的事情做出来了对其他人也都有益无害(在这方面市民社会比封建社会更成功),那么我就要依照我在自己身上看到的模式想象休闲了,尽管这种模式在生活局面发生变化的情况下也会发生变化。

只要人们采纳马克思的那个思想,即在市民社会里劳动力成了商品,因而劳动也物化了,那么爱好(hobby)这个术语便落入下述吊诡境地,即前述状态作为物化的反面,作为一个完全协调的总体系统中直接生活的保护区,如同劳动与休闲之间的僵硬边界一般,是被物化了。在这边界上,依照利润系统建立起来的社会生活的种种形式都得以延续。

在"休闲业务"这个术语中含有的反讽已被彻底遗忘,就像人们严肃对待娱乐业(show business)①一样。众所周知,但并非不真实的一点是,像旅游和野营这类特殊的休闲现象是为了利润而被发动和组织起来的。同时,工作与休闲的区别作为规范被引入人的意识与无意识。由于依照流行的职业道德,劳动之外的时间应有助于恢复劳动力,不劳动的时间恰恰由于只是劳动的附属物,便被人以清教徒式的勤奋劲头从劳动那里割裂开来。这里人们撞见的是带有市民性格的行为模式。一方面,人们应当集中精力于劳动,不要分心,绝不可胡闹;工资劳动曾以此为基础,而工资劳动的诫命也深入人心。另一方面,休闲(或许是因为此后人们能更好地劳动)不宜在任何事情上让人想起劳动。这便是许多休闲事务显得很愚蠢的理由。当然,私底下那些来自劳动(人们并未将它放手)的行为方式还会像走私品一样被偷运进来。过去在孩子们的学校成绩单上曾有一些需要留意的附注。与此相应的是长辈们在主观上或许还十分善意的那种忧虑,即孩子们在休闲时不可太过用功:不要读太多书,晚上不要点灯太久。在这背后,父母暗地里嗅到的是精神的无法无天,或许还有对不能与生活中的合理安排合拍的娱乐活动的坚持。反正一切混杂的东西、没有清晰工整地区分开的东西在居于支配地位的精神看来都是可疑的。生活的简单二分赞赏的是一种

---

① 指人们把表演的东西当真,遗忘了它的表演性质。

几乎完全征服了休闲的物化。

人们可以在爱好意识形态(Hobby-Ideologie)上简单阐明这一点。如果说"人们有什么爱好(hobby)"这个问题不言而喻,那么这里无疑也预设了一点,即人们必定有某种爱好;在与休闲事务提供的选项一致的那些爱好(hobbies)之间,也尽可能地作了某种选择。有组织的自由是强迫的:你要是没有任何爱好,没有任何休闲事务,就太可怜了;那样你就是一个投机钻营的或古板过时的人,一个怪胎,还遭到社会嘲笑,而社会则把你据说应有的休闲强加给你。这种强制绝不仅仅是某种外来的东西。它在功能体系中施加于人的需求上。露营——老一辈人在从事青年运动时热爱露营——曾充当对市民的无聊生活与按部就班的抗议。在双重的意义上,人们希望挣脱出去。"在自由的夜空下"(Unter-freiem-Himmel-Nächtigen)①这一说法便是信誓旦旦地在保证,人们离家出走了,摆脱了家庭。当青年运动成为过往,这一需求便被露营工业截住,也被它制度化了。露营工业并不能迫使人们购置帐篷和房车,以及数不清的辅助器具,并不要求人们在那之后做什么;但他们自己对自由的需求是被功能化了,是被商行扩大再生产了;他们想要的东西,会再次被强加于他们。因此自由就极为顺利地被吸纳了;人们没有注意到,当他们感到最为自由的时候,他们是多么不自由,因为这类非自由 649
状态的规则不由他们说了算。

如果与工作概念有别的休闲概念如其至少符合某种较老旧的、现今可能已经过时了的意识形态那般被严格接受,那么休闲就带有某种无聊的东西——黑格尔似乎说过:抽象的东西。非常典型的是那样一些人的行为,他们在阳光下晒成褐色,只是为了得到褐色皮肤,而且即使阳光直射之下瞌睡的状态根本不快乐,很可能令身体不舒适,在精神上也使人迟钝,也还是要那样做。商品的物神特征蔓延到褐色皮肤中了,那褐色皮肤往往非常漂亮,那是人本身;人本身成了物神。关于一个姑娘由于有褐色皮肤就在色欲方面特别有吸引力的想法,很可能只

---

① 可能是青年运动时期人们对露营的一种流行的描述。

是一种理性化操作。褐色本身成了目的，比情调更重要，而褐色原本应该引诱出情调的。如果职员们休假回来，没有得到必不可少的肤色，他们就确信同事们会挖苦般问道："那么您是根本没休假喽？"在休闲中滋生的拜物教受制于追加的社会监督。美容工业以其压倒性的和逃无可逃的宣传助长了休闲，这就像听天由命的人抑制休闲一样不言而喻。

在瞌睡状态下，休闲的一个关键环节在当前条件下达到了顶峰：无聊。对于人们保证假期旅行和休闲时的例外状态会创造的奇迹（这类奇迹却是不会从日日重复的常规状态中冒出来的，即便在这里也不会冒出来）幸灾乐祸的嘲讽也是不遗余力；事情不会因为在远距离外发生便不一样了，正如波德莱尔的厌倦（ennui）一样。对于牺牲的嘲讽通常与导致牺牲的那些机制相伴相生。叔本华早就表述过一套无聊理论。依照他在形而上学上的悲观主义，他教导说，要么是人类因其盲目意志带来的无法满足的欲望而痛苦，要么感到无聊，直至无聊被消除。这套650理论极好地描绘了人们的休闲在那样一些条件下会成为什么样，康德那时会称之为他律的条件，而当今的人们在新式德语中往往称之为异己规定性；即便叔本华那套将人类看作自然的工业制品的高傲话语，在玩世不恭的同时也触及具有商品特征的总体实际上使人成为的样子。愤怒的玩世不恭让人们得到的总是荣誉，而不是庄严的保证，即保证人类不会丢失主心骨。尽管如此，叔本华的学说不可坐实，不可视作绝对有效的，不可尽可能地视作人类原始特质。无聊是劳动压力之下和严格劳动分工之下生命的功能。它似乎必须消亡。什么时候休闲时的举动总是真正自主的，总是由自由人自行决定的，无聊就很难出现了；当他们坚持不懈地依循其对幸福的渴求生活时，正如他们在休闲的行动自身便意义充沛的时候一般，无聊就很难出现了。装傻也不必真傻，这可以作为免除自我监督的状态而被幸福地享用。如果人类能决定自己和自己的生活，如果他们不是被嵌入日复一日的状态，就一定不会无聊了。无聊是客观世界中的灰色的反映。这种情形与政治上的麻木不仁类似。无聊最有力的根据是群众的那种绝非没有道理的感觉，即他们通过参与社会为其提供回旋余地的那种政治，根本不能改变他们的实际生活,而且在世上所有系统中都不能改变。政治与他们自身利益之间的整体关联是他们看不透的,因此他们就从政治活动面前退缩了。合理的或神经官能上的无力感乃是无聊所固有的:无聊是客观而言的绝望。但同时也会表现出社会的总体状态使人类遭受的种种畸变。最重要的畸变很可能是对幻想的诋毁与幻想的收缩。幻想既被怀疑是性欲上的好奇感和对禁物的渴求,也遭到那样一种科学的精神的怀疑,那种科学根本不配称为精神。谁若是希望适应这局面,就必须日甚一日抛弃幻想。大多数情况下,他可能在早期儿童经验残缺不全的情况下,就压根没形成幻想。被移植和托付给社会的无幻想状态使得人类在休闲时手足无措。民众应该用他们现在掌握的大把休闲时光干什么这个无耻的问题——仿佛休闲是某种施舍,而根本不是人权——便基于这一状态之上。事实上人们用他们的休闲时光很难做什么,这一点的缘由在于,他们预先就被去除了能使他们在休闲状态下充满快乐的东西。就此而言休闲状态是用来拒绝和污蔑他们的,即污蔑他们根本不再有休闲的能力。那种由于浅薄而遭到文化保守主义怜悯或羞辱的消遣,正是他们所需的,以便恢复劳动时间的紧张节奏,而这紧张节奏又是得到文化保守主义的辩护的社会机构对他们的要求。尤其因此,他们才被束缚于他们的劳动和驯服他们适应劳动的那个体系上(驯服之后这体系在很大程度上似乎已不需要劳动①了)。

在居于支配地位的那些条件下,期待或要求人们在休闲时做出什么有创造力的事情,似乎荒谬又愚蠢;原因在于,创造力,即创造出现今没有的东西的能力,已被驱离他们了。那么他们在休闲时要说能产生什么东西,也不过就是那样一种可疑的爱好(hobby),即模仿诗作或画作,而在难以废除的劳动分工之下,其他人可能比休闲人士模仿得更好。他们创造的东西有多此一举的成分。多此一举的色彩扩展到作品的低劣品质上,而这低劣品质又败坏了此事的乐趣。

休闲时多此一举又无意义的活动也被社会整合了。某种社会需求

---

① 可能指驯服人们为之劳动之后,这体系不需要为劳动操心了。

再次一同起作用了。某些劳务形式（尤其是女仆这种形式）逐渐消失，供不应求。在美国，只有真正富裕的人才雇得起女仆，欧洲紧随其后。这就促使许多人从事先前托付于人的下属性活动。与此相关，"自食其力"（Do it yourself）的口号成了实用的建议；当然这口号也与人们对于给他们减轻负担的某种机械化的嫌恶之情相关，同时他们并未将机械化用到赢得的休闲时间上——而这里引起争议的并不是机械化这一事实，而是对它的流行解释。因此他们又提起了特种工业方面的兴趣，兴致勃勃地要自食其力，而其他人原本可以为他们把这事做得更好也更简单，正因此他们自己必定深深地鄙视这事。此外，市民意识极为古老的一个层面所固有的一个特征是，人们可以将劳动分工的社会里为劳务支付的货币储存下来，出于固执的私己利益而罔顾下面这一点，即整个传动装置①都是通过各种专业化生活技能的交换才得以维持的。威廉·退尔，某种乖僻人格的残暴原型，宣布斧斤藏于内室会让木匠无所事事，正如席勒的座右铭可以编成市民意识的一种完整的本体论。

自食其力（Do it yourself）这种在休闲中时兴的行为类型，却落入到一种远远更为广泛的整体关联之中。我在 30 多年前已称这种整体关联为"虚假主动性"（Pseudo-Aktivität）。从那以后，"虚假主动性"一说令人吃惊地扩展开来，甚至恰恰是在那些自认为是在抗议社会的那些人中扩展开来。人们普遍会猜想，在虚假主动性中累积起对于改变僵化了的格局的某种需求。虚假主动性乃是被误导了的自发性。但误导并不是偶然的，而是由于人们含含糊糊地预感到，他们改变压在他们身上的负担是多么困难。他们宁愿在虚假的、幻想的活动中、在制度化的替代性满足中被排挤，同时被赋予那样的意识，即这种可能性如今受到重重阻碍。虚假主动性乃是对那样一种生产率的虚构和滑稽模仿，它一方面是社会不断要求的，另一方面又受到束缚，在个人中间根本不受欢迎。富有创造力的休闲对于才刚成熟的

———————

① 指整个社会的运转。

人,而非对于那些在他律的压制之下即便对其自身也变得他律的人,仿佛是可能的。

然而休闲并不只是与劳动相对立。在全日工作成为理想的一个体系中,休闲以虚幻的方式直接延续了劳动。这里还缺乏某种深入的体育社会学,尤其是体育观众社会学。撇开其他假设不论,如下假设毕竟是很有说服力的,即通过体育严格要求的种种努力,通过身体在团队(team)中的功能化(这种功能化恰恰是在最受欢迎的体育类型中完成的),人们在不知道的情况下将自身规训到一些行为方式中了,那些行为方式是别人在多多少少理想化之后期待于他们的。说人们从事体育只是为了保持精力充沛,这种老旧的论证是虚构的,原因仅仅是它以精力充沛为独立目标;然而精力充沛以便迎接劳动很可能是体育的一个隐秘的目的。通常是人们在体育中才会迷恋自身,然后当作自己自由的胜利果实而享用他们在社会压力下必须加于自身且必须弄得美味可口的东西。

请允许我再就休闲与文化工业的关系进一言。自从霍克海默与我在 20 多年前引入"文化工业"这个概念以来,关于作为统治与整合手段的文化工业的著述已经非常多了,我只想选取我们当时不可能忽略的一个专门问题来讨论。讨论文化工业的意识形态批判家,考虑到老旧娱乐与低级艺术的标准成了文化工业的标准,便倾向于认为,文化工业事实上彻底统治和支配着那样一些人的意识与无意识,他们是文化工业的目标,而文化工业又源于他们得自自由主义时代的趣味。这里总归是有了理由假定,正如物质生活过程中一样,生产也在精神生活过程中调节着消费,尤其当生产就像在文化工业中那样靠近物质要素的时候。那么,人们本应当认为,文化工业与其消费者相互配套。但由于文化工业似乎成了总体现象,即成了日复一日相同的现象(文化工业允诺暂时将人们引离日复一日相同的状态),这里很值得怀疑的就是,文化工业与消费者意识是否能组成一个方程式。在数年前,我们在法兰克福社会研究所执行一项研究,致力于这个问题。可惜材料的利用似乎必定服务于一些更紧急的任务。毕竟对材料的彻底洞察可以让人认识

653

654

到与所谓的休闲问题相关的一些东西。该项研究涉及荷兰公主贝娅特丽克丝①与德国年轻外交家克劳斯·冯·阿姆斯贝格②的婚礼。那时应当弄明白的似乎是，德国居民对于那场婚礼作何反应，那场婚礼被所有大众媒体聚焦，由各种画报没完没了絮絮叨叨地谈论，在人们休闲时被消费。那时由于上述展现方式就像描述这件事的文章所做的那样，赋予这件事异乎寻常的重要性，我们指望观众和读者也会重视这件事情。那时我们尤其认为，当今标志性的名流化意识形态会起作用，这种意识形态的要害在于，人们（这明显是对现实的功能化的平衡举措）过分高估单个人与人际关系，将这些与社会上实际上起决定作用的东西对立起来了。我在万分谨慎之下想说的是，这类指望太过无知了。该研究直接为批判理论思维从经验的社会研究中学来的东西（前者可以基于后者修正自身）提供了一个范例。一种双重意识的迹象呈现出来。一方面这个事件作为此时此地发生的东西被人享用，正如它还对人们隐瞒了生活的实情；它仿佛应当［用新式德语中受欢迎的陈腔滥调（Cliché）来说］"空前绝后"。就此而言观众的反应是适应了那样一个著名的模式，该模式甚至在超越了信息层面的层面上，将时事类的和可能含有政治含义的新闻转化成消费品。但我们在我们的访谈模式中，通过追问被询问者当时赋予那个被大加渲染的事件什么样的政治**意义**，来补充以观众的反应为目标的那些考察性问题。这里表明，许多人——他们的代表性是不言而喻的——突然表现为彻底现实主义的，并批判地评价因为广为报道、空前绝后而在电视屏幕上令人屏住呼吸、惊叹莫名的同一件事在政治上和社会上的重要性。因而文化工业在人们休闲时摆在他们面前的东西，如果我的推论不算太草率的话，虽说被消费和被接受，却是有保留的，这很像幼稚的戏剧故事与电影不会简单地被当作现实。或许还不止于此：这方面东西根本就没人信了。意识

655

---

① 贝娅特丽克丝·威廉米纳·阿贾德（Beatrix Wilhelmina Armgard, 1938—　），荷兰公主，1980—2013 年间为荷兰女王。

② 克劳斯·冯·阿姆斯贝格（Claus von Amsberg, 1926—2006），德国外交家，贝娅特丽克丝女王的丈夫，二人于 1966 年成婚。

与休闲的整合明显还没完全成功。个人实实在在的兴趣总是非常强大的,足够在边界之处抵制总体钳制。这将与对社会的那样一种预计相一致,即一个社会当基本矛盾依然如故,毫不减少时,即便在意识中也无法完全被整合。事情进展得并不顺利,恰恰在休闲中也不顺利,休闲虽然钳制着人们,但依照他们自己的概念而言却无法完全钳制住,如果事情对他们而言不是充盈无虞的话。我放弃了描绘推论结果的尝试,但我的意思是,这里会看到一种成熟的机遇,这种机遇本身或许最终有助于将休闲转化为自由。

教师职业的禁忌

我向诸位报告的只是一种设问方式；这既不是一种完善的理论（我作为非专业教育者是无论如何都不够格做这件事的），也不是对有约束力的经验研究成果的复述。与我所说的内容相关的似乎是一些令人振奋的消息，尤其是一些个案研究，包括而且首先是精神分析维度上的一些个案研究。我的评论充其量使对教师职业的反感之情的一些维度为人所见，这些维度对于众所周知的接班人危机具有某种虽说不那么显著，却可能正因此而极为巨大的意义。在此我同时也至少会触及与教师职业本身及其问题架构相关的一系列难题；这双方①很难相互割裂开来。

首先请允许我提一下作为出发点的经验：我恰恰在通过了国家考试的大学毕业生中最有才华的那些人身上，看出了对于这考试令其有资格去做的，以及考试后人们真正期待于他们的事情的强烈反感。他们觉得成为教师是某种强制，他们只将它作为终极手段（ultima ratio），权且服从它。我总归是有了机会看到这类毕业生的一个并非不显著的截面，也有理由假定这个截面呈现的绝非什么消极的淘汰。

上述反感之情的许多动因是合理的，对诸位而言也是历历在目的，我都不需要就此深入探讨。那么首先要谈的是对于我的朋友赫尔穆特·贝克尔②所谓的向着管理型学校③发展的那个过程中被设定下来

① 指上文所说的"维度"和"难题"。
② 赫尔穆特·贝克尔（Hellmut Becker, 1913—1993），德国法学家、律师、教育研究者与教育活动家。
③ 本文所说的"学校"（Schule）指中小学，与"大学"（Universität）相对而言。

的规章限制的厌恶。物质上的动因在此也起作用了：关于教师是个饥饿职业①的观念，明显是言过其实而坚韧不拔地维持下来了。我因此而称其为不对称状态，这种状态在我看来（如果我可以预先说出来的话）很能代表我想探讨的整个复杂问题：对于教师职业的反感之情的主观动机，而且本质上是一些无意识的动机。这就是我用"禁忌"一词指的意思：为应聘这一职业而被考察的人怀有的种种无意识的或前意识的观念，但也包括其他一些人（首先是孩童本身）的这类观念，其他这些人对这一职业发布了某种心灵上的禁令，这禁令使它遭到种种困难，人们很难好好弄清那是哪些困难。因而我相当严格地使用禁忌概念，即在那样一些观念的集体沉淀的意义上使用，那些观念就像我对诸位提过的涉及经济因素的那些观念一样，广泛地失去了其实实在在的基础，甚至比起作为心理的和社会的偏见而坚韧不拔地维持下来并反过来影响现实的那些经济观念更久远地成为实实在在的力量。

请诸位允许我为此提供一些琐碎的证据。比如说，如果人们读读报纸上的征婚广告（那是很多的），就会发现登广告的人要是男教师或女教师，就会强调他们绝非典型教员或教书匠。诸位很难发现由某位男教师或女教师发布的征婚广告不会伴随着这样一句安慰性保证的。——或者说：不仅在德语语境下，在其他语种语境下也都会发现对教师职业的贬低性表达；在德语语境下，最著名的很可能是"教书匠"（Pauker）②了；在流俗的，也同样源自打击乐器领域的意义上，有"臭教师"（Steißtrommler）③；在英语中则用"女学究"（schoolmarm）表示老处女般的、干枯瘦小的、郁郁寡欢又干瘪无趣的女教师。很明显，与法学家、医生这类其他学究性职业相比，教师带有某种未被社会完全接纳的氛围。一般而言，很可能在民众心中是区分了体面的专业和不那么体面的专业，而教育社会学和高校社会学很难说对此有很充分的研究；法学和医学属于体面的专业，而语文学研究无疑不属此列；在哲学系里，

---

① 饥饿职业（Hungerberuf）是德语中关于收入有限的职业的一个说法。
② 原意为"鼓手"。
③ 原文是"Steiß"（臀部）与"Trommler"（鼓手）构成的复合词。

658　威望很高的艺术史明显成了个例外。如果我得到的信息是完整的(我没法检查这一点,因为我与相关的圈子没有直接的关联),那么一个极其排外的团体(据说是当今最排外的团体)是不会默不作声地将语文学家吸纳进去的。因此依照流行的观念,似乎教师虽然受过大学教育,真正说来却并不具备社会能力;人们似乎可以说,教师不被当作先生(Herr),尽管"先生"这个词在新式德语的行话中有其特殊意味,这意味明显与所谓教育机会的平等扯不上关系。①值得注意且对此形成补充的一点似乎是大学教授的威望直到最近还没有降低,也得到了统计数据的证实。这样一种矛盾,即一方面大学教授是最有名望的职业,另一方面人们对教师职业又有一点敌视,预示着更深层次的一个问题。落入同一个整体关联之中的还有,在德国,大学教师是禁止由首席教师充当的,或者像今天说的那样,参议教师②是禁止拥有教授头衔的;在其他国家,比如法国,使连续晋升得以可能的某个体系并未划定这样严格的界限。至于这一点是否影响到教师职业的威望本身,影响到我所谈的心理方面,这就超出我的评判了。

　　毫无疑问,这些更接近事情本身的人似乎还要在上述这些征兆之外补充其他一些更迫切的征兆。上述这些目前足以充当一些思辨的基础了。我说过,关于教师很贫困的观念还在延续;毫无疑问,教师无论如何也要依照意识形态信誓旦旦提出的关于保持精神的地位与支配力的要求,以及另一方面,即他的物质状况,这两者之间的不一致继续存在。这不一致并非没有触及精神。叔本华恰恰也是在谈到大学教师时指出过这一点。他那时认为,100多年前他在他们身上察觉到的那种卑屈,与他们糟糕的酬劳有着本质关联。在德国,人们必须补充的一点是,精神对于地位与支配力的要求(顺便提一下,这要求本身也是很成

659　问题的)从未得到满足。这一点可能受制于市民社会发展的延迟,受制于并不具有坦荡精神特质的德国封建主义长久的苟延残喘,这种封建

---

① 这里可能指新式德语中"先生"一词具有迂腐、老套的味道。

② 这里的首席教师(Oberlehrern)与参议教师(Studienräten)都是高中的教师职位。

主义催生的是作为仆役的贵族家庭教师这个类型。就此而言,我可以给诸位讲个故事,这个故事在我看来是很有特色的。故事发生在法兰克福。在一场显贵又体面的聚会中,谈话涉及荷尔德林与狄奥提玛①的关系。在场的人中就有龚塔尔特②家族的一名直系女性后裔,她极其高寿,此外双耳也全聋了;没人相信她能跟上谈话。她出乎意料地听到了一些话,以漂亮的法兰克福腔调说了唯一一句话:"是的,是的,他③一直与他的家庭教师闹得不愉快。"在几十年前的我们这个时代,她还是在城市新贵的眼光下看待那个爱情故事,就像彼时声名在外的龚塔尔特老爷面对荷尔德林时那样一字不差地说话。

在这种意象(imagerie)的意义上说,教师就是抄写员(Scriba)的传人。对教师的轻视,正如我所表明的,有封建的根源,而且要从中世纪和早期文艺复兴出发来说明;因此才有了,比如说,《尼伯龙根之歌》里哈根对神甫的鄙视,将他看作一个拼了命也要免于被鄙视的懦夫。那些沉湎于书籍因而很博学的骑士却是例外;否则哈特曼·冯·奥厄④就不会特意自诩有那种能力了。这里可能还有古代人关于教师是奴隶的回忆在起作用。精神与身体力量分离了。精神在操纵社会方面虽然总能发挥某种功能,但如果身体力量自古以来具有的优势耗得过劳动分工,精神也会变得十分可疑。这个太古的环节永远会再次浮现出来。无论如何在德国都会发现,或许在英美国家也会发现(在英国是一定能发现的),人们似乎可以将对教师的轻视刻画为战士的仇恨,这种仇恨通过某种没完没了的身份认同机制在民众中贯彻下来。的确,孩童们全都强烈倾向于认同军人气概,正如人们如今称颂的那样;我在此要提请注意的是,他们多么喜欢装扮成牛仔(Cowboys),端着枪跑来跑去给

① 狄奥提玛(Diotima),希腊女祭司,传说是苏格拉底的老师,也是柏拉图对话录中的人物,荷尔德林写有以她为题的爱情诗。
② 苏塞特·龚塔尔特(Susette Gontard,1769—1802),荷尔德林任家庭教师时热爱的女主人,他的爱情诗中"狄奥提玛"的原型,小说《许佩里翁》也与她有关。
③ 指荷尔德林所服务家庭的男主人。
④ 哈特曼·冯·奥厄(Hartmann von Aue),1200年左右古高地德语区古典文艺的典型代表,叙事文学作家。

660　他们带来了多少欢乐。他们明显是在个体发生学的意义上又将那个使
　　人类逐渐摆脱身体力量控制的种系发生学过程经验了一回；在身体力
　　量仅于众所周知的边界处境下才直接得到运用的那个世界里，这种力
　　量形成的整个既最矛盾又支配情感的复杂局面，在这里发挥了决定性
　　作用。广为人知的是雇佣兵队长格奥尔格·冯·福隆德斯伯格①的轶
　　事，他在沃尔姆斯帝国议会上拍拍路德的肩膀，对路德说："小修道士
　　啊，小修道士，你现在走了一条危险的路。"这种态度混杂着对精神的独
　　立性的敬重，以及对一个下一刻就可能被警察押走的手无寸铁之人的
　　鄙视。文盲们出于怨恨（Rancune），但见有学识的人得了机会以权威面
　　貌出现在他们面前，便认为这些人是贫贱之人，认为他们并不像（比如
　　说）高级教士一样具有显著的社会地位，能运用社会权力。教师是修道
　　士的传人；在修道士很大程度上失去其功能之后，修道士一职特有的缺
　　陷与模棱两可转入教师身上。

　　　　对于学者的矛盾感情源远流长。真正神秘的是卡夫卡关于乡村医
　　生的出色故事，那医生听从晚钟的虚假召唤后，成了牺牲品；在民族学
　　上众所周知的是，巫师或酋长既享受其尊荣，在特定情境下也可能被杀
　　死，被献祭。诸位可能要问，为什么古老的禁忌和古老的矛盾情感恰恰
　　落到教师身上，而其他一些有教养的职业却幸免于此。要讲清楚为什
　　么某事物**不是**某种情形，总是会面临认识论上的巨大困难。就此我只
　　想说一点常识性考虑（common-sense-Erwägung）。法学工作者和医生
　　同样是有教养的职业，却并不受制于那禁忌。它们今天却是**自由**的职
　　业。它们受制于竞争机制；虽然它们有着物质上更好的机遇，但因此却
　　并未得到某种公职等级制的围护和保障，而由于这种开放性，它们便得
　　到更高的评价。这里显露出某种社会对立，这种社会对立可能远远扩
661　展开去；在市民阶层本身内部（至少在小市民阶层内部），在自由人（他
　　们挣得多，但他们的收入得不到保障，他们还能沾沾自喜于某种貌似勇

---

①　格奥尔格·冯·福隆德斯伯格（Georg von Frundsberg，1473—1528），南德意志士
　　兵，为哈布斯堡王室效力的雇佣兵头领。

敢、有骑士风度的形象)和有资格领退休金的正式职员与公务员(人们虽然由于他们有安全玻璃护体而羡慕他们,却也瞧不起他们,当他们是被圈在行政楼和办公室里的牡马,有着固定的劳动时间和生活节奏,以及傻里傻气的旅游机会)之间发生了断裂。与此相反,法官和行政官员重又被赋予某些实实在在的权力,与此同时公众的意识很可能并未认真对待教师的权力,只把它当作能支配并不完全具备平等权利的自然人,即能支配孩童的权力。教师的权力令人气恼,因为它只不过是在滑稽模仿那令人服气的真正权力。像"校园暴君"这类说法让人想起的是,它们指称的那类教师既专横无理又只不过展现了一幅暴政漫画,因为他能掀起的风浪再大,也不过就是将几个可怜的孩子(他的祭品)关一个下午的禁闭而已。

上述矛盾感情的反面形象是教师在某些国家(比如从前在中国)和某些团体那里(比如在虔诚的犹太人那里)享受到的神秘敬仰。在教师职业与宗教权威结合在一起的所有地方,与教师的关系中神秘的方面都显得很强大,而随着这类权威的衰落,负面的消遣也会兴起。比较有特色的是,在德国享有最高威望的教师们,即学院内部的教师们,实际上(in praxi)最少发挥纪律功能,而且他们最少依照理念和公众观念进行创造性的研究,因而并未扎根于有次要事物和(正如我说过的)虚假事物嫌疑的教育领域。教育学固有的虚假性难题在于,人们推动着的事情是照着受教育者量体裁衣后被传授,而绝非为了事情本身而纯粹依照事实进行的劳作。毋宁说,事情被教育学模式化了。只有出于这个原因,孩童们据说才下意识地感觉到被骗了。教师们不是在复述他们接受来的某种已经成型的东西,正如一切流通活动从一开始就都在社会上显得有些可疑,他们的中介功能本身引来了某种普遍的反感之情。马克斯·舍勒说过,他之所以在教育学上产生了影响,仅仅是因为他从未以教育学的方式对待过他的学生。如果允许我作一些个人性评论,那么我完全可以从我的经验出发证实这一点。作为大学教师,其成果明显归功于对如何施加影响的一切盘算的缺席,归功于放弃了说服。

662

随着对教师职业来势汹汹的业务化一道,当今有某种骤变进入考量了。同样可以觉察到的是在与大学教授的关系方面的结构性改变。但我会认为,正如在美国(在那里,这类变化过程长久以来以远比我们这里更粗暴的方式发生了)一样,教授逐渐势不可当地成为知识的贩售员;他获得了一些同情,因为他利用那些知识并不能更好地获取他自己的物质利益。在这里,针对把教师当作心爱的神(这样的神的形象还在《布登勃洛克一家》中出现过)的那种观念,在启蒙方面无疑有了某种进步;但与此同时,精神被这种目的合理性还原为交换价值了,而这一做法正如现存事物内部的一切进步一般成问题。

我说过纪律功能。如果我的判断不错,凭此我便到达了问题的核心,但我必须重申,这里涉及的是假设性的衡量,而不是研究结果。在教师的负面形象(imago)背后出现的是痛打者(Prügler)的形象,顺便提一下,这个词同样是在卡夫卡那里出现的,即在《诉讼》中出现的。考虑到加给教师职业的禁忌,我也依照体罚禁忌,将这个复合形象当作标准。这个形象(imago)将教师描绘成身体强壮者,他惩罚身体比他羸弱者。在尚且被归于他的那个功能方面(这是在该功能已被官方取消之后的事了,与此同时该功能在本国的某些地方当然还作为永恒价值和真正的责任保持下来了),教师违反了一种古老的、下意识地传承下来的、当然是由市民孩童保管着的荣誉法典。可以说那荣誉法典并不公平(fair),根本不是什么好的消遣。在知识方面对于学生的优势(教师促成了这种优势)也含有这种不公(unfairness)的成分(每个从教者,包括大学教师,都感觉到了这一点),而教师却似乎不具有配套的权利,因为甚至这种优势本身也与其功能相分离,同时又不断赋予他某种权威,而他很难撇开这种权威不管。不公(Unfairness)似乎出现于(如果我可以破例在当前语境下使用一次"存在论"这个术语的话)教师的存在论中。有自我反思能力的人一旦思索一下自身,便会发现他作为教师,比如作为大学教师,就在讲台上有了在长篇大论中抓住话语的可能,而这样做并不会使某个人与该话语相矛盾。很讽刺的是,适应这一处境,人们在给了学生机会的情况下提出一些问题,并尝试使讲座大课接近于

663

讨论课,这种做法即便在今天也不太能得到学生的普遍赞赏,学生似乎更喜欢在大课上听到教条的照本宣科。但并非只是教师的职业在某种程度上将教师逼到不公(unfairness)境地了:他知识更渊博,具有优势地位,也无法否认这优势地位。是社会将他逼到那个境地的,而我认为这一点更加本质。正如社会一如既往地在根本上基于身体力量,在硬碰硬的时候仅仅通过身体力量贯彻其秩序(或许这种可能性在所谓的常规生活中还极为遥远),它迄今为止在统治关系之下也凭借身体力量的潜能来实现所谓的文明整合的成就(这种整合据说是教育依照一般性教条达到的)。这种身体力量由社会委派,同时又在被委派者那里被否认。运用这种力量的人是遭遇规整者的替罪羊。被消极利用的原型〔而且我谈的是某种意象(imagerie),是下意识地起作用的观念,并非谈论某种现实,或者说只是在退化的意义上谈论某种现实〕:那种意象的原型是狱卒,或许可以说更合适的原型是下级军士。我不知道下面这一说法是否合乎事实,即 17 世纪和 18 世纪退伍士兵被聘任为公立学校教师。无论如何,这种流行的观念对于教师形象(imago)是极具代表性的。"臭教师"一词听起来有一股大头兵的味道①;教师或许被下意识地想象成那样一批老兵,他们就像是某种残废,像是在真正的生活中,在社会的实实在在的再生产过程中一无所用,只能在某种极为透明的意义上和在赐予他们的恩典之路上协助整体以及他们自己的生活以某种方式延续。因此谁若是反对体罚,他便是为了维护前述意象(imagerie)起见,至少像代表学生利益一样多地也代表了教师的利益。我谈到的整个情结的某种改变,只能期待于老师打学生的现象在人们最后的一点记忆痕迹中都从学校消失,正如很大程度上美国的情况一样。

在我看来,对于前述情结的聚合成型而言很根本的一点是,建立在统治基础上的一个社会所需的身体力量,就该社会展开为资产阶级——自由主义社会而言,是被该社会无条件认可的。这就造就了力量的转

① 正如前文所示,在德语中,该词原文"Steißtrommler"是由"臀部"(Steiß)和"鼓手"(Trommler,通常为军乐队等部门的鼓手)两个意象构成的。

让(一位先生是不打人的),正如造就了对教师的轻视一样;教师所做的事情造就了人之为人,人们又深以为它很糟糕,且加倍贬低他,因为当这事直接做起来虽然使人获益,人们本身却躲在这事后面。我的假设是,打人者这一下意识形成的形象(imago)远远超出打人做法之外,决定了对教师的看法。倘若我要推动关于教师所处的情结的经验研究,这将是最先引起我兴趣的一点。在教师形象中回荡着极度挑动人们感情的刽子手形象,尽管相当弱化了。

　　这个意向终于巩固了关于教师绝非先生,而是一个打人的懦夫或一个没了敬神念头的修道士的信念,在色情维度上强烈地表现出来。一方面他在色情上并不算多大事情,另一方面,比如说在寻欢作乐的青少年(teenager)那里,他扮演了极大刺激性欲的角色。但大多数时候仅仅作为遥不可及的客体;人们发觉他有些许同情感,以便能诋毁他做事不公,这就够了。遥不可及的状态与关于一个逐步被排除于性爱层面之外的人的观念相伴相生。在精神分析的意义上说,关于教师的这种意象(imagerie)超出阉割术之外了。一位教师,如果像我童年时代见到的一位极为和善的教师那样着装优雅,却因为很富足,或者如果仅仅出于大学教师的自负而没有穿得那么花哨,他立马就会显得很可笑。很难分得清,在多大程度上这些特殊的禁忌实际上只是心理上的,或者以无可指摘的方式生活着的教师的实践、理念作为不成熟之人的榜样,实际上迫使后者做的是否只是禁欲,而不是在其他职业中(随便举个例子,比如代办)苛求的那样。在 1900 年前后那个时代批评学校的小说与剧本中,教师往往表现为在性爱方面特别压抑的,比如在韦德金德①那里就是如此;作为扭曲的人,教师恰恰也是性爱动物。这幅假阉人、至少在性爱上中立化之人的形象并未得到自由展现;这幅关于在性爱的竞争中不作数的那些人的形象,与现实的或假想的教师幼稚状态重合了。我想指出的是海因里希·曼②的那部极为重要的小说《垃圾教

① 弗兰克·韦德金德(Frank Wedekind, 1864—1918),德国剧作家。
② 海因里希·曼(Heinrich Mann, 1871—1950),德国作家。

授》，大部分人很可能是通过电影《蓝天使》中这个形象的拙劣改写而了解它的。学校的暴君（他的垮台构成了小说的内容）在小说里不像在电影中那样用可疑的金色幽默美化过。事实上他对待那位少女，对待那位他所谓的女艺术家弗勒利希①，就像对待他学校的学生似的。正如海因里希·曼在某个地方明确说过的，他在他的整个灵魂视野和他的反应模式上都像是学校的学生：真正说来他本身就是个孩子。由此看来，对教师的轻视似乎也有那样一个方面：由于他置身于一个孩童的世界，这个世界总归要么就是他的世界，要么就是他加以适应的世界，所以人们并不完全把他当成成年人，而他实际上又是个成年人，并且依据自己是成年人而提出种种要求。他那笨拙的尊严在很大程度上被当作对这种不相称状态的差强人意的补偿。

所有这一切都不过是在社会学上普遍被称作"职业扭曲"（déformation professionelle）的某种现象表现在教师身上的特殊形态。但在教师形象（imago）中，职业扭曲（déformation professionelle）恰恰成了教师职业本身的定义。在我年轻的时候，人们跟我讲过布拉格一所666文理中学的高中教授（Gymnasialprofessor）的轶事，据说那位教授讲过："那么举个日常生活中的例子：统帅征服了城市。""日常生活"指的是学校里的生活，在拉丁语课程上，在这种类型的范文中，有"统帅征服了城市"这类例句出现。学校里的东西如今恰恰又经常被引用和被偶像化，仿佛它是某种有价值的、自在存在着的东西似的；这东西替代了现实，它通过有组织的活动小心翼翼地将现实与自身拉开距离。教师的幼稚之处在于，他将与成年人的社会多多少少隔绝开的学校这个小宇宙（家长委员会之类的东西是打破这种隔绝的绝望尝试），将包围起来的假象世界，与现实混淆了。尤其因此，学校才极为顽固地维护它的围墙。

从自然主义出发，教师们经常被归入和一部悲喜剧中不幸的英雄相同的范畴；想到他们，人们可能会说那是坟冢一样的情结。他们永远

---

① "弗勒利希"原文"Fröhlich"字面上有"欢乐的"之意。

都有所谓疏离于世界的嫌疑。或许他们都不如，比如说，法官那么疏离于世界，卡尔·克劳斯在他关于伦理类诉讼的分析中证明过法官的疏离。在“疏离于世界的”这个陈腔滥调(Cliché)中混合着一些教师与许多学生的幼稚特征。幼稚之处在于这些学生自视甚高的实在论。他们用这种实在论指的是，比起那位必定总是宣示并体现下述超我理想(Über-Ich-Ideale)的教师更加卓有成效地适应了现实原则，即抹平他们感到是自己缺陷的东西(实即他们根本还不是独立主体这一点)。因此在学生那里，很可能踢足球的或酒量大的教师(这样的教师合乎他们的世俗理想)极受欢迎；在我的文理中学时代，这类教师博得了特别的好感，这类教师有道理或没道理地充当了过去善于合作的人。有某种二律背反在起支配作用：教师和学生相互都不公正，如果教师瞎说一些普遍而言根本谈不上永恒的永恒价值，那么学生对此的回答是决定愚蠢地崇拜披头士。

667 人们将不得不在这一类整体关联中看出教师的特征扮演的角色，这些特征在极大程度上构成了学生怨恨(Rancune)的着力点。以教师为代理人的文明进程尤其会导致敉平。它要驱走学生们未定型的本性，那种本性再现于教师的种种特征、造作话风、僵化症候、痉挛拘束和笨手笨脚之中。遵从教师的学生(照学生的直觉来看整个痛苦的教育过程就是冲着这种顺从做法而来的)获胜了。这个过程诚然包含了对在这种文化中迄今为止普遍失败了的这个教育过程本身的批判。这种失败也是由在学校内部被遵从的双重等级制造成的：官方的那种依照精神、功绩和特色评判的等级制，以及某种潜在的、非官方的等级制，在后一种等级制中身体力量(“当个棒小伙”)，以及没有得到官方等级制奖励的某些实践—精神方面的能力，都发挥了作用。国家社会主义在挑动第二种等级制反对第一种等级制，在大政治(der großen Politik)中挑动正当反对国家的时候，是充分利用了这双重等级制(此外提一句，绝非仅仅在学校内部)。学校内部的潜在等级制似乎尤其被教育学研究重视。

孩童与年轻人的抵抗(这种抵抗在第二种等级制中似乎被制度化了)当然部分地是由父母遗留给他们的。某些抵抗形式基于传承下来的原型；但也有一些抵抗形式，正如我试图阐明的，蕴藏于教师的客观处境。对此要补充某种本质性的、在精神分析上并不陌生的东西。在克服俄狄浦斯情结、脱离父亲与内心化了的父亲形象的过程中，孩童们注意到父母本身并不符合他们教导的自我理想（Ich-Ideal）。在教师们中间，孩童们又一次遇到了自我理想，这一次可能还更清晰，而且这些教师还希望孩童们自觉向他们看齐。出于许多理由，这些教师还是做不成这事，首先是因为教师本身恰恰就是这种迫使人顺应的压力的产物，而不准备妥协的孩童的自我理想恰恰是冲着这种压力而来的。教师也是一个市民职业；只有虚假骗人的唯心论才会否认这一点。教师不是孩童们期待的（如果说还相当模糊的话）完整无缺的人，而是在其他所有可能的职业机遇和职业类型之中不可避免地将自身限制在其职业上、作为专业人士聚焦于那个职业上的人，真正说来教师先天地（a priori）已经是人们下意识期盼于他的东西的反面了：人们期盼他的恰恰绝非专业人士，而他却必须特别专业。孩童们对于教师的种种特征的排斥感或许会冲破成年人的想象，因而这种排斥感的根源是，特征抵消了一个在强调意义上规范的、正当的人的理想，而孩童们正是带着这样的理想走近教师的，即便他们已经吃一堑长一智、因听惯陈腔滥调（Clichés）而冷漠了。

此外还有一个社会的环节需要考虑，这个环节造成了几乎不可消除的张力。孩童（顺便说一句，常常是已经身处幼稚园了）从原生群落（primary community），从直接的、保护性的、温暖的局面中被拖拔出来，在学校头一次经验到突然的、令人震惊的异化；学校对于单个人的发展而言几乎就是全部社会异化的原型。教师在头一天送给学生烘饼的古老市民习俗透露出一种预期：烘饼应该能缓和学生的震惊。执行这种异化的是教师的权威，而对教师形象（imago）的消极利用就是对此的回答。他给他们带来的文明，他强求他们作出的放弃，在孩童中间自动就使得教师的意象（imagines）流动起来，而这意象是在历史行程中被积累起来的，而且正如无意识内部沿袭下来的所有垃圾一样，可能依照心理经济学的需求重新被唤起。因而对于教师而言，纠正这一点的困难大得令人绝望,因为他们的职业阻止了他们身上发生在其他大部分职业那里可能发生的客观劳动与个人情感之间的分离(而他们在活生生的人身上投入的劳动又像在这一点上与之相似的医生的劳动一样,都是客观劳动)。原因在于,他们的劳动是在某种直接关联(某种予与取)的形式下完成的,然而对于这种关联,他们由于那再间接不过的目的发出的禁令,却是无法胜任的。原则上而言,在学校发生的事情远远落后于热烈的期待。就此而言教师职业本身古旧不堪,落后于它所代表的文明;或许教学的机制会使该职业免于遭遇它被阻止去满足的那种人性要求。落于教师职业本身之上的这种古旧,不仅促成了教师形象的古旧,也唤起了教师的行为本身的古旧,这表现在叫骂、抱怨、呵斥之类的行为中;也总是表现在反应方式上,这些方式与身体力量密切相关,也显露出不安和软弱。然而教师在主观上根本没有反应;倘若他真的极为客观化,以致根本不会发展为错误的反应,那么他对于孩童们就会显得极其无人性和冷漠,在可能的情况下还会遭到他们的激烈拒绝。诸位在这里可能看到,当我谈到某种二律背反时,我所言不虚。与此相反,如果我可以提示一下,或许教师只有改变行为方式方可济事。他们似乎不可以压制其感情,在理性化之后再表现出来,而是必须向自身和他人承认这感情,以此使学生解除武装。"是的,我是不公正,我正是一个像你一样的人,有些人使我欢喜,有些人则不",一个这样说的教师可能要比一个在意识形态上严守正义的人更有信心一些,但又不可避免地常常会做事不公。此外还可以说,从这类反思中直接得出了在教师职业中进行精神分析的训练和反省的必要性。

我的讨论到了结尾,因此不可避免遇到"怎么办?"的问题,这里也正如普遍的情形一样,这个问题最是非我所长。这个问题常常破坏认识的连贯进程,然而只有依从那个进程,事情才会有所改观。恰恰就在讨论我今天触及的这些难题时,人们的脸上自动就会露出"你说得很好,但真不切合我们的工作"的表情。我至少可以列举几个动机,既不提出系统的要求,也不认为这些动机真的把人带走了多远。因而首先有必要澄清我所勾勒的整个情结,而且是澄清教师本身的情况,澄清教师会与之谈论那些含有禁忌的问题的人,即父母和(可能的情况下)学生的情况。我并不惮于作出那样的假设,即一般而言为了证实孩童们有多成熟,可以以比成年人喜欢有所保留地说话时成熟得多和真诚得多的方式与他们说话。然而不可高估这种澄清的可能性。这里谈到的一些动机,正如我所勾勒的那样,往往是不为人知的,而仅仅提及一些不为人知的状况,正如人们了解的那样,就这些状况涉及的那些人并未在自己的经验中自发弄清这些状况而言,就弄清这些状况仅仅由于自外而内灌输而言,是无济于事的。基于这样的洞见,即精神分析上的一套陈腔滥调,对于纯粹集体性的启蒙不可期待过高,尽管人们会将这种启蒙作为起点;一些不那么充分的、仅仅局部地起作用的启蒙总好过毫无启蒙。——此外,一些实实在在地持续存在的障碍和约束(这些障碍和约束支撑着教师职业中的那些禁忌)似乎是要无条件清除的。首先,在培养教师的过程中必定已经涉及若干要点了,而不是这培养本身以流行的禁忌为导向。教师的私人生活不应服从超出刑法监督之外的任何监督环境。——似乎要加以抨击的是学校生活中的意识形态,这种意识形态在理论上不易把握,似乎也被否认了,然而就我所见的而言却顽强地穿透了学校的实践。学校的一种固有的趋势,是将自身作为具有特定生活和特定规律性的层面建立起来。很难确定,在多大程度上有必要以此实现它的任务;当然这种做法并不**仅仅**是意识形态。一所学校如果对外完全开放无阻,很可能也就失掉了爱护与塑造学生的功能。在承认自己反潮流的意义上,我没有束手束脚,因为我认为,孩童们在学校学好拉丁语,在可能的情况下学好拉丁文体学,比起到罗马进行愚蠢的班级旅行更重要,那样的旅行似乎大部分仅以普遍的消化不良告终,并未学到罗马的任何本质性东西。无论如何,由于校内人士根本不希望外人插嘴,学校的封闭性也总是趋于自我强化,尤其是针对批评。图霍尔斯基①对此曾给出那样一个恶毒的乡村学校女校长的例

671

---

① 库尔特·图霍尔斯基(Kurt Tucholsky, 1890—1935),德国作家、记者,魏玛共和国时期最重要的评论家,经常抨击社会现状。

子,她对她的学生们干了好些残暴的行径,面对抗议这些行径的那对和善的情侣,她以这样的说明来辩护:"在这儿就是这么干的。"我不想知道,"在这儿就是这么干的"这一想法在多大程度上一如既往地支配着学校生活的实践。这种态度代代相传。要弄清楚的似乎是,学校没有任何独立的目的,它的封闭性乃是一种困境,而不是什么美德,连青年运动的某些特定形式,比如古斯塔夫·维内肯①关于青年文化是青年自己的文化的愚蠢套话,都使青年运动致力于这种美德,这种美德今天都还在意识形态中被作为亚文化的青年人吹捧成欢乐的原始状态。②

如果我在国家考试过程中的种种观察没有欺骗我,许多教师的心理扭曲似乎暂时还会延续,尽管它的社会基础已经大范围消失了。撇开对总还存在着的监督的消除不谈,这种心理扭曲似乎首先是通过教育来纠正的。在老同事们那里似乎只要简单地呼吁(尽管前景渺茫),权威的行为方式威胁了教育的目的,而即便他们,也合理代表了那目的。——人们总是听说(我只想提出这一点,而不认为我自己能就此作出某种评判),中学见习教师的培育时间被打了折扣,或者说,人们抽空了他们的干劲,而那是他们身上最好的东西。要介入并改变这种局面,就要先对这培育过程作些研究。在此人们尤其要注意的似乎是,学校阶段的必要性这一概念在多大程度上压制了精神的自由与精神的教养。在一些学校的管理对精神的敌视中,这一点大白于天下了,那样的管理计划周密地阻碍教师的科学劳动,一再使他们务实(down to earth),对那些(正如他们很可能会说的)希望高高地超出或向别处发展的人是不信任的。降临到教师头上的这种对精神的敌视,极容易在他们对待学生的态度上延续下去。

我所谈的是教师职业的禁忌,而不是教师职业的现实,也不是教师的现实状况;但这两方面问题并非完全独立的。毕竟可以观察到一些迹象,这些迹象使我们有理由盼望,当德国的民主利用其机会,认认真

① 古斯塔夫·维内肯(Gustav Wyneken, 1875—1964),德国教育改革家。
② 这里的"美德"都是他人以为的美德,阿多诺不以为然。

真地进一步发展,所有这一切都会改观。这是那样一些局部片段之中某一个的实情,一个深思熟虑又活跃的个体可能对那样的片段有所贡献。绝非偶然的是,我认为过去 20 年在德国出版的那部最重要的政治著作,即《论德国》,是由一位教师里夏德·马蒂亚斯·缪勒①写的。当然,不应忘记介入这个局面并改善它的关键在于社会及其与学校的关系。然而在这个问题上,学校并不仅仅是客体。我这一代人经验过人类是如何堕入野蛮的,在字面的、无法描述的和真正的意义上。在野蛮状态下,学校所涉及的那些培养方式全都被证明无效了。当然,只要社会还在产生野蛮,学校在抵制时只能略尽绵薄。但如果野蛮这一罩在我们的生存之上的阴影恰恰构成教育的对立面,那么关键也就在于一个个人摆脱野蛮。人类摆脱野蛮,这是人类得以延续的直接前提。尽管学校的范围和能力可能非常有限,但它必须服务于这种延续,而要达此目标,学校就需要摆脱野蛮在其威力之下得以滋生的那些禁忌。当今学校的激情与道德关切在于,在现存事物中只有它才有能力直接致力于人类摆脱野蛮,如果说它意识到了这一点的话。我说的"野蛮"指的不是披头士(尽管对披头士的崇拜属于此列),而是最极端的现象:空幻的偏见、压制、种族屠杀和刑讯;这一点毫无疑义。战胜这些现象,是 673 学校的首要任务——这正如世界目前呈现的样子,在这个世界上,至少暂时是这样,看不到伸展更远的任何可能性。因此,撇开在理论—社会上的全部反面论据不论,在社会意义上极为重要的是,它达成了它的任务,并帮助自己意识到笼罩着自己的那些灾难性的观念遗产。

---

① 生卒年月、生平状况不详。

奥斯维辛之后的教育

对于奥斯维辛永不再发生的要求，首先是向教育提出的要求。它远远先于其他任何要求，以至于我既不认为必须，也不认为应当证明该要求。我不明白人们为什么迄今为止还拿它不当一回事。相较于已发生的难以置信之事而言，论证该要求似乎就已令人难以置信了。但人们极少意识到这一要求以及它提出的问题，这就表明难以置信之事尚未深入人心，这就预示着重复的可能性还是有的，这一点会触及人类的意识状态与无意识状态。关于教育理念的一切争论与奥斯维辛不再发生这一点比起来，都是空虚而无谓的。过去一切教育所针对者皆为野蛮。人们在谈论回落到野蛮之中的危险。但回落没有跑来威胁，奥斯维辛却**已然**回落过了；只要造成回落的条件在根本上还在延续，野蛮就会延续。这是全部忧虑之所在。社会的压力在进一步施压，尽管当今的困境多多少少不可见。这压力使人默不作声，而默不作声在奥斯维辛那里达到了世界历史尺度上的顶峰。在弗洛伊德的种种洞见（这些洞见真正说来也延展到文化与社会学上）中，我认为最深刻的一个是文明产生了反文明因素且愈益助长之。他的著作《文化中的不满》①和《群众心理学与自我的分析》如果与奥斯维辛相关联，理应得到最广泛的传播。如果说野蛮就蕴藏于文明的原则本身中，那么反抗可以说是

---

① 书名原文为"Das Unbehagen in der Kultur"，我国中译本通常依照该书英译名"Civilization and Its Discontents"而译作"《文明及其不满》"，实际上并不符合德文原意。

毫无希望的。

　　使得关于如何阻止奥斯维辛再现的思索黯然失色的是，人们只要 675
不想沉迷于唯心主义的废话，便必定知晓这一绝望之境。尽管如此，即
便考虑到社会的基本架构及其携带的附属物如今与 25 年前还一模一
样，还是要尝试反抗一下的。数以百万计的无辜之人——提起这个数
字，甚或就此讨价还价，便已有损人类的尊严——被计划周密地杀死
了。此事不应被任何活着的人当作表面现象，当作历史的歧途（这歧途
与进步、启蒙和所谓越来越增长的人性的伟大趋势相比似乎不值一
提），轻蔑地弃置一旁。此事发生了，这本身就是某种极其强大的社会
趋势的表现。在此我想指出一个事实，这个事实在德国极有特色地似
乎并未众所周知，尽管像韦尔弗①的《穆萨·达的四十天》这样一部畅
销书也是从这里汲取素材的。在第一次世界大战期间，土耳其人——
在恩维尔·帕夏②和塔拉特·帕夏③领导下的所谓青年土耳其党运
动——使得远超一百万亚美尼亚人被杀。德国最高军事官员和政府官
员显然了解此事，却严格保密了。种族屠杀的根源在于 19 世纪末以来
在许多国家复兴的那种好斗的民族主义。

　　此外，人们也免不了要衡量一下，能货真价实地一次性杀死几万人
的原子弹的发明也处在和种族屠杀相同的历史关联中。如今人们将人
口的跳跃性增长称为人口暴增：看起来历史的宿命似乎也为人口暴增
预备好了反面的暴增，即整片整片居民被杀害。简单来说，这就像人们
必须加以克服的那些力量一样，也属于世界历史在这方面的特征。

　　由于当今时代极度限制对酝酿出这类事件的可能性、客观的亦即
社会的和政治的前提加以改变，抵制这类事件重现的种种努力在主观 676
方面必然受到排挤。我指的本质上也包括这样做了的人类心理学。我

---

①　弗朗茨·韦尔弗（Franz Werfel，1890—1945），奥地利作家。
②　恩维尔·帕夏（Enver Pascha，1881—1922），青年土耳其党革命中的英雄，曾对土耳
　　其在第一次世界大战中站在德国一边起了关键作用。一战结束后在中亚被苏联红
　　军击毙。
③　塔拉特·帕夏（Talaat Pascha，1874—1921），奥斯曼帝国内政部长，青年土耳其党
　　领袖。

不认为诉诸永恒价值有多大用处，对于这些永恒价值，无力抵抗这类恶行的人只会耸耸肩；我也不认为讲清被迫害的少数族群拥有哪些正面性质有什么用处。根源要到迫害者那里去寻找，而不在人们蹩脚的托辞之下允许杀害的牺牲者那里。这里急需的是我在这方面曾称为"转向主体"（die Wendung aufs Subjekt）的东西。必须认识到使得人们有能力做出这些行为的机制，必须向他们本人指出这些机制，并且在唤起了对这些机制的某种普遍意识时努力阻止他们再次做出这些行为。被杀害者是没有罪责的，永远不是在时至今日一些人可能还要依其构建事情的那种诡辩的和漫画化的意义上有罪责的。有罪责的只是那些轻率地向他们倾泻过其仇恨与其狂热攻击①的人。要阻止这种轻率，使人抛弃不加反省就对外打击的做法。一般而言，教育只有教人批判性反省才是有意义的。然而由于依照深度心理学的认识，全部的性格，包括那些在晚年才犯下恶行的性格，都是早在孩童时代早期就形成了的，所以教育要阻止上述重复，就得聚焦于孩童时代早期。我要向诸位提到的是弗洛伊德《文化中的不满》里的论点。这个论点甚至比他自己理解的都要广泛；这首先是由于他观察到的文明的压力在此期间②激增到无法忍受的地步了。这样一来，他曾提醒人们留意的一些趋势在爆发后具有了他若发现便不可能忽略的某种强力。然而文化中的不满也有其社会的一面——这一点弗洛伊德不曾误判，即使他不曾深究。人们可能谈到人类在被管理的世界中的幽闭恐怖，一种被关押进彻底社会化的、网状密实编织的整体关联中的感觉。那张网越密实，人们越想挣脱，然而网的密实恰恰是为了防止人们挣脱。这就强化了人们对于文明的愤怒。对文明的反抗是残暴而非理性的。

677

在全部迫害史上得到证实的一种模式是，对于弱者的怒气首先针对的是人们感觉在社会上弱势而又幸运的人——后面这种感觉或许有道理，或许没道理。在社会学意义上，我想斗胆补充一点，即我们的社

---

① 原文（Angriffswut）字面是"攻击狂热"的意思，为了文从字顺，改为今译。
② 应指弗洛伊德出版该书后的年代。

会在愈益整合为一体的同时也酝酿着瓦解的趋势。这类瓦解的趋势紧贴在井然有序的文明生活的表面之下,已经有了极大的进展。占统治地位的普遍性东西对于一切特殊性东西、对于一个个人和一个个机构形成的压力,大有毁灭特殊东西与个别东西及其反抗力之势。随着人们的身份认同与抵抗力一道损失的,还有那样一些特质,人们希望凭着那些特质来抵抗某时代又会引诱人犯下恶行的东西。或许当得势的强权命令人们再次犯下恶行时,鉴于恶行只是以某些被半信半疑或压根不被相信的理想的名义发生的,他们很难说还能抵抗。

我谈的是奥斯维辛之后的教育,那么我指的是两个领域:一是孩童时代的教育,尤其是孩童时代早期的教育;二是普遍的启蒙,这种启蒙创造出某种精神的、文化的和社会的氛围,这种氛围不允许罪行重现,因而在这种氛围下,导致恐惧的那些动因在某种程度上被意识到了。很明显,我不可能自诩有能力哪怕只是最粗略地拟定这样一种教育的方案。但我至少能标明一些关键节点。人们常常——比如说在美国——让迷信权威的德意志精神对国家社会主义,也对奥斯维辛负责任。我认为这种解释太肤浅,尽管在我们这里,正如在其他许多欧洲国家一样,一些权威的行为方式和虚假的权威顽固延续的程度远超人们在形式民主的条件下对此事的评说。要假定的毋宁是,法西斯主义及 678 其造成的恐慌与此相关,帝国古老的、得势的权威虽然已经瓦解和被摧毁,但人们在心理上并没有准备好自行其便。他们显得并不适应他们轻易得来的自由。因此,种种权威结构呈现出它们先前并不具有、至少并未显露出来的那种毁灭性的和——如果我可以这样说——错乱的维度。如果人们想到,某些当权者的到访在政治上虽然根本不再有任何实际功能,却是如何导致全部居民心醉神迷般的感情大爆发的,那么下面这种怀疑还是很有道理的,即权威的潜力一如既往地要比人们认为的更强大。但我想重点强调的是,法西斯主义在主事者那里的再现或不再现绝非心理问题,而是一个社会问题。因而只有在其他一些更本质的环节广泛地游离于教育当权者的意志之外时(如果说还没有彻底游离于对个人的干涉之外的话),我才会谈论心理因素。

责任概念常常被那些不希望事情再度重演①的好心人援引。关于人们不再有任何责任的想法，对于发生的事情是负有责任的。实际上权威的流失（这是施虐狂权威造成恐惧的条件之一）与此相关。对于健全人类理智而言，乞灵于各种责任是合理的，这些责任通过坚决强调"你不该做"来阻止施虐狂的、毁灭性的、破坏性的事情发生。尽管如此，我觉得那种以为呼唤责任甚至要求人们应当再度担起责任（据说这样世界上和人间的事情就改观了）真正有用的看法是一种错觉。人们要求的那些责任（只是为了用它们造成某种局面，倘若这局面还算不错的话，却没有让人们了解到它们本身有什么实质性东西）的不真实性很快就会被人感觉到。令人惊讶的是，当事情的焦点变成搜寻优秀人士的弱点时，哪怕最愚蠢和最幼稚的人的反应都是那么快。所谓的责任很容易或者演变成思想护照（人们采取这些责任，为的是证明自己是个值得信赖的市民），或者产生恶意的怨恨（Rancune）；这在心理学上就与这些责任被呼吁的本意背道而驰了。它们意味着他律，意味着使自己依赖于种种命令、规范，而这些命令、规范是无需在个体自己的理性面前辩白的。心理学上所谓的"超我"，即良心，在责任的名义下被外部的、无约束的、可替换的种种权威代替了，正如人们在第三帝国垮台后即便在德国也还能相当清楚地观察到的那样。那样一种决心，即站在权力这一边并外在地屈服于充当了规范的强者，却正是那些不应再出现的讨厌鬼的气质。因此责任感是非常要命的。多多少少自愿担起责任的那些人，就会被置入某种永远要执行命令的紧迫状态。唯一真正能抵制奥斯维辛原则的力量似乎还是自主，如果我可以利用一下康德的术语的话；那是反思的力量，自决的力量，不随波逐流的力量。

我曾非常恐惧一种经验：我在去往巴登湖旅行的路上阅读一份巴登州的报纸，那报纸在报道萨特的戏剧《死无葬身之地》，这部剧讲述着一些最可怕的事情。这部剧显然令评论者不快。但他并未以对事情的恐惧（那实际上是对我们的世界的恐惧）来解释这种不快，而是那样曲

①　指法西斯主义重演。

204

解它，即面对拘泥于此事的萨特的这类态度，我们却——我忍不住要这么说了——懂得某种更高的东西：我们似乎能承认恐惧的无意义。简言之：评论者想通过讨论生存那类高贵的废话来回避遭遇恐惧。这里尤其有一种危险，有一幕在重演，那就是人们回避事情，并将同样正在谈论事情的人从自己这里打发走，似乎那人即便不折不扣地做了那件事情，也只是有过错，而不是在犯罪。

关于权威与野蛮的难题的一个方面在我看来是显而易见的，这个方面一般根本不受重视。欧根·科贡的《党卫队之国》中的一个评论提醒人们注意这一点，这部书包含了对于整个局势的一些核心洞见，又长期没有被科学和教育学吸纳，如其本应该被吸纳的那般。科贡说，他在⁶⁸⁰其中亲历数年时光的集中营里的那些恶棍，绝大部分原本是农民的小儿子。城乡之间持久存在的文化差别是恐怖事件的一个条件，尽管肯定不是唯一的和最重要的条件。对农村居民的任何傲慢之情于我而言都是很陌生的。我知道，没人能对此做些什么，不管他是个城里人还是在农村长大的。在此我只是留意到，在地道的乡下消除野蛮的努力很可能不像其他地方那么成功。即便电视与其他大众媒体，很可能也没怎么改变那类并未随着文化一同成长的人的状况。在我看来，说出此事并加以抵制，要比情绪化地宣扬乡村生活的某些特殊品质更好，那些品质有消失的危险。我很激进，甚至认为乡下消除野蛮是教育的一个最重要的目标。它当然以对那里的居民的意识与无意识的某种研究为前提。首先甚至必须考察现代大众媒体是如何在19世纪的市民文化自由主义长久都未能触及的某种意识状态上碰壁的。

要改变这种状况，规范性的、在乡村往往很成问题的公立学校系统可能是不够的。我似乎想到了一系列的可能性。其中一种或许是（我是即兴讲的），电视节目的排定要考虑到那种特殊的意识状态的兴奋点。然后我还想到，由志愿者组成一些流动的教育团队和教育工作队一类，他们搭车去乡下，开展讨论、课程和补充性授课，尝试以此填补种种最危险的裂缝。这里我当然没有误判一点，即这些人很难受欢迎。但他们周围还是会形成一个小圈子，这个小圈子兴致勃勃，或许还可能向外辐射开去。

当然,这里应当说毫无疑问的是,对力量的古老兴趣即便在城市中
681 心(在大的城市中心恰恰如此)也是有的。退化的趋势——我想说的
是,具有高度施虐狂特征的人——是由当今社会的总趋势普遍产生的。
这里我想提一提霍克海默与我在《启蒙辩证法》里讲述过的与身体的那
种离奇又致病的关联。在意识被扭曲的地方,它普遍在不自由的、倾向
于暴力行为的形态下,被回掷到身体以及身体事物的层面上。在某种
特定类型的无教养之人那里,必须重视的只是他们的语言——尤其是
在由于某事受到批评或指责的时候——是如何悄然过渡到恐吓的,仿
佛语言姿态具有很难控制的身体力量似的。这里人们很可能还必须研
究体育活动扮演的角色,这种活动很难说被某种批判的社会心理学充
分了解了。体育活动具有双重意义:一方面,它通过公平比赛(fair
play)、骑士精神、照顾弱者,起到了反野蛮和反施虐狂的作用。另一方
面,它在某些种类和操作方式上可能促进侵略性、野蛮性和施虐狂,尤
其在那些本身没有受过体育锻炼和体育训练,只懂得看比赛的人身上
更是如此;在那些喜爱冲着体育场吼叫的人那里同样如此。这双重意
义似乎要加以系统的分析。就教育对此起作用而言,教育的成果似乎
应该运用到体育活动上。

所有这些或多或少都与那个服从权威的古老结构,与——我几乎
忍不住要说——卓越而年长的权威人物的举止方式有关。但奥斯维辛
产生的东西,即奥斯维辛的世界所特有的人物类型,大概都是很新颖
的。他们一方面标志着盲目认同集体。另一方面他们是依照操控群
众、集体的方式被修整过的,比如希姆莱、赫斯、艾希曼。我认为对于防
止历史重演的危险而言最重要的是,要抵制集体的霸权,要通过摆明集
体化带来的问题,而强化对这种霸权的抵制。这事听起来并没有那么
682 抽象,仿佛面对血气方刚又有进取意识的人群的激情,却硬要得过且过
似的。过去的情形与集体加给被其接纳的所有个人的苦难有关。人们
只用想想自己在学校最初的那些经验就明白了。这事似乎涉及那样一
种民俗(folk-ways),即一切形态的入会仪式,这些入会仪式给一个人带

来身体上的痛苦（常常不可忍受），将其作为他自诩为同类、自诩为该集体一员的代价。像圣诞节期（die Rauhnächte）①和赶山羊（Haberfeldtreiben）②以及诸如此类广受欢迎而名目繁多的本地习俗的丑恶之处，乃是国家社会主义暴行直接的前身。绝非偶然的是，纳粹以"民间风俗"的名义赞颂和维护这类可鄙的现象。在这里，科学似乎有了一个最现实的使命。它似乎能将国家社会主义者兴冲冲地征用了的那种民俗学趋势坚决扭转过来，以便遏制这种民俗乐趣既野蛮又如幽灵般挥之不去的残留。

在这整个层面上，关键都在于一个所谓的理想，这个理想在传统教育中通常也发挥了突出的作用，那就是提倡严厉。相当可耻的是，这事还可能诉诸尼采的一句格言，尽管他实际上指的是别的意思。这里我想到的是，恐怖伯格③在奥斯维辛案件审理中情绪爆发，在赞扬通过严厉进行训练的教育时更是一发不可收。据说要培养在他看来正派的人，这样的教育就是必要的。许多人信奉却并未加以反思的那幅严厉的教育图景，彻底是颠倒错乱的。关于男子气概就在于最能忍耐的观念，早就成了某种受虐狂的表面借口；正如心理学阐明的，这种受虐狂极容易与施虐狂沆瀣一气。被赞颂的严厉状态据说是教育的目标，它意味着对痛苦彻底无动于衷。在这个问题上，自己的痛苦与他人的痛苦永远没什么固定的区别。对自己严厉的人，也便换来了对他人严厉的权利，并为遭受的痛苦复仇，而他过去是不能表现出被痛苦扰动的，他必须压抑那种扰动。这个机制应为人所知，正如那样一种教育应加 ⁶⁸³以促进，它不再像过去那样，以痛苦和忍受痛苦的能力为依据设立奖赏。换言之：教育似乎必须认真对待哲学绝不陌生的一种思想，即人不应压抑恐惧。如果恐惧不被压抑，如果人们允许自己实实在在地承担

---

① 亦称"十二夜"（zwölf Nächte，或 Zwölfte），非指圣诞节本身，而是指欧洲地区传统上与圣诞节期有关的种种迷信与陈旧习俗。

② 赶山羊（Haberfeldtreiben）是巴伐利亚和蒂罗尔的民间私刑，具体做法是给罪犯披上羊皮驱赶毒打。

③ "恐怖伯格"（der fürchterliche Boger）原名威廉·伯格（Wilhelm Boger），是奥斯维辛集中营指挥官，在奥斯维辛审判中被起诉和判刑。

实际应得的那么多恐惧,那么这样一来,无意识的和被推延的恐惧的一些毁灭性后果很可能恰恰会消失。

盲目顺从集体的那些人已经使自己成了材料一样的东西,磨灭了自己作为自决之人的身份。与此相呼应的是与众不同地行动的决心。我在《权威主义人格》中将有这般举止的人称作"操控性格",而那时赫斯的日记或艾希曼的笔记还根本不为人所知。我对操控性格的种种描述可以回溯到第二次世界大战最后一些年。有时社会心理学和社会学能构造出一些后来才完全在经验上得到证实的概念。操控性格——每个人都可以检验一下可弄到手的纳粹领导人方面的原始资料——的突出特点是喜好组织动员,没有能力取得完全直接的人类经验,在某种意义上感情麻木,怀有被高估的实在论①。他愿意不惜一切代价推动他自以为很现实的、哪怕实际上很虚幻的政治。他没有一秒钟仔细想过或盼望过世界不同于现状的样子,他沉迷于"做事"的(of doing things)意志,而对所做事情的内容是什么无所谓。他从行动、能动性、所谓"效能"(efficiency)本身中鼓捣出某种狂热崇拜来,这种崇拜在对能动之人的宣传中流露出来。这个人格类型在此期间流行的程度远超人们可能的想象——如果我的观察没有欺骗我,一些社会学研究也允许推演开的话。彼时仅由一些纳粹的怪胎作为典型所表现出来的东西,如今可以在无数的人身上发现,比如年轻罪犯、黑帮头目等等,人们每天都在报纸上读到有关他们的报道。如果要我用一个公式来描述这类操控性格(或许不应当这么做,但为了达成共识这样做也是好的),我会称之为**物化意识**的类型。只有属于这个类型的人才在相当程度上将自身弄得像物一般。然后他们在可能的情况下就会使他人类同于物。"做掉"的说法在小流氓的世界里就像在纳粹的世界里一样流行,这个说法却没有足够准确地表达出上述意思。人们在双重意义上将"做掉"这个说法界定为修饬齐整的事物。依照马克斯·霍克海默的洞见,折磨乃是人

684

---

① 指中世纪意义上的那种实在论,即认为某种理念不仅仅是观念,而且是实在的。阿多诺这里语带讽刺,意指这些人过于自信,把自己的主观想法误当成具有客观实在性的理念了。

们对于集体的适应,它被政府采用,在某种程度上也被它加速了。这方面的因素就在时代精神中,这种因素也与精神无干。①我只援引上次大战之前保罗·瓦莱里②的那句话,即非人行径在未来大有市场。与这种现象作斗争尤为困难,因为那些并不真正具备经验感知能力的操控性人物正因此就表现出不可与谈的特征,而他们反而将这样的特征与某些精神疾病或精神病人(即精神分裂者)捆绑起来。

在我看来,在尝试抵制奥斯维辛再现的时候,首先弄清楚操控性格是如何出现的似乎很关键,如此方能通过改变前提条件来阻止它的产生。我想提出一个具体的建议:将奥斯维辛的责任人与科学所掌握的一切方法,尤其与多年进行的精神分析放在一道进行研究,以便尽可能地弄清楚一个人是如何成为这副模样的。那些责任人要能对善人做什么举动,除非他们与其自身的性格结构相矛盾,促使事情变了天才行。这样的效果似乎只有在他们愿意协助研究他们自己如何产生时,才能达到。当然,谈论他们可能很困难;为了了解他们如何成为这副模样的,绝不可使用与他们自己的方法类似的法子。在此期间他们肯定自 685 认为——恰恰是在他们的集体中,在感到他们全都是老纳粹的时候——极其隐蔽,以至于很难有谁哪怕仅仅表现出一点罪恶感。但在他们当中,或者至少在一些人当中,可能有一些心理上的转折点,通过这些转折点,这个局面可能发生改变,比如他们的自恋,简言之他们的自负就可能发生改变。这些人在能毫无顾忌地谈论自己的时候可能觉得自己还挺重要的,像艾希曼还公开促成了整套的多卷本丛书的出版。最后还可以假定,即便在这些人中,如果人们挖掘得足够深就会发现,也有老套的、如今常常陷入瓦解的良心审核的残余。但如果人们了解一下使得他们成为这副模样的内在和外在条件(如果我可以假定人们真能将这一点搞清楚的话),那么还是有可能得出实际的推论,即事情有可能不会这样。这种尝试有效与否,只有在做了之后才知道,我不愿

① 意指这种因素成为时代风气的一部分,但并不具备精神品质。
② 保罗·瓦莱里(Paul Valéry, 1871—1945),法国抒情诗人、哲学家。

过高评价它。必须提到的是,从这类条件出发,这些人是不能自动得到说明的。在同样的条件下,一些人会成为这副模样,一些人会成为别的模样。尽管如此,人们的努力似乎功不唐捐。某种解释力可能仅仅在"人们如何成为这副模样"这一设问方式中就蕴藏着了。原因在于,在不幸的有意识状态和无意识状态下常有一个习惯,那就是人们误将他们的如是(So-Sein)——人们是这样而不是别样的——当作本性,当作某种不容变更的现成状态,而不是当作某种生成的状态。我提到过物化意识概念。但这首先是那样一种意识,它不了解一切生成的状态,对自身的条件性毫无洞察,而将这副模样设定为绝对的。这种强迫机制一旦被打破,(我似乎可以认为)还是会有所收获的。

此外,在涉及物化意识时,人们似乎还应当详尽考察一下它与技术的关系,而且绝非仅仅在小群体内。这一关系就像与体育的关系(物化意识通常与体育有关)一样模棱两可。一方面,每个时代都产生一些它在社会上加以利用的性格——心理能量分配的一些类型。在技术具有

686 如今这般的关键性地位的一个世界里,产生了一些技术性的、以技术为圭臬的人。这事很好理解,因为这些人在其较窄的领域里更不允许被骗,而这事也可能在更广的范围内起作用。另一方面,在当前与技术的关系中也有某种过分的、非理性的、致病的因素。这就与"技术面纱"的问题相关了。这些人倾向于将技术当作事情本身,当作目的本身,当作本身具有本质的某种力,却在这事上忘了,技术是被延长了的贫困。手段——而技术乃是对人类自我保持的所有手段的总称——被拜物教化了,因为目的——配得上人类尊严的某种生活——隐藏起来了,也被人类意识切除了。就人们在像我刚才表述的那样普遍的意义上讲述了这一点而言,这一点或许还是能让人接受的。但这样一个假设还是太过抽象。人们绝不能确切了解,技术的拜物教化是如何贯彻到单个人的个体心理学中的,那里的门槛处在与技术的某种合理关系和最终导致下述结果的那种对技术的过高评价之间,即挖空心思想出一个尽可能快又尽可能顺利地将受害者运往奥斯维辛的铁路系统的人,却忘了在奥斯维辛发生在受害者身上的是什么事情。在容易将技术拜物教化的

这类人中,简单来说,事情的关键系于一群无能于爱的人。这并不是在情绪的或道德化的意义上说的,而是指缺乏与他人的力比多关联。他们彻头彻尾是冷漠的,在他们彻底发挥自己能力、将自身锤炼出来之前,也必定在内心深处喜欢爱的可能性,喜欢他人一开始对自己的爱。对于他们在爱的能力方面残留的东西,他们必定会将其用作手段。那些充满偏见的、服从权威的性格(在伯克利的时候我们在《权威主义人格》中探讨的就是这类性格)为此提供了例证。一个受试者——他的话本身已然是出自物化意识的一句话了——这样说自己:"我喜欢漂亮的装备。"(I like nice equipment)而对于这是些什么装备,就完全无所谓了。他们的爱被物、被机器本身吸去了。这里令人错愕(之所以令人错愕,是因为抵制显得毫无希望)的是,这个趋势与整个文明结合在一起。与这个趋势作斗争,就意味着反对世界精神;但我说这话只是在重申我一开始就当作反对奥斯维辛的某种教育的最晦涩之处说过的东西。

　　我说过,那些人在某个特殊的意义上是冷漠的。在一般意义上就冷漠说几句应该是可以的。倘若冷漠不是人类学的一个基本特征,因而不属于我们的社会里事实上所见的那些人的特质,因而倘若冷漠不是对除了密切地和尽可能通过触手可及的利益关联起来的几个人之外的所有人身上发生什么事情彻底无所谓,那么奥斯维辛就是不可能的,人们也不可能接受它。当前形态下的社会——而且很可能数千年以来都是这样——并不像自亚里士多德以来在意识形态上被假定的那样,并非基于引力,基于吸引,而是基于自身利益而对其他所有人的利益的迫害。这一点在人类性格的最深处沉淀下来。与此相矛盾的现象,即孤独人群(lonely crowd)的随大流,乃是对此的反动,是虽说不能忍受但也无法改变自己的冷漠状态的冷漠人群的抱团取暖。当今的每一个人无一例外都感到自己太少被爱,因为每一个人都太无能于爱了。无能于认同,无疑构成了如下现象最重要的心理学条件,即奥斯维辛这样的事情能在一些彬彬有礼和心地善良的人中间发生。人们所谓的"随大流",主要是事务上的利益:人们在他人那里首先觉察到的是对他自己有利的一面,而为了哪怕仅仅是不使自己遭受危险,就缄默不言,防止祸从口出。这是明哲保身的一个普遍规律。恐怖之下的沉默只不过是这规律的一个后果。社会单子、孤立竞争者的冷漠,作为对他人命运的漠不关心,乃是如下现象的前提,即只有极少数人行动起来。刑讯者了解这一点;他们在这一点上也屡试不爽。

688 　　我的意思,诸位没理解错。我并不想宣扬爱。我觉得宣扬爱是徒劳的:似乎没人独占宣扬爱的权利,因为爱的缺乏——我已说过这事——乃是**所有**人的某种缺陷,无一例外,所有人如今都是这样生存的。如果宣扬爱,那就已经在所针对的那些人身上预设了不同于人们希望改变的状态的某种别的性格结构。原因在于,应当爱的那些人本身就失去了爱的能力,因此根本就不值得这样去爱。消除渗透一切的冷漠,这曾是基督教最伟大的、并不直接与教义相合的那些冲动之一。但这种企图落空了;这很可能是由于它并未触及生产和再生产冷漠的那个社会秩序。所有人热切盼望的人与人之间的那种温柔,若是超出短时间和小群体之外(在一些平和的野蛮人中还是可能存在的)来看,似乎至今都压根不曾有过。广受争议的乌托邦主义者看到了这一点。因此夏尔·傅立叶①认定人与人之间的相互吸引只有通过合乎人类尊严的社会秩序才能建立起来;他还认识到,只有让人类的本能不受压制,而是得到满足和释放,这种状态才是可能的。如果说有什么东西能救治作为灾难前提的冷漠,那便是对冷漠本身的前提的洞察,以及预先在个人领域里就开始抵制冷漠的这些前提。人们可能在想,孩童时代被拒绝得越少,孩童越被善待,救治的机会就越多。但即便在这里也有发生幻觉的危险。孩童根本无法预料生活的残酷与艰难,他们一旦脱离被保护状态,便尤其容易遭遇到野蛮。但首先要注意到,人们无法激励本身已是社会产物并打上了社会印记的父母温柔以待。要求更加温柔地对待孩童,这是人为地强加温柔,正因此也否定了温柔。此外,在教师与学生的关系、医生与病人的关系、辩护人与当事人的关系这类由

---

① 夏尔·傅立叶(Charles Fourier,1772—1837),法国社会理论家,早期社会主义代表人物,曾尖锐批判早期资本主义。

职业中介过的关系中，也是无法求得爱的。爱是一种直接的东西，在本质上也与经过中介的关系相矛盾。劝说人们去爱（很可能采取了"应当爱"这种命令的形式），这本身就是将冷漠永久巩固下来的那个意识形态的组成部分。这样的劝说本就具有强迫的、压制性的因素，而这一因素抵制爱的能力。因而当务之急似乎是帮助冷漠意识到其自身，意识到自己为什么会成为这副模样。

请诸位允许我最后再就使人意识到一般主观机制的可能性略进数言，没有这些主观机制，奥斯维辛或许根本就不可能。对于这些机制的认识是急需的；对于阻挡这种意识的刻板防守的认识同样是急需的。谁在今日还说情况不是这样的或并不完全像这样糟糕，他就已经在为所发生之事辩护了，无疑是准备好了在事情再度发生时旁观或参与的。如果说理性的启蒙也——正如心理学了如指掌的——不能直接瓦解无意识机制，那么启蒙至少在意识成型之前能与某些反动的当局较较劲，并促成一种对极端情形不利的氛围。倘若整个文化意识都渗透着对于在奥斯维辛为诸位所知的那些列车的致命特征的预期，那么人们在当时或许就会更好地监督那些列车了。

似乎还需进一步考究一下曾在奥斯维辛得到发泄的那种情绪延续下来的可能性。明天可能会轮到另一个群体出来代替犹太人，比如老人群体，这个群体在第三帝国还算是被饶过了，或者知识分子群体，或者单纯只是有所偏离的群体。一种社会氛围（我暗示过这一点），若是极大促进了这种复兴，那便是民族主义复活了。民族主义之所以极为恶劣，是因为它在国际交往和超民族集团的时代根本不能再信靠一己的力量，为了劝说其他国家相信它还具有实质性地位，就必须无节制地夸大自身。

抵制的一些具体的可能性毕竟还是可以指出来的。比如说，似乎可以探讨安乐死的历史；幸亏有人抵制，安乐死在德国才没有完全达到国家社会主义者计划的那么大规模。那时抵制局限在自己群体内部；这恰恰是普遍冷漠的某种尤为显著、广泛流布的征兆。但对所有其他人的冷漠鉴于那已包含于迫害原则中的贪得无厌，也是很固陋的。并不直接隶属于迫害者群体的每一个人简直就是被突袭了；因而有一种强烈的自私兴趣是那时诉诸的对象。——最后，人们似乎必定会追问种种迫害现象的特定的、历史上客观的条件。在一个民族主义已经过时的时代，所谓的"民族复兴运动"对于施虐狂伎俩明显是特别没有抵抗力的。

所有政治课程似乎最终都应当集中在一个结论上，即奥斯维辛不会重现了。这一点要成为可能，除非这课程不惮于冒犯一切强权，公然研讨这个最重要的事情。为此它似乎必须变为社会学，因而教导社会的各种力量是如何互动的，这种互动在表面的政治形式背后占有一席之地。即便只是为了给出某种模式，也还应加以批判性探讨的是像国家理由（Staatsraison）这样一个极受尊重的概念：当人们认为国家的权利高于它的成员的权利时，恐怖的事情便已暗暗注定了。

瓦尔特·本雅明在流亡巴黎期间曾问我（那时我还偶尔返回德国），那里①是否还有足够多的刑讯者在执行纳粹的命令。那时是有的。尽管如此，这个问题有其深刻的道理。本雅明察觉到，做这事的人与写字台杀手②和意识形态家相反，在行动时与他们自己直接的利益相矛盾，当他们杀死其他人时就是地地道道的杀手。我担心的是，哪怕是通过采取如此紧张的一种教育，也很难阻止写字台杀手的成长。虽说有一些人在底下仅仅作为仆役做事（这样一来就将他们自己的仆役地位固定下来，侮辱了他们自己），也有伯格们和卡杜克③们，却也不妨碍有少数人通过教育和启蒙而自立。

---

① 指德国。
② 指刀笔杀人者。
③ 奥斯瓦尔德·卡杜克（Oswald Kaduk，1906—1997），奥斯维辛集中营指挥官。

回答这个问题：何为德意志的？

"何为德意志的①?"我无法直接回答这个问题。首先要反思这个问题本身。它被负载了那样一些自鸣得意的定义,它们并未将德意志的东西定为特具德意志色彩的东西,而是随大流地界定。理想(Ideal)必须忍受理想化的过程(Idealisierung)。单从形式来看,这个问题已经亵渎了最后几十年里不可抹杀的经验。它将"德意志的"这个集合性本质独立出来,对于这个本质就应当弄清楚,它刻画的是什么。然而民族集体的形成(通常是在丑恶的战争行话中形成的,这行话谈论俄罗斯人、美国人,当然还有德意志人)遵从的是某种物化的、无能于经验的意识。它倚仗的是一些似乎恰恰要被思维消解掉的原型。这里并不确定,究竟是否有德意志人、德意志事物这样的东西,或者其他民族中的类似东西。每个民族的真东西和优秀东西很可能是集体主体(Kollektivsubjekt)**不能**适应的东西,如果与他相冲突的话。原型的形成反过来倒促进了集体的自恋。人们认同的东西,即自己群体的核心,突然成了好东西;异己群体,即其他群体,就成了坏的。那样的话,事情就反过来关乎其他群体心目中德意志事物的形象了。然而由于在国家社会主

① 本文中"deutsch""der Deutsche"和"das Deutsche"大都不限于德国统一之后(19世纪下半叶以来),是在更广泛的文化意义上使用的,在这种情况下我们将其分别译作"德意志的""德意志人"和"德意志事物";如果明显指统一之后的情形,我们将其分别译作"德国的""德国人"和"德国事物"。而"Deutschland"在原文中则指统一以来的国家,我们译作"德国"。

义统治下关于集体主体优先的意识形态以牺牲每个个体为代价造成了极大的灾难，在德国就有双倍的理由谨防回落到自我吹捧的老套路中去。

在最近一些年里冒头的正是此类趋势。它们是由重新统一①、奥德—尼斯边界线（Oder-Neiße-Linie）②以及被驱逐者的权利等政治问题召唤出来的；它们出现的另一个由头是由单纯想象出来的国际上对德意志人的唾弃，或者一些人喜欢一再挑起的那种民族自觉的缺乏，而这种缺乏则不那么虚幻。慢慢地逐渐形成了一种气氛，这种气氛唾弃似乎最为必要的东西：批判的自省。经常能听到人们援引关于鸟弄脏自家窝的那句不吉利的谚语，而对它嘎嘎叫的那些鸟（通常是乌鸦）却从不啄其他鸟的眼睛。有不少的问题，几乎所有人都因为对后果的顾虑，而绝口不提对它们的真实看法。这种顾虑很快就独立出来，成为内心的某种审查机关，这个机关最终不仅阻碍令人不快的思想的表达，还阻碍这类思想本身的产生。由于德意志的统一在历史上来得太迟、太棘手也太不稳定，人们为了还能获得一点民族认同感，往往倾向于掩饰民族意识，而对每一种偏离民族意识的想法都神经敏感地施以惩罚。这很容易倒退到古代前个体性之人的状态，那是一种部落意识；这人越是不能活得更加现实，就越是可能在心理上更强烈诉诸那种部落意识。躲开那些倒退的趋势，变得成熟，看清自己的历史和社会处境以及国际处境，似乎正是那些诉诸德意志传统，即诉诸康德传统的人应当做的事情。他的思维的核心在于自主概念，即理性个体自我负责的概念，而不是那类盲目依赖状态的概念，其中一种依赖状态就意味着民族事务的盲目霸权。依照康德，只有在个人身上理性的普遍东西才得以实现。倘若人们希望赋予康德以德意志传统的主要见证人的资格，这就意味着负起责任，抛弃对集体的盲从和自我偶像化。当然，最大声宣称康德、歌德和贝多芬是德意志财富的人，往往是最少专注于他们作品内容

---

① 可能指两德重新统一。
② 指德国与波兰两国边界线。

的人。他们将这些作品作为财产登记下来,与此同时又阻止这些作品教授和创造的东西被消化。德意志的传统被那些将其中性化为既受赞叹又干巴巴的文化财富的人损害了。在此期间谁若是对前述种种理念带来的责任一无所知,便会迅速被愤怒淹没,即便在那里,对于人们希望当作德意志人标签来占据和使用的一个伟大名称也只会说出一句批判性的话。

　　这并不是说,这些原型毫无道理。这里据说应当提起德意志集体自恋的那个最著名的公式,即瓦格纳的公式:成为德意志人就意味着为了事情本身而行动。不可否认,这个命题有自以为是的成分,也回响着帝国主义的调调,这个调调将德意志人的纯粹意志与尤其是英美人的所谓商人习气加以对照。然而有一点总是对的,那就是交换关系,即商品特征在包括精神层面的一切层面的扩张——人们时兴用"商品化"称呼这种交换关系——在 18 世纪晚期和 19 世纪的时候在德国不像在发达资本主义国家那样极大发展。这至少赋予精神产品少许抵抗力。精神产品将自身理解为某种在自身的存在,而不是仅仅理解为某个和众多他者的存在,不是仅仅理解为交换客体。它的模式不是依照市场规律行动的企业家,而毋宁说是面向上级完成自身职责的官员;在康德身上这一点经常凸显出来。在费希特关于作为目的本身的本原行动的学说中,这一点在理论上最连贯地表现出来。前述原型的有道理之处,或许要从休斯顿·斯图尔特·张伯伦①的案例上研究,此人的名字和成长过程与德国近代史上最具灾难性的一些方面,即种族和反犹主义的方面,结合在一起。理解这位德国化的英国人如何负有模糊的政治职能,似乎很有教益。他与他岳母柯西玛·瓦格纳②的通信对此提供了最丰富的材料。张伯伦最初是一个细致、温柔的人,对商业文化的奸诈

① 休斯顿·斯图尔特·张伯伦(Houston Stewart Chamberlain,1855—1927),德国英裔政治哲学、自然科学家,认为条顿人在物种上更为优越,应该统治世界。他与作曲家瓦格纳为友,并娶其女儿为妻,著有《十九世纪的基础》(1899 年),该书后来被树立为德国种族主义与意识形态意义上的反犹主义的典范。
② 柯西玛·瓦格纳(Cosima Wagner,1837—1930),音乐家瓦格纳的第二任夫人,在瓦格纳于 1883 年去世后主持拜罗伊特歌剧节,直至 1908 年。

格外敏感。在德国全境,尤其是在拜罗伊特,对商业因素的公开拒绝吸引了他。对他成为种族主义煽动者负有责任的,并不是天生的恶毒,甚或对偏执又贪权的柯西玛缺乏抵抗力,而是幼稚。张伯伦将德意志文化中与他家乡彻底开展了的资本主义相比为他所偏爱的东西绝对化了。他从中看到的是一种不变的自然特质,而不是不同时代社会发展的结果。这就顺利地将他引向了那样一些种族观念,那些观念产生了远比张伯伦意欲逃离的无艺术感的东西多得不可胜计的野蛮后果。

如果说情况真是那样,即在没有"为了其本身"的情况下至少就不可能有伟大的德意志哲学和伟大的德意志音乐了(其实西方各国的知名诗人在抵制被交换原则①损坏的世界方面也不遑多让),那么这并不代表真理的全部。即便德意志社会,过去和现在也都是一个交换社会,而"为了事情本身而行动"也并不像它被风格化的那般纯粹。毋宁说在这背后也有某种为他者而存在的成分,也有事情本身绝不能穷尽的某种利益。只不过那在过去不是个体的利益,而是思想与行动上对国家的服从,只有国家的扩展才会使个人一度受约束的自私自利得到满足。在种种伟大的德意志构想中,纯粹的"为了事情本身"过分被颂扬了,而过去这些构想也完全为国家的神化作好了准备;西方各国的批判一再坚持这一点,而这同样是片面的。集体利益对个体私利的优先,被拿来与侵略战争的进攻性政治潜力相结合。过去对无限统治的渴求伴随着理念的无限性,一方失去了另一方,便不存在了。迄今为止的历史表明,责任的整体关联在于最高的生产力、精神的最高表现与最糟糕的东西共谋。在刻薄地完全不为其他因素考虑的情况下,连"为了事情本身"也离非人性状态不远了。非人性状态恰恰表现在那些最伟大精神产物的某种高调炫耀的、无所遗漏的强力行动中,表现在这些产物的统治欲中。这些产物几乎无一例外地认可持存的东西,理由是那东西持存了。如果说人们可以推测某东西特别具有德意志性格,那么它就是卓越的、不满足于任何惯常被设定的边界的因素与畸形怪异东西的这

---

① 指商业经济。

种相互交融。当它跨越边界时，它也希望征服，正如唯心论的哲学与艺术作品毫不容忍不在它们的同一性所能支配的禁区之内出现的东西。即便这些环节的张力也绝非什么原初给定状态（Urgegebenheit），绝非所谓的民族性格。转向内心的做法，荷尔德林式行动贫乏却思想丰富的现象，正如18和19世纪之交在货真价实的人物中流行的那样，将种种力量聚集起来并加以催化直至爆炸，而这些力量要求实现时已太晚了。绝对者骤变为绝对的恐怖。如果说事实上在市民早期历史的长时段中，德国的文明之网——市民化——的网格编织得不像在西方各国那么密实，那么是有一些未被套牢的自然性力量能储存下来了。这样的储存既产生了精神上坚定不移的激进主义，也产生了永远会有的倒退的可能性。因此越是不将希特勒视为德意志民族性格的命运之所向，他在德国的蒸蒸日上便越不是偶然。只不过若是没有德意志式的严肃（这种严肃由人们对于绝对者的激情引起，而且如果没有这种严肃，最好的东西似乎也不会出现），希特勒是不可能得势的。在社会游戏规则已深入人心的西方各国，他似乎会沦为笑柄。神圣的严肃可能转变为动物式的严肃，后者心怀亵渎，在字面意义上将自己当作绝对者，并对一切不服从其要求的东西发泄狂怒。

这种错综复杂的局面，即如前所述那般洞察到德意志的东西中一个方面离不开另一方面，挫败了对那个问题①的任何单义性回答。这种单义性的要求是以牺牲回避了单义性的东西为代价的。人们带着偏见，认为知识分子太过复杂的思维对于事态的发展负有责任，而如果他不愿骗人的话，他就会认为事态的发展禁止人们按照或此或彼（Entweder-Oder）的模式给出一些简单的规定。因此如果我将对"何为德意志的"这一点的追问略作简化并在较朴素的意义上加以理解的话，较好的表述或许是：将我作为流亡者、作为带着责骂与侮辱被驱逐者赶走，并发展成德国人对上百万无辜者干犯之事的东西，却又回来了。当我尝试告诉一些人我亲身经历和观察到的东西时，我认为最好是抵制

696

① 即"何为德意志的？"这个问题。

原型教育。这些被某种僭主政治任意而盲目地从自己家乡驱逐的人，在这种政治垮台后又回来，这是一个古老的传统。顺其自然而无需多问的是，在他们之后会出现一个憎恶"开始新生活"这种想法的人。此外，对于具有社会思维者（他也在社会—经济意义上理解法西斯主义）而言，认为事情的关键在于作为民族的德国人的那种论点是奇谈怪论。我在流亡过程中没有一刻放弃过返国的希望。在这份希望中，对信赖的认同是不容否认的；只不过这种认同不可被胡乱用来给那样的东西作理论上的辩护，那东西似乎只有在顺从本能，而不诉诸烦冗的救济理论时才是合法的。我在自愿决断的情况下感觉到，在德国也是能做些善事，能抵制灾难的固化和重演的，这也只是上述自发认同的另一个方面。

我有一种特别的经验。随大流的、自己感觉与周围环境及其支配关系普遍比较和谐的那些人，每次到一个新的国家适应起来都容易得多。在这里是民族主义者，到那里也是民族主义者。谁若是在原则上并非百折不挠地寻求与各处的局势相融合，并非一开始就愿意闻鸡起舞，他哪怕到了新国家也总是反对派。对于自己的过去的连续感与忠诚感不同于在人们如今所处环境中的傲慢与固执，然而连续与忠诚也极容易退化为傲慢与固执。这种忠诚要求的是，人们当懂得坚守自己的经验，又有能力分辨，尤其是有能力真正识人好坏时，宁愿寻求改变某些东西，而不是为了适应其他的环境而放弃自身。我所希望者，不过就是回到我度过孩童年代并由以在内心最深处获得我的特质的那种状态。过去我希望发觉的是，人们在生活中实现的，无非就是尝试追回孩童年代。因此我觉得自己可以谈一谈使我返国的动机有多强烈，而不必担心沾上弱不禁风或多愁善感的嫌疑，甚或令人误解我将德文的"文化"（Kultur）与英文的"文化"（Culture）作为灾难性的对立项区别开来。依照某个比斯宾格勒还古老的敌视文明的传统，人们自认为优越于另一个大陆①，因为那个大陆只盛产冰箱和汽车，而德国生产精神文化。

---

① 指美洲大陆，尤其指美国。

然而当精神文化被固定下来,成了目的本身,它也会产生脱离现实人性而自得自满的趋势。然而在美国,随处可见的为他者而存在的现象[甚至发展成"保持微笑"(keep smiling)]中也发展出某种共情、同情、对弱者命运的关心。建立自由社会(而不是心怀恐惧地仅仅思考自由,并在思想中将自身降低到自愿顺从的地位)的强烈意愿,并不会因为它的实现受到社会体系的局限就变得不好了。德国境内对美国的傲慢习气是不合理的。它只不过是在曲解滥用某种高级东西的情况下,利用了最陈腐的一些本能罢了。然而要超越僵硬的对立,也无需否认某种所谓的精神文化与某种技术文化的区别。被束缚于有用性之上的生命感可能极为惶惑,在对不断产生的矛盾闭目塞听的情况下,误以为一切东西就其各司其职而言,都被安排得再好不过了;对于某种精神文化的信念也同样极为惶惑,这样的文化凭借其自鸣得意的纯粹性理想,便放弃了它的内容的实现,并将现实出卖给权力及其胡作非为。

先讲过这些之后,我要冒险谈一谈使我回国的决心变得轻松的事情。一位出版商,此外他也是一个欧洲移民,表达了要以英文出版《新音乐哲学》(这书的德语手稿他是了解的)的主要部分的愿望。他请我提供一个译文初稿。他在读稿子时发现他本来熟悉的这部书"组织得很糟糕"(badly organized)。那时我对自己说,要是在德国,无论发生什么,至少我能免去这个麻烦。一些年后,同样的事情再度发生,还古怪地加强了。我在旧金山精神分析学会举办一场演讲,并将其交付给学会主管的专业期刊发表。我在校样上发现,人们并不满足于改进移民偶因疏漏而产生的文体缺陷。整个文本被歪曲得面目全非,原本的意思也找不到了。在我礼貌地表达抗议之后,我收到了同样客气的、语带惋惜的说明,说期刊的声誉恰恰归功于它使全部文章都接受这样的编辑(editing)。据说这样的编辑赋予这些文章整体性;据说我如果要放弃编辑的种种长处,那不过是妨碍我自己罢了。然而我还是放弃了;今天这篇文章就收于《社会学(二)》①这一卷中,标题为"经审核的精神分

① 见阿多诺《文集》第9卷:《社会学文集(二)》(*Soziologische Schriften II*,1975)。

析",是以相当忠实的德译文出现的。在这篇译文中人们可以核查,文本是否必须被一台机器过滤,服从在美国那些无能的作者必定拿来护体的那种几乎普遍施行的适应、修改、改变的技术。我举这些例子并不是为了抱怨搭救我的这个国家,而是为了说明我为什么没有久留。与国家社会主义的恐怖相比,我的文学经验不过是些可笑的琐事。但在我幸存下来后,我为工作提出一些尽可能不损害它的条件也是情有可原的。那时我明白,我在作者的作品完整齐备这一点基础上当成作者的绝对权利加以伸张的那种自主性,面对高度理性化的节约利用,以及那时的种种精神产物,也带有某些落后的成分。那时人们要求于我的无非就是前后一贯地将高度经济浓缩的规律应用到科学与创作的产物699 上。但依照适应的尺度来看更为进步的这种做法,依照事情本身的尺度来看必然意味着倒退。适应可能斩断精神产物的新颖之处和创新之处,而精神产物正是凭借这些东西才超出本身已被操纵的消费者需求的。在我们这里,那样一种要求还没那么彻底,即连精神也要加以适应。在精神自主的成果与为市场服务的成果之间还是要有所区分的,尽管很多时候这样做的理由是成问题的。那种不知会被容忍多久的经济倒退,乃是所有进步力量的避难所,而进步力量并不以为现行的社会游戏规则包含了所有真理。倘若像无数人当然会希望的那样,在业务将自卑作为掩盖自身意识形态的借口时,精神被推动起来,被裁剪得合乎该业务所支配的客户的需求,那么精神就彻底缺席了,正像在法西斯主义的棍棒下那般。不满于现状的那些意图,我甚至想说在性质上相当时髦的那些意图,就是以经济利用过程中的落后状态为生的。即便这种落后状态,也绝不是德意志民族特有的状态,而是产生了全社会的种种矛盾。此前的历史根本不了解什么直线进步。就进步不绝如缕地在单纯支配自然这条路上延续而言,在精神意义上超出这种状态的东西毋宁体现在并不完全与主流趋势合拍的东西上,而不是时髦的(up to date)东西上。在一个广泛废除了作为民族的德国的世界政治功能(这带来民族主义的某种复兴催生的全部危险)的政治时期,这可能是德意志精神的机遇。

我决定回到德国,这绝不仅仅是出于主观需求,出于思乡情切,尽管我并不否认思乡之情。也有某种客观因素起作用了。这就是语言。这不仅仅是因为人们在新学来的这门带着各种层次和思想运行节奏的语言中,不能像在自己的语言中那样准确把握它的意思。毋宁说德语明显与哲学有某种特殊的亲和性,而且是与哲学的思辨环节具有亲和性,而这个环节在西方很容易被怀疑是凶险模糊的——绝非毫无理由。700从历史上看,在一个似乎首次可以真正加以分析的进程中,德语变得有能力表达现象中的某种无法穷尽于其单纯如是(Sosein)、其实定性与给定性中的东西。德语的这种特性可能在那种几近劝退的困难中最强烈地浮现出来,那就是将黑格尔的《精神现象学》或他的《逻辑学》这类要求极高的哲学文本翻译成其他语种。德语不仅仅是一些固定含义的指意(Signifikation),无论如何,比起西方各种语言中并不成长于这种语言环境,也并不以这些语言为第二天性的人所能察觉到的来,它还被更强的表现力攫获了。但谁如果确信哲学与其他各科学相反,以呈现为本质(最近乌尔里希·索恩曼①极为精辟地说道,任何人如果不同时是一个伟大的作家,是不可能成为一个伟大哲学家的),他就会被指引到德语这里。至少土生土长的德国人会感到,他在外语中是不可能充分掌握呈现或表现的本质环节的。如果人们以某种纯正的外语写作,那么不管承认还是不承认,人们都会干犯那样的禁令,即暗示自己,在言说的时候其他人也是懂得的。然而在母语中,如果人们只是尽可能准确且不加妥协地言说事情,便也可以希望通过如此坚毅的努力而被人理解。对于周围人来说,在母语范围内这种努力自有保障。这种状况是德语所特有的,还是更一般地涉及任何一种母语和外语的关系,这我不敢下定论。然而,不仅高度跳跃的思辨性思想,甚至个别相当精确的概念,比如 Geist(精神/灵)、Moment(瞬间/环节)、Erfahrung(经验/体验)等概念,带着德语中随之而来的所有韵味,都不可能在不进行暴

① 乌尔里希·索恩曼(Ulrich Sonnemann, 1912—1993),德国哲学家、心理学家、政治评论家。

力干涉的情况下转换到另一种语言中,这就表明德语有某种特殊的、客观的品质。毫无疑问,为此德语在那样一种持久的诱惑之下也是要付
701 出代价的,即作者误认为,语词的那种包含言外之意的固有倾向使得人们更容易做,甚至免于去做的一件事,乃是思考并在可能的时候批判地限制言外之意,而不是与其相伴相生。回国的人已失去关于自己东西的幼稚想法,必定将人们与母语之间最密切的关联和对该关联造成的一切眩晕迷糊的不懈警惕结合起来;要警惕那样一种信念,即我想称作"德语的形而上学盈余"的东西便已经保证了它所倡导的那种形而上学的真理,或者一般形而上学的真理。或许在这个语境下我可以承认,我也是因此才写作《本真性的行话》的。由于我赋予作为一种思想产物的语言的重要性和威廉·冯·洪堡在德国传统下赋予的一样多,我在语言上(在自己的思维中也是如此)便渴望一种训练,那是矫揉造作的谈话避之唯恐不及的。语言的形而上学特征根本不是什么特权。一种在语言上夸示炫耀因而显得很可疑的深度,其理念是不能从语言的形而上学特征中借来的。与此类似,比如说,当一个极端保守的作曲家以"德意志灵魂"命名他的浪漫—追思性作品时,在这个概念中过去一直具有的特色就受到了致命的损害。深度概念本身是不能在未加反思的情况下予以肯定,不能像哲学上说的那样予以实体化的。以德语写作且明知其思想浸润德语太深的任何人,似乎都不可忘记尼采对那个层面的批判。在传统上,自负的德意志式深度相当可疑地与苦难及其辩护打得火热。因此人们诋毁启蒙是肤浅的。如果说还有什么东西是深刻的,即不满足于盲目精雕细琢的观念,那就是揭示出对于"苦难必不可少"这一点的共识的一切欺骗性。团结一致阻止辩护①。如果忠于那种理念,即事物当前的样子不应当是它最终的样子(不去进行将德意志事物现在是什么样确定下来这类毫无指望的尝试),就要猜想"德意志事物"这个概念还能要求的含义:在向人性过渡的过程中。

---

① 指一个观点被众口一词地赞同,似乎这本身就成了这观点正确的证明,因而这观点就无需辩护了。

美国的科学经验

一个来自美国的缘由促使我将我在那里的精神经验记录下来。或许这样一来,从一个端点出发,也会有少许光线被投射到不那么显眼的地方。我从第一天到最后一天都觉得自己是欧洲人,这一点我从不否认。要坚守精神的连续性,这对于我来说是不言自明的,我在美国也迅速就充分意识到了这一点。我还记得在纽约最初的岁月里,一位像我们一样的女移民身为名门之后却作出如下宣示时,给我造成的冲击:"过去人们去听交响乐团的音乐会,如今去无线电城(Radio City)①。"在这事上我根本不想与她比肩。由于天性与经历使然,那时我对精神事物领域的适应可想而知是扞格不入的。我越是看准了,精神的个体性如果不是通过彻底的适应过程和社会化过程,是无法形成的,我便越是认为走出适应之外是个体化过程的责任与明证。通透了解认同各种自我理想的那些机制,能使个体化过程从这种认同中解放出来。自主与适应的这种关系早就被弗洛伊德认识了,后来又为美国的科学意识所熟知。但如果人们在 30 年前过来美国,情况就不是这样的。那时"适应"(Adjustment)还是一个咒语,尤其针对那样的人更是如此,他作为被迫害者从欧洲逃了出来,人们既期待他在新国家获得技能,又期待他不要高傲地固守他过往的状态不放。

---

① 无线电城音乐厅(Radio City Music Hall)位于纽约曼哈顿第六大道洛克菲勒中心,是世界著名艺术中心,演出交响乐、歌唱、舞蹈和杂耍等。

在我人生的前 34 年形成的方向彻底是思辨性的,这个词①是在质
朴的、前哲学的意义上说的,尽管在我这里它与哲学的种种意向结合在
一起。我感到与我相契合且对我显得很客观的事情是**阐释**种种现象,
而不是探明种种事实并对其进行整理和分类,甚至将事实弄成信息,供
人支配;不仅在哲学中如此,在社会学中同样如此。到今天为止,我从
未将双方②严格分离开过,我也很清楚,这里那里发生的专业分化不是
单单由于某一次意志活动就能被取消的。比如《论音乐的社会处境》一
文(该文是我在 1932 年任法兰克福大学编外讲师时在《社会研究杂志》
上发表的,我后来的全部音乐社会学研究均与该文相关)当时便彻底是
以理论为导向的,由关于某种在内部自相对抗的总体性的观念支撑着
(这种观念同样"显现"于艺术中,艺术也要基于这种观念之上来解释)。
有那样一类社会学,上述这种思维对其充其量只具有假设的价值,却不
具有认识的价值,那样的社会学当时与我的性情是对立的。另一方面,
我当时是以摆脱了民族主义与文化傲慢的面目来到美国的,至少我现
在希望是如此。传统的(尤其是德国的)、精神科学的文化概念的毛病,
比起我长久以来似乎对这类观点倾注的信任来,那时在我看来太明显
了。在美国的精神氛围下不言而喻的是,启蒙的环节即便在与文化的
关系上也必定会最强烈地触动我。此外,我那时还对面临灾难时遇到
的搭救满心感激,那灾难在 1937 年已经显现出来:我既乐意做我分内
该做的事情,也决心不要放弃我的特色。当我将自己的情况与美国的
经验对比时,这两端的张力可能在相当程度上表现出来了。

1937 年秋,我收到我的朋友马克斯·霍克海默从伦敦拍来的电
报,他在希特勒掌权之前是法兰克福大学社会研究所所长,这时他与纽
约的哥伦比亚大学合作延续了该研究所的工作;他在电报中说,如果我
已经在美国,可能要在一档广播项目(Radioprojekt)中一同探讨我迅速
移居美国的事情。在短暂思索后我拍电报同意了。那时我还不太知道

① 指"思辨的"(spekulativ)一词。
② 指哲学与社会学。

广播项目是什么;那时我并不了解美国人对"项目"(project)一词的用 704
法[这个词如今在德国大概被译作"Forschungsvorhaben"(研究计划)]。
我当时只能确定,我的朋友如果不是确信我作为专业哲学家能胜任这
一任务,是不会这样给我建议的。我对此事的准备聊胜于无。在牛津
的三年里,我虽然自修了英语,却是在相当体面的意义上学习的。在
1937年6月,我受霍克海默邀请在纽约待过几周,毕竟还是获得了第
一印象。在1936年的《社会研究杂志》上,我发表了对爵士乐的一种社
会学解释,这种解释虽然有对于特殊的美国式认识的缺陷过于敏感的
毛病,但好歹是运行在某种堪称独具美国特色的材料中了。对美国生
活的某种认识,尤其是对那里的音乐格局的某种认识,我似乎可以既迅
速又强烈地获得,因为没有多大困难。

关于爵士乐的那篇文章的理论核心,本质上与我那时参与的晚期
社会心理学研究有关联。我发现我提出的一些原理得到了像温思罗
普·萨金特①这样的美国专家的证实。然而那篇论文尽管紧贴音乐的
事情,依照美国的社会学概念来看还是带着未经证实这一污点。该文
在对听众产生影响的材料的领域,即在"刺激"(Stimulus)的领域残留
下来,与此同时我似乎并未或并不能涉及以统计学方式跨越到围栏另
一侧(other side of the fence)②的那些方法。因此我便激起了那之后还
会不绝于耳的那种非议:"证据何在(Where is the evidence)?"

美国的情形有某种幼稚性在更强烈地抗衡。我那时很清楚垄断资
本主义、最大的托拉斯(Trusts)是什么;但我不知道理性的规划和标准
化在多大程度上渗透了大众媒体,因而也渗透了爵士乐(爵士乐的各种
衍生物在大众媒体的生产上发挥了极为显著的作用)。事实上我那时
还将爵士乐当作垄断资本主义非常乐意拿来宣传自身的直接表现形 705
式,也没有觉察到一种马力全开的、受到操控的虚假自发性有何问题,
即"二手"东西有何问题,这问题我后来才在美国的经验中领悟到,我后

---

① 温思罗普·萨金特(Winthrop Sargeant, 1903—1986),美国小提琴手与音乐批评家。
② 当时的流行语。

来还勉强（tant bien que mal）试着把它表述出来。当我在首版近 30 年后将《论爵士乐》一文交付重印时，我距离它已经相当远了。因此我除了看到它的种种缺陷之外，也能察觉到它，比如说，有用的地方。正因为该文不是以一种美国现象在美国的那种不言而喻来理解这现象，而是像今天的人们在德国极为灵巧地以布莱希特的方式说什么东西那样，使它"间离"，规定它极容易被对爵士乐用语的熟悉掩盖起来，而又可能是它的要害的那些特征。在某种意义上，局外状态（Outsidertum）与公正无偏的洞见的这种交叠很可能就是我有关美国材料的所有文章共有的特征。

当我 1938 年 2 月从伦敦移居纽约时，我将一半时间用在社会研究所上，一半用在普林斯顿广播研究项目（Princeton Radio Research Project）[1]上。后者由保罗·菲·拉察斯费尔德[2]主导，他作为共同主任[3]，站在哈德利·坎特里尔[4]和弗兰克·斯坦顿[5]这边，那时他还是哥伦比亚广播系统的研究主管（Research Director）。我本人本应指挥该项目中的所谓音乐研究[6]。那时幸亏我属于社会研究所，我不必像通常那样受制于直接竞争与外部压力带来的挑战；我还有遵循自己意图做事的可能。对于两头做事的难题，我试图通过将我在这头与那头从事的科学活动相结合，来加以克服。在我那时为研究所写的理论文本中，我表达了一些希望在广播项目（Radio Project）中加以利用的观点和经验。这里首先涉及的是 1938 年便已发表于《社会研究杂志》，如今可以在《不和谐》这一卷[7]中读到的短文《论音乐中的物神特征与听觉的退化》，也涉及 1937 年在伦敦已动笔的有关理查德·瓦格纳的书的

706

---

[1] 以下多次出现，原文均为英文，不再另附原文。

[2] 保罗·菲·拉察斯费尔德（Paul Lazarsfeld, 1901—1976），奥地利—美国社会学家，曾任美国社会学学会主席。

[3] 指上述广播研究项目的主任不止一人，他是其中之一。

[4] 哈德利·坎特里尔（Hadley Cantril, 1906—1969），美国心理学家。

[5] 弗兰克·斯坦顿（Frank Stanton, 1908—2006），美国广播主管人员，1946—1973 年间担任哥伦比亚广播公司（CBS）主席。

[6] 本文中普林斯顿研究项目下的"音乐研究"的原文皆为英文，不再另附原文。

[7] 属于阿多诺《文集》第 14 卷。

结尾,该书的部分章节我们于1939年发表在《社会研究杂志》上,而全本则于1952年在苏尔坎普出版社出版。那时这部书与经验性的音乐社会学出版物之间的距离是相当显著的。尽管如此,它依然属于我那时工作的复合整体。《试论瓦格纳》致力于将社会学上、技术—音乐上和美学上的分析相互结合起来,使得一方面对瓦格纳的"社会特征"及其作品功能的社会分析能显明作品的内部聚合方式。另一方面,也是那时在我看来更为本质的方面,内部的技术诊断似乎会在社会意义上言说,会作为社会状态的符码被解读。但论物神特征的那个文本那时希望以概念论述我在美国得到的一些新鲜的音乐—社会学观察,并为具体执行的个别研究拟定一个"参照系"(frame of reference)。同时这篇文章还对不久前在我们杂志上刊登的瓦尔特·本雅明论"技术复制时代的艺术作品"的文章作出了某种批判性回应。文化工业产物及相应的举止方式的毛病在那里得到了强调,而在我看来,本雅明恰恰过于不折不挠致力于"拯救"那个有毛病的层面。

那时普林斯顿广播研究项目的中心既不在普林斯顿也不在纽约,而在新泽西州纽瓦克市,而且在相当即兴的意义上,安置在一个无人使用的酿酒厂里。当我开车去那里,穿过哈德逊河底隧道,我面前出现了一座貌似卡夫卡笔下的那种俄克拉荷马自然剧场(Naturtheater von Oklahoma)①。选址时吸引我的当然正是按照欧洲学院惯例很难想象的那种质朴性。然而我对进行中的这些研究的第一印象恰恰并不以很深的理解见长。我在拉察斯费尔德的鼓励下从一间房走到另一间房,还与工作人员聊天,听到了像"爱憎研究"(Likes and Dislikes Study)、"一个节目的成败"(Success or Failure of a Programme)这些我一开始很难理解的话。但我明白,这项目涉及数据搜集,涉及大众媒体领域的规划机构,不管那是直接对工业有利,还是对文化咨询委员会和类似的各种委员会有利。我头一次亲眼看见了行政管理研究(administrative research):现在我记不清了,究竟是拉察斯费尔德发明了这个概念,还

———————————

① 卡夫卡写有同名片段性作品。

是我在对一个于我而言完全不熟悉的、直接以实践为导向的科学类型感到惊奇的情况下发明的。

　　无论如何，拉察斯费尔德后来还是在一篇文章中阐述了这样一种行政管理研究（administrative research）与我们的研究所关心的那种批判性社会研究之间的区别，该文是我们 1941 年致力于"交往研究"的《哲学与社会科学研究》（*Studies in Philosophy and Social Science*）特刊的一篇导论。那时在普林斯顿项目的框架下，留给批判性社会研究的空间当然不大。该项目的章程（Charter）由洛克菲勒基金会（Rockefeller Foundation）制定，明确约定研究必须在美国境内建立的商业广播系统的框架内执行。这意思就包括，这个系统本身、它的社会与经济条件及其教育社会学后果都不可被分析。我不能说自己严格遵守了这个章程。不惜代价加以批判的热望绝不会使我那样做，而那样的批判对于一个必定才刚刚熟悉所谓的"文化氛围"的人而言似乎不大合适。使我不安的毋宁说是一个根本性的方法论难题——这里"方法"是在其欧洲的、认识批判的意义上被理解的，而不是在美国的意义上被理解的，依照后一种意义，方法论（methodology）的意思与实际的调查技术相近。那时我彻底倾向于放弃著名的围栏另一侧（other side of the fence），因而彻底放弃研究听众的反应；而我现在还记得，当我进行一系列当然相当无拘无束的、缺乏系统性的访谈时是多么快乐和多么受益。我从相当年轻时以来，单是想想这样的事情就很不舒服。但另一方面，那时的我似乎认为，即便今天我也确信，在文化产业中，在依照知觉心理学观点看来不过是单纯刺激的东西中，也是有在质上确定的、精神性的、依照其客观内容而言可认识的因素的。我抵制追查和测量效果，而不将效果关联到那样一些"刺激"（Stimuli），即关联到文化工业的消费者（因而这里是广播听众）对其作出反应的东西的客观性之上。依照正统社会研究（social research）的游戏规则而言堪称公理的东西，从受试者的反应方式出发，而不从某个初始东西，不从社会学认识的最终渊源出发的做法，那时在我看来完全是半吊子的和衍生性的做法。或者更慎重地说：似乎尚待研究查明的是，受试者的这类主观反应在多大程度上真正像受试者以为的那样是自发的和直接的,或者说这背后在多大程度上不仅仅有收音机的传播机制与影响力,还有媒体和听众所接触材料的内涵在起作用——最后还有影响力广泛的社会结构,直至整个社会在起作用。然而我从艺术的客观内涵,而不是从统计学上可测量的听众反应出发进行研究,这就与实证主义的思维习惯冲突了,而这些习惯通行于美国科学,几乎毫无争议。

此外,在从理论思索向经验过渡的过程中,还有某种极具音乐特质的因素阻碍了我:将主观上使听众对音乐开窍的东西用口语化方式表达出来的困难,一般意义上即人们乐意称作"音乐经验"的东西的晦暗之处。一台小机器,即所谓的节目分析器(program analyzer),在乐曲播放过程中通过按压标记出一个人喜欢什么和不喜欢什么;当时在我看来,尽管这类东西得到的数据具有表面上的客观性,这类东西根本无法触及真正应当研究的东西的复杂之处。无论如何,那时我还是认为有必要在我像人们说的那样决意开赴前线之前,广泛推动人们可能称作音乐的内容分析(content analysis)的东西,即推动事情本身的分析——这里似乎不应将音乐错误理解为标题音乐。这里我想到的是,当我在社会研究所的那位后来去世了的同事弗兰茨·诺依曼①(《比希莫特》的作者)问我,音乐研究的调查问卷是否已经发出去了,我还根本不知道,对于我认为很本质的那些问题,人们光凭调查问卷在根本上是否能很好地应付。我总是还不确定,事情是否得到了足够有力的研究。当然(这里很可能是我误会了),那时对于音乐与社会关系的核心洞见根本就不是我期待的那样,而是一些可利用的信息。我使自己转而因应这一需求之后,感到了强烈的憎恶;依据霍克海默表示支持我的一次评论,照我的特质来看,我很可能在那个时候还力不从心。

当然,那时所有这一切都在相当程度上受到下述情况的制约,即我最初更多是作为音乐家,而不是作为社会学家进入音乐社会学这个特

---

① 弗兰茨·诺依曼(Franz Neumann, 1900—1954),德国—美国政治学家和法学家,著有对国家社会主义进行结构分析的《比希莫特》。

殊领域的。然而那时有一个真正具有社会学特征的要素在起作用了，我在数年后才能说清楚这个要素。在诉诸对音乐的主观态度时，我触及**中介**问题。当时这个问题的解决恰恰是由于，我认为那些看似很根本、很直接的反应本身已被中介过，不足以充当社会学认识的基础。人们可能会就此指出，在以反应及其普遍化为指向的社会研究进行的所谓动机分析中，似乎掌握了某种工具，可以修正前述直接性①假象，并深入到主观反应方式的通行条件中去，比如说通过补充上详细的、定性的案例研究（case studies）。然而如果撇开下面这一点不管，即 30 年前经验性的社会研究还不像后来那样强烈关注动机研究的种种技术，那么当时和现在我都感到这样一种操作方式即便投合常识（common sense），

710 也并不完全合乎事情本身。这种方式那时也总是必然拘泥于主观领域：动机落于个体的意识与无意识之中。仅仅通过动机分析似乎无法查明，对音乐的种种反映是否以及如何受到所谓的文化氛围，进而受到社会结构要素的限定。不言而喻，在主观意见和主观态度中，社会客观性的种种形态也间接呈现出来。主体的意见和态度本身也总是一个客观的东西。对于整个社会的发展趋势而言它们显得很重要，尽管还没有达到将议会民主游戏规则径直等同于活生生的社会现实的那种社会学模式所假想的程度。此外，在主观反应中还闪现出下贯至具体个别性的社会客观性。这就从主观材料回指到客观决定因素了。就更容易确定和量化的是主观反应，而不是经验性研究不易上手的那些结构（尤其是"全社会的"结构）而言，经验性方法的排他性要求是有其道理的。不难理解，人们从主体那里查明的数据同样可以走向社会客观性，正如人们可以从后者出发一样，只不过就社会学从探明那些数据起步而言，人们立于更坚实的基础上了。尽管如此，这还是没有证明从个人的看法和反应出发，事实上如何能进展到社会结构和社会本质。正如涂尔干认识到的，即便那些看法在统计学上的平均值也不过就是主观性的

---

① 在德文中"直接性"（Unmittelbarkeit）的字面意思是"非中介性"，这里指的是听众反应看似未经中介的。

归拢而已。

下述现象很难说是偶然的,即一种严格经验论的拥护者限制理论的构建,使得整个社会及其运动规律的构造受阻。然而首先,一门科学采用的参照系、范畴与操作方式的选择就不是那么中性的,对于认识对象的内容也不是无所谓的,像方法与事情的严格分离构成其本质环节的那种思维可能希望做的那样。人们是从一种社会理论出发,并将所谓得到确证的、可观察的现象理解成附带现象,还是人们认为要到这些现象中抓住科学的实体,并将社会理论仅仅理解成一种仅从分类中产生的抽象物,在内容方面这对于如何构想社会产生了广泛影响。一个或另一个"参照系"如何选择,这在对下面这一点的每一种特殊的态度和每一种"价值判断"产生之前就已经决定下来了:人们是将社会这个抽象物设想为一切个别事物都依赖的那种实在,还是人们为其抽象性考虑,正如唯名论传统中那样,将社会这个抽象物评价为不过是空虚的声音(flatus vocis)。这种二者择一的局面延伸到一切社会性判断中,最终还延伸到政治判断中。动机分析将我们引去的地方,比与受试者的反应相关的个别特殊作用远不了多少,然而这些作用(尤其是在文化工业的整个系统内部)本身不过是从那样一个总体中或多或少任意地抽取出来的,那个总体由并非仅仅外在地对人类起作用,而是长久以来也被人类化入内心的东西构成。

这背后有一种对于"交往研究"而言远远更为要紧的事态。大众媒体社会学在美国尤为关注的那些现象,其本身与标准化,与人工产物向消费品的转变,与精打细算做出来的虚假个体化,以及人们在德国哲学语言中所谓的物化的种种相似的显现形式,是分不开的。与那些现象配合的是一种物化了的,几乎不再能够应对自发经验,反而可被广泛操控的意识。我以"物化的意识"所指的意思,可以无需繁琐的哲学思索,在极简的意义上以某种美国的经验来说明。在普林斯顿项目中在我面前走马灯般轮番替换的合作人员中,我发现一位年轻的小姐。几天后她表达了对我的信任,还极为亲切地问我:"阿多诺博士,您介意一个私人性问题吗?"我说:"那要看是什么问题,但尽管问吧",然后她就继续

711

712 问道:"请告诉我:您是个外向的还是内向的人?"①那时的情况是,她作为一个活生生的人仿佛已经是照着咖啡馆调查问卷(Questionnaires)中问题模式在思考了。她想将自己归入那类僵硬且预先给定的范畴之下,就像人们当时在德国往往也能观察到的那样,比如当人们用出生时的星象来刻画自己时就是那样:"人马座小姐","白羊座男士"。物化的意识绝非仅仅以美国为家,而是被社会的整体趋势推动的。只不过我到了美国才头一次意识到这一点。只不过在那种精神的形成方面欧洲落在了后面,这与经济—技术的发展是相应的。在此期间这个复杂的局面在美国已袭入普遍意识中。在 1938 年前后,使用那时已经被用坏了的"物化"概念是很令人讨厌的。

　　那时尤其令我恼怒的是一种方法论上的循环:人们要依照经验社会学的流行规范掌握文化上的种种物化现象,就必须利用一些本身已被物化的方法,就像这些方法以那台节目分析器(program analyzer)的形态极具威胁地立于我眼前那样。那时如果我,比如说,被要求"测量文化",正如人们在字面意义上说的那样,我反过来想到的是,文化恰恰是那样一种状态,它排斥想测量它的那种心态。总的来说我拒绝无差别地运用那时即便在社会科学中也很少遭到批判的那个原理,即"科学就是测量"(science is measurement)。量化考察方法优先的信条(与这类方法相比,理论以及定性的个别研究最多只具有补充特征)带来的局面是,人们恰恰一定会陷入上述悖论。将我的种种思索转化成研究术语(research terms)的任务好似圆凿方枘。在个人平衡方面这给我增加了多大的负担,在这一点上我当然不是进行评判的合适人选;然而困难当然**也**是客观意义上的。困难根植于社会学这一科学产物的异质

713 性。在批判原理②与自然科学式的经验操作方式之间根本无法协调。双方具有不同的历史根源,只是凭着极端的暴力才整合起来的。

　　这类疑问在我眼前日积月累,使得我虽然享受着对美国音乐生活,

---

① 以上对话皆为英文,不另附原文。

② 阿多诺所说的批判原理(kritischen Theoremen)指由他自己实践的法兰克福学派批判理论。

尤其是对广播系统的丰富观察,也将一些原理和论点写到纸上,却无法至少将它们当作调查问卷和访谈模板的关键节点①。诚然,那时我是有些被放任了,可以发挥我的能动性。对于浮现在我眼前的东西的不适应,使得我在合作者那里促进了怀疑,而不是促进了合作。只有所谓的秘书助手(sekretarialen Hilfskräfte)才在我的鼓励下立即同我攀谈。今天我还会心怀感激地想起露丝·科恩小姐和尤妮斯·库珀小姐,她们不仅誊写和校正我的无数草稿,还与我相谈甚欢。然而在科学上攀登越高,情况就越棘手。因此我曾有一名源自历史久远的德国门诺派的助手,他本应专门协助我的轻音乐研究。他过去是爵士乐队成员,我也从他那里学到了很多爵士乐技术,以及美国的歌曲冲击力(song hits)现象。然而他非但没有协助我,将我的设问方式落实到那时还极为有限的研究手段上去,还写了某种抗议备忘录(Protestmemorandum),在备忘录里他不无激愤地拿他的科学世界观与我那在他看来混乱不堪的思辨相对抗。我想要的东西,他都没怎么理解。他显然心怀怨恨:我带来的那种我真正说来并未丝毫为之自鸣得意的(我以为是以社会批判态度处事的)教养,在他看来是没有根据的傲慢。他不信任欧洲人,正如18世纪市民阶层的人们可能不信任法国流亡贵族。我在他看来像个虚伪的王孙,仿佛我还想带着少许社会特权做事(尽管毫无影响)。

尽管我丝毫不想美化我自己在这个项目上产生的种种心理障碍,714首先是不想美化我没能灵活应对一个其意图在本质上已经定型的人这一点,然而我或许可以在对那个助手的回忆之外再补充几例,这几例便能表明,障碍并非仅仅由我的不足造成。一个在自己领域(该领域与音乐社会学无关)很卓越的合作者彼时长期身居要职,他请求我就爵士乐的兴起作些预言:这种娱乐性音乐形式在乡村还是在城市更受欢迎,在年轻人还是年长者、信教者还是"不可知论者"那里更受欢迎,如此等等。对于这些完全属于爵士乐社会学中吸引我的那些难题一类的问

---

① "关键节点"的原文(Nervenpunkten)字面意思是"神经点",这里采取意译。

题,我的回答凭借的是单纯的人类理智,就像一个淳朴无偏见的、未被科学吓倒的人大概会回答的那样。我的并不算太深刻的预言获得证实。这样做的效果是惊人的。这位年轻的合作者将结果不仅仅归结于我的理性,而是归结于某种魔幻的直觉能力。由此我在他眼中获得了某种权威性,而我通过预测爵士乐爱好者集中在大城市而不是在乡村,原本是绝不应当得到这种权威性的。他在大学获得的教育明显使他认为,那些没有被严密观察和记录的事实强化过的思索,是没有容身之地的。事实上那种认为人们在经验性研究之前提出太多思想而不是假设的时候可能堕入某种"偏见"(bias)的论点,在我看来倒是一种损害诊断的客观性的偏见。我这位格外友好的同事倒是更愿意让我充当巫医,而不是在对思辨的禁忌所管辖的地方承认我有资格思辨。这一类禁忌有一种超出其原本含义之外大肆扩张的倾向。对于未经证实的东西的怀疑很容易变异为对思维的禁令。另一位在专业上同样极为卓越且在那时已广受认可的学者将我对轻音乐的分析视为"专家意见"(expert opinion)。他将这些分析计入研究对象的效果,而不是对研究对象的分析之列;他将这对象当作单纯的刺激,希望将它从分析中剥离出来加以了解,而分析在他看来无非就是投射。我一再遇到这样的论点。很明显,那时在美国,越出精神科学的专业领域之外就很难把握关于精神事物的某种客观性的思想了。精神被不分青红皂白地等同于作为其承担者的主体,而精神的独立化和自主却不被认可。首先,有组织的科学很少得以实现,正如艺术作品很少在其产生之处自行展开。我曾看到这种现象走向某种怪诞的极端。在一组广播听众中,我被赋予一项任务(天知道是为什么),那就是在结构性听觉(strukturellen Hörens)的意义上对音乐进行一个分析。为了对接普遍熟知的东西和流行的意识,我那时选取一段有名的旋律,它构成了舒伯特的B小调交响曲第一乐章的第二主题,而且表现出这个主题如链条般环环相扣的特征,该主题非凡的透彻性就要归功于这种特征。那次聚会(meeting)的参加者之一,一个非常年轻的小伙子(其过分花哨的服装那时给我留下深刻的印象)要求发言,大概说了下面这样的话:我在那儿说的东西的确相当

236

漂亮和有说服力。但如果我着眼于舒伯特的扮相和服饰，并装作是正在说明自己意图的作曲家本人提出了那些思想，那样就更有力了。这类经验清楚地表明了马克斯·韦伯大约50年前在包含了他有关官僚制的学说的一些教育社会学新作中的断言，以及30年代在美国便已充分展现的东西：欧洲意义上的有教养人士的衰落（这类人作为社会类型在美国可能从未被完备建立过）。我认为这一点从知识分子和从事研究的技术人员之间的差别上看尤为明显。

在普林斯顿广播研究项目的范围内我得到的头一次真正的帮助，出现在人们委派乔治·辛普森博士作为助手来协助我的时候。我很乐意利用这次机会，在德国公开重申我对他的谢意。那时他完全是以理论为导向的；他作为原生美国人，对美国流行的社会学规范很熟悉，作 716 为涂尔干的《社会分工论》(*Division du travail*)①的译者，对欧洲的传统也很熟悉。那时我一再发现，原生的美国人表明自己比归化的欧洲人更开放，尤其是也更愿意提供帮助，而后者在偏见和竞争的压力下常常表现出比美国人都更美国化的倾向，可能也很容易将每一个新近到来的欧洲同路人视为扰乱他们的适应(adjustment)的人。辛普森的官方身份是"编辑助理"(editorial assistant)；实质上他完成的工作远多于此：将我的特殊意图与美国的方法整合起来，做出初样来。合作以某种在我看来最为惊人的和富有教益的方式进行。我原本像是一个被烫着之后惧怕火的小孩，怀着极大的谨慎之情；我都不太敢用英语极为坦率而生动地表述我的意思，就像要为这意思赋形必然要求的那样。然而这样的谨慎并不适合于像我的思维这般与反复试验(trial and error)模式极不相称的一种思维。现在辛普森不仅鼓励我尽可能毫不妥协且毫不含糊地写作，还亲自助力，玉成此事。

因而在1938至1940年间，在普林斯顿广播研究项目的音乐研究方面由我完成了四篇较长的文章，这些文章都有辛普森的协作；如果没有他，这些文章几乎是不可能完成的。第一篇名为《对广播音乐的一种社会批判》②。

---

① 阿多诺对涂尔干原书名采取简写，全名为"De la division du travail social"。

② 原文为英文。

它于 1945 年初发表于《凯尼恩评论》①，这是我于 1940 年在广播项目（Radio Project）同仁圈子面前所作的一次演讲，展现了我的工作的一些根本视角；这样做或许有些粗鲁，但不会被误解。三个具体的研究以材料详细阐释了上述视角。其中之一是《论流行音乐》②，付印于《哲学与社会科学研究》③的通讯分册上，这属于那样的一类社会现象学，它尤为重视给出关于标准化和虚假个体化（Pseudo-Individualisierung）的理论，由此在轻音乐与严肃音乐之间进行简洁明了的区分。虚假个体化范畴是人格化（Personalisierung）概念的一个前身，该概念后来在《权威主义人格》中扮演了重要的角色，一般而言对于政治社会学也很可能关系重大。然后是有关全国广播公司音乐欣赏时段（NBC Music Appreciation Hour）的研究④，可惜该研究的更广泛的美国文本在那时一直没发表。我那时在这方面感觉很得意的东西，在拉察斯费尔德惠允之下，我以德文形式将其补充到《忠实伴奏者》的"被赏识的音乐"一章中了。那里涉及的是批判性的内容分析（content analysis），严格和简单来说涉及的是证明这一点：十分流行的、作为非商业性节目而十分受重视的"达姆罗什时分"（Damrosch⑤-Stunde），虽然宣称要促进音乐教育，却既传播了有关音乐的错误信息，又传播了一种彻底不真实的音乐形象。这种不真实性的社会根源要到随大流形成观点的习惯中去找寻，那些观点是"欣赏时分"（Appreciation Hour）⑥的负责人醉心不已的。最后被当作总结的是《广播交响乐》⑦一文，载于《广播研究（1941 年）》⑧。该文提出的论点是，严肃的交响音乐就其被广播如实播送而言，已不是它演出时的样子了，而且这样一来广播工业自诩将严肃音乐带到民众中去就表明自身是很可疑的了。该文立即引发愤慨；知名音乐

717

---

① 《凯尼恩评论》(*The Kenyon Review*)是美国老牌文学季刊，在 1939—1959 年间是美国主导性文学刊物。

②③⑦⑧ 原文为英文，下同。

④ 文章名为《对全国广播公司"音乐欣赏时分"的分析研究》(Analytical Study of the NBC Music Appreciation Hour)。

⑤ 达姆罗什(Walter Damrosch, 1862—1950)，德裔美国乐队指挥、作曲家。

⑥ 指全国广播公司(NBC)的"音乐欣赏时分"节目。

评论家哈金①就是这样针锋相对发起论战的，他还将该文称为基金会②过于轻信的那类胡说八道——这种指责于我而言根本不符合实际。我也将该文的核心部分收入《忠实伴奏者》的最后一章《论音乐中广播的运用》。当然，核心理念之一表明自身是被超越了：我关于广播交响乐根本不再是交响乐的论点，在技术上是从音色发生改变这一现象，即从那时在广播里还流行着的"听纹"③中推导出来的；后来听纹在本质上是被高保真（High Fidelity）和立体声这些技术排除了。然而我还是认为，由此④既未触及原子论式听觉理论，也没有触及关于广播音乐特有的"形象特征"（该特征据说可以幸免于听纹的作用）的理论。

相较于音乐研究至少在大体上应该真正达到了的成就而言，上述 718 四篇文章是片段式的，或者以美国人的方式说，是一项抢救行动（salvaging action）的产物。在我看来，将一种系统阐述过的社会学与社会心理学加给广播音乐的做法是不成功的。那时实际有的毋宁说只是一些模型，作为我感到对其有义务的那个整体的某种设计。之所以有这种缺陷，根本的缘由可能在于我没能成功过渡到对听众的研究。这种过渡似乎绝对必不可少：首先是对于原理的细化与修正必不可少。是否、在多大程度上以及在哪些维度上，在音乐的内容分析（content analysis）中被揭示出的那些社会内涵也被听众理解了，以及他们对此作何反应，这是一个开放性的、实际上只能以经验方式回答的问题。如果人们希望毫无顾忌地假定魅力的社会内涵与"反应"（responses）之间是等价的，那似乎很幼稚；那么在没有对反应进行详尽研究的情况下，将上述双方视为相互独立当然也是同样幼稚的。正如在《论流行音乐》这份研究中展开论述的，如果说流行音乐工业的规范与游戏规则事实上是一个还不太标准化和还没有以技术方式彻底组织化的社会里公众

----

① 伯纳德·哈金（Bernard Haggin，1900—1987），美国记者、音乐评论家。
② 指洛克菲勒基金会。
③ "听纹"（Hörstreifen，英译 hear stripes）是阿多诺生造的一个用来质疑广播交响乐效果的词，阿多诺批评当时技术下的广播交响乐抹煞了音乐的动态时间性，使之成为静态画面，与电影的效果恰恰相反。
④ 指后来技术的提高。

偏好的沉淀物,那么人们总归可以猜想,客观材料的种种牵连与当事人的意识和无意识并未彻底分离——否则流行的东西就很难流行起来了。操控是有边界的。另一方面还要考虑到,某种一开始就是为了在消遣状态下被留意的材料的平庸和肤浅,相应地令人期待的就是平庸和肤浅的反应。从音乐的文化工业中迸发出来的意识形态,必定不是它的听众的意识形态。据说可以作为类似例子引证的现象是,许多国家(包括美国和英国的)马路报刊经常宣传一些相当激进的观点,这事在那些国家几十年间似乎也没有对政治意愿的形成造成太过巨大的影响719。我自己在经验社会学与理论社会学之间的争论(这种争论常常被完全错误地呈现出来,尤其在本地更是如此)中所持的立场,我想粗略而极其简要地表述为:在我看来,经验性研究,即便在文化现象领域,似乎也不仅仅是合法的,而且还是必要的。但不宜将其实体化并视为万能钥匙。首先,这些研究本身必须以理论认识为限。一旦人们能支配数据,理论绝不仅仅是多余的工具。

值得留意的是,普林斯顿项目的四篇关于音乐的论文,加上论音乐中的物神特征的德文论文①,包含了1948年才完结的《新音乐哲学》一书的萌芽:我在美国写的关于音乐的文本讨论再生产问题和消费问题时所持的那些观点,应该可以运用到生产层面本身上。《新音乐哲学》(在美国才完成),对于我在那之后就音乐写的一切,包括对《音乐社会学导论》,都有约束力。

那时的音乐研究工作根本没有受到以我名义发表的东西影响。那时有另外两种研究,其中一种是严格经验性研究,它至少可以被视作由那些东西激发出来的,而我似乎并非这方面的权威——我不属于《广播研究(1941年)》的编辑行列。爱德华·舒赫曼②在《音乐的邀约》③中作出了迄今为止很可能独一无二的尝试,即在听众反应中核查了关于《广播交响乐》的一个论点。他查明了熟悉现场严肃音乐的听众与通过

---

① 即《论音乐中的物神特征与听觉的退化》一文。

② 爱德华·舒赫曼(Edward Suchman),同时代人,生平不详。

③ 原文为英文。

广播才接触到严肃音乐的听众在音乐经验能力上的区别。就我的设问
方式涉及现场经验与"物化的"、被机械的再生产手段及其包含的一切
浸染了的经验而言,他这种设问方式与我的相通。我的论点可以说被
舒赫曼的研究证实了。现场聆听过严肃音乐的人的品位胜过那些仅仅
通过那时专为他们制作节目的纽约古典音乐电台①才熟悉严肃音乐的
人的品位。当然,一直都还没有澄清的是,在我的论点的意义上,很可
能也包括在舒赫曼的推理意义上的那种差别,事实上是仅仅始于这里
那里各不相同的理解方式,还是像我现今认为很有可能的那样,并没有
第三方因素在这里起作用:那些只到音乐厅听音乐的人已经归属于某
个传统了,这个传统使得他们比广播乐迷们更熟悉古典音乐;此外他们
很有可能从一开始就比那些仅限于在广播上听音乐的人对此有更专门
的兴趣。考虑到其存在当然令我欣喜的前述研究,我在是否以现实的
方法探讨意识的物化这类问题上的疑问就进一步变得相当具体了。关
于可能有助于区分现场(live)②和广播两种接触途径的水平的那些作
曲家品质如何,依照那时还广泛运用的瑟斯顿量表(Thurston Scale),
组建了一个专家委员会来评判。那时这些专家是尽可能地依照他们的
名望、他们在公众音乐生活中的权威挑选出来的。这里就有了一个问
题,即这些专家本身是否被灌输了可以算作前述物化意识的那些保守
观念,而物化意识本来就构成了这类研究的课题。量表赋予柴可夫斯
基的崇高地位,在我看来是支持了这种疑虑。

那时发表于《广播研究(1941)》的邓肯·麦克杜格尔德③的研究文
章《流行音乐工业》有助于关于音乐趣味被操控的论点的具体化。这个
研究是洞察了表面看似直接的东西的间接性的第一篇文章,因为它细
致描述了那时的流行音乐是如何被"制造"的。凭着某种高压(high
pressure)"充填"(plugging),人们制作出使流行音乐得以流行的最重要

① 纽约古典音乐电台(New Yorker Sender WQXR)是新泽西州纽瓦克市的古典音乐电
台,辐射北泽西与纽约地区。
② 此处原文 life 似为笔误,依照上下文意思改为 live。
③ 邓肯·麦克杜格尔德(Duncan McDougald),同时代人,生平不详。

机关,即小型乐队,这样一来特定的歌曲(Songs)就经常可以被演奏,尤其是在广播中被演奏,直到它们纯粹通过不断重复而获得被大众接受的机会。我在麦克杜格尔德的阐述中当然也觉察到某些疑虑。他坚持加以研究的那些事实,依照结构来看属于一个比集中化广播技术以及大众媒体领域大型垄断的时代更早的时代。事实上由客观的系统、相当程度上由技术条件本身获得的东西,在本质上还显得像是如小歌剧里一般热心的代理人的产物,如果说不是个体堕落的产物的话。就此而言今日的研究需要那样的强化,它追问的毋宁说是使得流行的事物流行起来的客观机制,而不是麦克杜格尔德极为鲜明地描绘其"成帮结伙"(sheet)的那类聒噪的人的阴谋诡计。

1941 年我在普林斯顿广播研究项目(从这个项目中发展出了应用性社会研究局①)的任务完成,我夫人与我便迁居加利福尼亚,霍克海默此前便已迁往那里。他与我在洛杉矶将接下来的几年几乎全花在《启蒙辩证法》的合作上了;这部书是 1944 年写完的,最后的补遗则是1945 年写的。直到 1944 年秋季之前,我与美国科学界的联系中断,那时又恢复联系了。早在我们的纽约时代,霍克海默鉴于欧洲发生的恐怖事情,就着手研究反犹主义问题了。我们与我们研究所的其他一些成员一起,设计并发表了一个研究项目的纲要,后来我们常常回溯到那个纲要。除了其他内容,那个纲要还包括一个反犹主义者类型学,这个类型学经过大规模修改在后来的文章里又重现了。正如普林斯顿广播研究项目的音乐研究在理论上由《论音乐中的物神特征与听觉的退化》这篇以德文写就的论文决定,如今也在发生这样的事情。《启蒙辩证法》中"反犹主义要素"一章由霍克海默和我在严格意义上合作写成,即逐字逐句共同口授形成,这一章对我参加后来与伯克利公众意见研究团体②一同进行的研究是有决定意义的。那些研究在文字上沉淀为《权威主义人格》。参阅《启蒙辩证法》这部迄今尚未被翻译成英语的著

---

① 该局名称原文为英文。
② 该团体名称原文为英文。

作在我看来并非多余,因为这部书最早防止了《权威主义人格》从一开始就眼睁睁遭受的,而该文由于强调的重点不同而并非完全没有责任的一种误解:作者们似乎企图仅仅从主观上寻找反犹主义以及由此扩大开去的整个法西斯主义的根由,这就陷入把政治—经济现象主要当作心理一类事物的错误之中了。从我构想普林斯顿项目的音乐研究时提示的那些话中,似乎就足以得出,那根本不是意图所在。《反犹主义要素》已经在理论上将种族偏见推移到某种客观指向型的、批判性的社会理论的整体关联之中了。当然,这里我们与某种经济主义的正统观点相反,并非对心理学采取冷淡漠视态度,而是将它当作解释的一个环节,在我们的规划中为它指派了位置。然而我们从未怀疑客观因素优先于心理学因素。在我看来,我们遵从的是那样一种合理的考虑,即在当前社会中,客观的机制和发展趋势对于个人有极大的霸权,以致个人明显愈演愈烈地成了从头到脚贯彻下来的那种趋势的功能部件。事情越来越不取决于个人自己有意识的和无意识的如是(Sosein)、他们的内心生活。在此期间,对社会现象的心理学解释,包括社会心理学解释,处处都成了某种意识形态的表面功夫:人类越是依赖于整个系统,越是不能掌握整个系统,他们便越是有意无意地误以为事情仅仅取决于他们。然而这样一来,社会心理学的设问方式,尤其是与弗洛伊德的理论相互关联地一道被提出的深层心理学的和性格学的设问方式,就并非无关紧要了。在社会研究所于 1935 年发表的《权威与家庭》这一卷书的长篇导论中,霍克海默谈到了将社会结合起来的"黏合剂",并推 723
展出一个论点,即考虑到社会给其成员允诺的东西与给他们提供的东西不一致,那么社会传动装置若是不将人本身在内心最深处塑造得服服帖帖,便无法维持。倘若将来市民时代带着对自由的雇佣劳动者(freien Lohnarbeitern)越来越迫切的需求,产生出符合新生产方式要求的人,那么这些仿佛由经济—社会体系产生的人以后就会成为补充性要素,使得主体依照其形象被产生出来的那些条件持续存在。那时我们将社会心理学看作客观社会体系的主观中介:没有它的种种机制起作用,主体就成不了后盾。就此而言我们的观点接近于一些主观导向型的研究方法,那些方法是对从上至下的僵硬思维的某种纠正措施,而在那种僵硬思维中,诉诸系统霸权的做法代替了对系统与系统本身从中产生的个人之间具体关联的洞察。另一方面,主观导向型的分析只有在客观性理论内部才有意义。在《权威主义人格》中,这一点反复被提出。这部书重视主观环节,这一点被依照流行趋势解释①成了那样,即社会心理学仿佛被用作炼金丹②,而此时社会心理学依照弗洛伊德的著名说法,似乎只想为众所周知的东西添上一些新东西。

霍克海默与加州大学伯克利分校的一群研究者保持联系,这个群体首先由莱维特·桑福德③、后来去世了的埃尔斯·弗伦克尔—布伦斯维克④和那时还十分年轻的丹尼尔·莱文森⑤组成。我认为他们头一次接触的场合是桑福德发起的悲观主义现象研究,该现象经过较大变化后在广泛的研究中重现了(而这类研究表明毁灭性本能的维度是服从权威的性格的关键),只不过当然不是在某种"明显的"悲观主义的意义上,而经常是正好以反作用的方式盖过了悲观主义。霍克海默在1945年承担了领导纽约的美国犹太人委员会⑥研究分部(Research-Abteilung)的任务,这也就使得伯克利群体和我们的研究所的科学资源被"汇聚"起来,也使得我们能经年累月地进行广泛的研究,而这些研究都与共同的理论反思有关。要归功于他的不仅仅是整个研究计划,该计划在哈珀兄弟出版社⑦的《偏见研究》⑧系列中有所总结。即便

---

① 指前文中说过的该书遭受的误解。

② 原文为"Stein der Weisen"(直译为"智者石"),传说中古代炼金术士用来将贱金属化为黄金的秘剂。

③ 内维特·桑福德(Nevitt Sanford, 1909—1995),时任加州大学伯克利分校心理学教授,后任教于斯坦福大学,《权威主义人格》作者之一。

④ 埃尔斯·弗伦克尔—布伦斯维克(Else Frenkel-Brunswik, 1908—1958),波兰—奥地利犹太心理学家,她因为遭到反犹主义迫害而先后离开波兰和奥地利,因为与阿多诺等人合著《权威主义人格》而出名。

⑤ 丹尼尔·莱文森(Daniel Levinson, 1920—1994),美国心理学家,《权威主义人格》作者之一。

⑥ 该委员会原文为英文。

⑦ 指哈珀柯林斯出版社(Harper Collins Publishers),由詹姆斯·哈珀(James Harper)与约翰·哈珀(John Harper)兄弟于1817年创建于纽约。

⑧ 该书名原文为英文,下同。

《权威主义人格》，照其特殊内容来看，若是没了他也是无法想象的，正如霍克海默的与我的哲学和社会学思考长期极为紧密地结合在一起，以至于仿佛都不可能指出什么观点来自我们中的一个人，什么观点来自另一个人。伯克利的研究是那样组织起来的，即桑福德和我是主任，布伦斯维克小姐和丹尼尔·莱文森是主要合作者。但从一开始，一切都完全以团队合作（team work）的方式进行，根本没有等级制的因素。《权威主义人格》这一标题给了我们所有人①同样的"信誉"（credit），完全将实际的事态表现出来了。在一种并非流于形式，而是触及规划与执行的全部细节的民主精神中进行的这种合作，在我看来很可能是最富有成效的，而这一点我是在与欧洲学院传统相反的情况下，在美国了解到的。当前在德国大学的内部进行民主化的种种努力，我由于有了美国的经验，是很熟悉的。伯克利的合作没有发生任何口角、任何抵制、任何学者间竞争。桑福德博士在语言上对我写的所有章节进行了最热心也最仔细的编辑，在时间上作出大量牺牲。我们的团队合作（team work）的缘由当然不仅仅是美国的氛围，也包括科学上的：以弗洛伊德为共同导向。那时我们四个人达成一致，既不僵硬地绑在弗洛伊德上，也不像精神分析修正主义者们那样，对他进行稀释。之所以在某种程度上偏离他，是由于我们正好遵从了某种特别具有社会学色彩的兴趣。纳入客观环节，这里首先是纳入"文化氛围"，那时这种做法与弗洛伊德关于社会学只是应用心理学的观念是不相容的。我们遵从的因缺乏而延揽定量措施的做法，同样在某种程度上与弗洛伊德区别开来，在他那里研究的实质在于定性研究，即案例研究（case studies）。然而我们将定性的环节看得也很重。作为定量研究基础的那些范畴，本身有其定性种类，而且起源于分析的性格学。此外，我们在规划的时候已经有那样的意图，即通过补充一些定性的研究来抵消定量研究的机械论危险。纯粹以定量方式查明的东西很少能触及事物发生的深层机理，但定性研究也可能很容易被取消一般化的能力，因而也被取消客观

① 指该书的所有作者。

社会学效力，这种困境我们试图加以克服，因为我们运用了一整个系列的不同技巧，这些技巧我们只有在背后的构想的核心处才能使之相互协调。布伦斯维克小姐承担了最值得关注的实验，即对她在为她保留的那个部门中获得的严格定性的、临床的分析诊断，照她的方式再加以定量；当然对于这种做法我提出了异议，即人们通过这般定量，会再度失去定性分析的这些原本可以互补的优势。由于她不幸早逝，这样的争论再也不能以我们的方式相互澄清了。就我的目力所及，它总还是开放的。

关于服从权威的人格的研究那时广泛开展了。尽管研究的重心在伯克利（我在那里总共度过了 14 天），与此同时在洛杉矶还有一个研究团体由我的朋友弗雷德里克·波洛克①组织起来，社会心理学家布朗②、女心理学家卡罗尔·克里登③和其他一些杰出人士参与了这个团体。那时我已经与精神分析家弗雷德里克·哈克④博士和他的合作者们取得了联系。在所有同好者的圈子内部，在洛杉矶常常进行大家共同参与的讨论班性质的商讨。将单个研究整合在内的一部大型文学作品的理念是在相当不知不觉的情况下才逐渐形成的。F 量表构成了共同劳作成果的真正核心，该量表对《权威主义人格》的所有部分都发挥了极大的作用，无论如何是被无数次应用和修改过了，而且后来在德国适应当地局面后还成为测定某种权威主义潜力的量表的基础（1950年在法兰克福重建的社会研究所很快会对该量表进行更多报道）。美国杂志上进行的一些测试（Tests），包括对熟人的一些不太系统的观察，使得我们达成下述理念：可以在间接的意义上，因而在并未直接探问反犹主义者和其他法西斯主义者的看法的情况下，调查这类倾向，如果能察觉出那样一些严格的观点，人们在某种程度上确信那些观点一般总是与前述特定看法一道出现并与之构成某种性格学上的统一。那

726

---

① 弗雷德里克·波洛克(Frederick Pollock)，同时代人，生平不详。

② 布朗(J. F. Brown)，同时代人，生平不详。

③ 卡罗尔·克里登(Carol Creedon)，同时代人，生平不详。

④ 弗雷德里克·哈克(Frederick Hacker)，同时代人，生平不详。

时在伯克利,我们是在某种自由的氛围下开发出 F 量表的,这种自由明显偏离了一门不得不对自己的每一个步骤作出说明的迂腐科学的观念。此事的因由很可能是我们这四位研究主管人身上人们所谓的"精神分析背景"(psychoanalytic background),尤其是对自由联想方法的熟悉程度。我强调这一点,是因为像《权威主义人格》这样一部广受诟病的著作,其实从不蔑视对美国材料和美国操作方式的熟知,还会在与社会科学实证主义的流俗形象绝不重合的某种意义上促成那种熟知。实际上(In praxi)这种实证主义并不像人们依照理论—方法论的文献可能认为的那样无条件地起支配作用。下面这种猜想如何强调都不为过,即《权威主义人格》(比如说)在新鲜事物、在未开发事物上,在对关键对象的幻想和兴趣中(比如说)表明的东西,恰恰要归功于前述自由。游戏的成分(我可以认为这种成分是一切精神创造力所不可或缺的)在 F 量表的开发过程中绝不缺乏。我们数小时一起度过,好想起整个维度、"变量"(variables)和征候群,尤其还包括调查问卷的特殊条目;在这些条目上越是看不出与主题的关系,我们便越为它们感到自豪,与此同时我们出于理论上的动机,期待它们与种族中心主义、反犹主义和政治—经济上反动的观点之间的关联。然后我们经常进行预测试,来检查这些条目(items),这样也就触及了调查问卷在技术上的一个尚待解释的限制范围,并将那些不够有区分度的条目排除。

这样一来,我们当然必须在我们的酒里兑点水。出于一系列的理由[其中后来所谓的易受教性(Bildungsanfälligkeit)扮演了重要作用],我们恰恰经常必须放弃我们自己认为最深刻也最原创的一些条目(items),而一些人喜欢其他条目,那些人以下面这一点为代价换来更大的区分度,即其他条目更接近公开看法的表面,而不是真正的深层心理学看法。这样我们就可以,比如说,不必进一步追踪服从权威之人对于先锋派艺术的反感了,因为这种反感预设了某种文化水平,预设了绝大多数被我们问到的人未曾有过的与这类艺术邂逅的经历。当我们认为通过将定量方法与定性方法结合能克服可加以一般化的因素与具有特殊关联的因素之间的对抗时,这种对抗却还在我们作出自己努力时

727

袭上心头。一切经验社会学的困境似乎在于,必须在它作出的诊断的可靠性与深度之间作出选择。那时我们毕竟还能以某种方式使用在操作上有明确界定的一些李克特①式量表,那种方式常常允许我们一举多得,也就是允许我们用一个条目(item)同时触及多个维度[按照我们的理论规划,这些维度用高刻度人群(highs)表示服从权威的性格,用低刻度人群(lows)表示反面情形]。依照格特曼②对此前常见的量表统计(scaling)程序的批评,我们的 F 量表的质朴状态似乎很难想象。我很难打消自己的一个疑虑,即经验社会学方法愈益增长的精确性(这种社会学的种种论证也可能非常难以反驳)常常束缚了科学的生产率。

为了出版,那时我们必须相对较快地结束这部著作;这部著作几乎正好在我重返欧洲的时候,即 1949—1950 年之交,尘埃落定。接下来一些年它在美国发生的影响,我是无缘直接亲历了。那时我们身处其中的时代困境产生了某种吊诡的后果。众所周知的是那样一个人的英国式机智,他在一封信的开头写道,他没有时间言简意赅了。那时我们的情形与此相似:仅仅因为我们再也不能展开一整个工作流程来浓缩手稿,那部书才笨拙庞大,就像现在呈现的那般。然而我们全都了然于胸的这个缺陷,或许能由种种或多或少相互独立的方法以及在此赢获的材料构成的那笔财富稍稍弥补一下。这部书在严格训练和论证连贯方面可能缺乏的东西,或许可以部分地由下面这一点来弥补,即来自极为不同的流派的许多具体洞见汇合到一起了,这些流派在同一些主要论题上会聚起来,以至于即便依照严格标准得不到证明的东西也赢得了可信性。如果说《权威主义人格》有所斩获,那么斩获并不在于积极的洞见在探求指数方面有什么绝对约束力,而首先在于一种设问方式,该方式由某种本质性的社会兴趣塑造而成,与某种此前几乎没有被移植到这类定量研究中去的理论关联起来。此后人们经常尝试以经验的

---

① 伦西斯·李克特(Rensis Likert, 1903—1981),美国教育学家和组织心理学家,以李克特量表(Likert scale)闻名。

② 路易斯·格特曼(Louis Guttman, 1916—1987),美国社会学家,曾任耶路撒冷希伯来大学社会与心理学评估教授,以其在社会统计学方面的工作闻名。

方法检验精神分析原理，这里很可能不无《权威主义人格》的影响。即便我们的意图（这里与精神分析是相似的），也不是针对如何探明当下的看法与性情的。那时我们感兴趣的是法西斯主义的**潜力**。因此之故，也是为了能抵制这种潜力，我们也尽可能地将**发生的**维度，因而将服从权威的性格的产生过程纳入研究。我们全都将这部著作（尽管它篇幅巨大）当作领航性研究，当作对种种可能性的勘察，而不是当作一些不容反驳的成果的汇集。尽管如此，那时我们的成果已相当显著，足以为我们的推论辩护了：只不过那些推论恰恰是指向种种趋势的，而不是简单的事实陈述（statements of fact）。埃尔斯·弗伦克尔-布伦斯维克自己尤为重视这方面。

正如在其他的许多这类研究中一样，某种障碍（handicap）就在样本（sample）中，而我们并没有美化样本。美国大学的（而且还不仅仅是此处的）经验—社会性研究有一种慢性疾病，即这类研究往往更满足于将大学生作为受试者，而不是追问一个对全部居民而言具有代表性的样本（sample）的原理是否正当。后来在法兰克福，我们在类似的研究中试图弥补这个缺陷，那时我们通过亲自选定的联络人，尝试从差异极大的各居民阶层中（以配额制为导向）组织起受试者群体来。无论如何不得不说，真正说来我们在伯克利并未寻求过代表性性格。那时我们对关键性群体的兴趣往往更大一些。当然还没有发展到那样的程度（过去那样做或许还挺不错），即对那时被广为引证的意见领袖（opinion leaders）感兴趣，而不对我们认为尤其"易感的"[1]群体感兴趣，比如圣奎丁监狱的刑事犯——实际上他们的分值要"高于"（higher）平均值——或一个精神病诊所里的病人，因为我们希望对病理结构的认识即便在这里也可能就何为"规范"情形带来一些启发。

最初由亚霍达[2]和克里斯蒂[3]提出的针对下述循环推论的辩驳更为重要：由研究工具预设的理论据说应当由这些研究工具来加以确证。

---

① 指容易受权威支配的。
② 玛丽·亚霍达（Marie Jahoda，1907—2001），奥地利—英国社会心理学家。
③ 理查德·克里斯蒂（Richard Christie，1918—1992），美国社会心理学家。

这里不是探讨这种辩驳的地方。这里只能说这么多:我们从未将理论
当作假设,而是当作在某种程度上独立的东西,因而也不想通过结果来
证明或驳斥该理论,而是只想从理论中推导出研究的一些具体设问方
式,这些设问方式随后自力更生,并证实一些通盘性的社会心理学结
构。当然,批判所不可否认的是,F量表的技术理念,即以间接方式查
明由于对往往会起作用的审查机制的恐惧而令人无法直接触及的一些
倾向,预设了下面这一点,即人们自己先已通过那样一些公开的看法确
证过这些倾向,那些看法是人们接受了的,而受试者也犹豫是否要将这
些看法说出来。就此而言关于循环推论的论证是有道理的。然而我想
说的是,人们在这里似乎不应太苛求。一旦在有限数量的预先测试中
得出了公开因素(Overten)和潜藏因素(Latenten)之间的关联,人们就
可以在正式测试中,在完全不同的其他人身上追查这种关联,而那些人
不会受到任何公开问题的干扰。唯一的可能性似乎在于,由于在1944
年和1945年的美国,公开的反犹主义者和有法西斯主义倾向者已经在
犹豫是否要说出他们的看法,两种类型的问题一开始就结合在一起原
本是可以导致太过乐观主义的结果的,即导致高估低刻度人群(lows)
的潜力。然而对我们的批判宁愿走到对立的方向去:这批判指责我们,
说我们的工具太过倚重高刻度人群(highs)。完全基于"前提—证明—
推断"模式而产生的那些方法论上的难题,也一道促使我后来对绝对首
要者这一传统科学概念进行哲学批判,我在我的认识论著作中运用过
该批判。

正如广播项目的情形一样,在《权威主义人格》中也凝结出其他一
些研究。"儿童研究"①便是如此,这项研究是布伦斯维克小姐和我在
伯克利儿童福利院②筹备,本质上由她实施的;可惜这项研究没有完
成。可能这项研究只有一部分成果被发表。很明显,在大型研究计划
中,个别研究的短命是不可避免的;当今时代,由于社会科学对自身进

---

① 本文中该研究名称原文皆为英文。
② 该福利院名称原文为英文。

行了大量反思,似乎很值得下功夫对下面这一点进行一次系统研究,即为什么有那么多在该研究中开始了的事情半途而废。"儿童研究"运用了《权威主义人格》中的一些基本范畴。这里预示了一些纯属意料之外的结果。该研究对将习俗主义与服从权威的态度一体看待的观点进行了细分。恰恰只有"老实的",因而顺从习俗的孩子们才可能更远离进攻性这个服从权威的人格的最本质方面,反之亦然。回顾之下,这一现象明白昭彰;这不是在先天意义上(a priori)说的。在"儿童研究"的这个方面,那时我是头一次意识到,罗伯特·默顿①在独立工作的情况下,是在哪里瞥见了对经验性研究的下面这个最重要辩护的:所有诊断一旦存在就能多多少少在理论上得到说明,但它们的反面同样如此。在其他地方我很少像在这里那么强烈地体验到真正回答了理论问题的那种经验性研究的合法性和必要性。——我本人在开始与伯克利②合作之前就写过有关不久前还在美国西海岸活跃着的法西斯主义鼓吹者马丁·路德·托马斯③的社会心理学技巧的一部更大的专著。该书于1943年完成,这是一部内容分析(Contentanalyse)之作,该分析探讨的是由法西斯主义鼓吹者加以利用的、或多或少被标准化且从不过多的刺激。在这部书中,在普林斯顿广播研究项目中的音乐研究背后的那种构想再次运行起来:在同样意义上探讨反应方式和客观作用。在《偏见研究》的框架下,这两条"进路"(approaches)还没有相互协调,乃至整合起来。当然还需要说明的是,来自"狂热分子团体"(lunatic fringe)的鼓吹者所说的那些作用,绝不是热衷法西斯主义的那种心智在居民中加以促进的那些客观环节的全部,很可能永远不是那些客观环节中决定性的环节。根源在于社会结构本身的深处,法西斯主义心智在煽动家们有意助推之前,便由这种社会结构产生出来了。煽动家们的看法绝不像人们可能乐观地想象的那样,仅仅对"狂热分子团体"(lunatic

732

① 罗伯特·默顿(Robert Merton, 1910—2003),美国社会学家,被视为现代社会学的创始人之一。
② 指伯克利的研究团队。
③ 马丁·路德·托马斯(Martin Luther Thomas),同时代人,生平不详。

fringe)起作用。在所谓值得敬重的政治家的无数表态中,这类看法显而易见,只不过表述得并非同样紧凑和同样具有侵略性。对我而言,对托马斯的分析大大激发了一些可以用到《权威主义人格》中的条目(items)。该分析可能是在美国进行的头一批批判性的、定性的内容分析。它迄今未曾发表。

　　1949 年深秋时节,我回到德国,在数年时间里完全忙于社会研究所的重建(那时霍克海默与我把我们的全部时间都投入到这事上),以及我在法兰克福大学的教学活动。在 1951 年的一次短暂造访后,直到 1952 年我才在大约一年后去往洛杉矶,担任比弗利山庄哈克基金会主管。可以确定的是,我既非精神病医生亦非治疗学家,我的工作集中在社会心理学上。另一方面,那时哈克博士诊所(基金会被指派给该诊所)的合作者们实际上很活跃,也终日忙碌,像是精神分析师、精神病社会工作者(psychiatric social workers)一般。无论何时,一旦合作实现,情况都很好。只是正式留给合作者作研究的时间太少了,而我本人作为研究主任(Research Director),并不具备增派临床医生到研究中去的权威资格。因此那时可以实现的目标就必然比哈克博士和我设想过的更有限。我那时眼见自己被逼入美国人所谓的"独角戏"(One Man Show)处境之中:除了讲座的组织之外,基金会的科学工作几乎必须独力进行。因此我眼看着自己在对"刺激"的分析方面被击退了。我妥善完成了两项内容研究。其中之一是关于《洛杉矶时报》占星术专栏的,这项研究的英文形式于 1957 年以"坠地之星"(The Stars Down to Earth)为标题发表于《美国研究年鉴》,后来成为《社会学(二)》中我的德文文章《二手迷信》的基础。我对这种材料的兴趣可回溯到在伯克利从事的研究:首先回溯到毁灭性本能的社会心理学意义,这种意义是弗洛伊德在写作《文化中的不满》的过程中发现的,在我看来则是当前政治局面下大众最危险的主观潜力。我选取的方法仿佛将我置入那样一位受欢迎的占星学家的处境,他必须通过他写下的东西直接给他的读者谋取某种满足,他也总是发现自己要勉为其难,给他一无所知的人们提供看似专业的、适合每一个人的建议。结果便是,随大流的观点被商

733

业性的和标准化的占星术强化了,正如被询问者意识中特定的矛盾(这些矛盾源于社会矛盾)在专栏(column)写手的技巧中,尤其在这技巧的两可特质中暴露出来。我的研究方式是定性的,尽管我并未放弃在我选取的那些延续两个月以上的材料中,至少最粗略地计算那些总是反复出现的基本手法的频率。可以为定量方法辩护的一点是,文化工业的产物本身仿佛是照着统计学观点计划好了的。定量分析以自己的尺度衡量这种产物。特定手法被重复的频率如有区别,那是由于对占星学家所起作用的一种伪科学的计算方式,占星学家在很多方面类似于煽动者和鼓吹者,即便他避开公众政治议题时也是如此;此外,那时我们在《权威主义人格》中已经触及高刻度人群(highs)的倾向,即乐于接受一些尤其具有威胁性和毁灭性内容的迷信话语。这样占星术研究就融入我先前在美国的研究构成的那个连续体了。

名为"如何看电视"①的那项研究也是如此,该研究发表于《好莱坞电影广播电视季刊》②1954 年春季号,后来也被《干预》这一卷的德文文章《作为意识形态的电视》③吸收利用。幸好有了哈克博士的全部交际手腕,为我取得一定数量的电视稿本,使我得以深入分析这些稿本的意识形态内涵、它们有针对性的多个层面。工业④是极不情愿将这些稿本脱手的。这两篇文章属于意识形态研究。1953 年秋季我又回到欧洲。自那以后我再也没到过美国。

734

如果要我总结一下自己指望在美国学到什么,那么首先要提到的是一个社会学方面的和对社会学家无限重要的因素:我在那里(顺便提一下,我在英国的时候已经初步如此了)受到触动,不再将既有的、像欧洲那样在历史上产生的局面视为理所当然(not to take things for granted)。我已故的朋友蒂利希曾说过,他到美国才被消除了地方主义;他这话很可能指的是与我这里类似的意思。在美国,我从对文化迷信不已的幼稚状态中解放出来,获得了从外部观察文化的能力。详言之:那

---

① ② 　原文为英文。
③ 　已收于本卷。
④ 　指电视工业或文化工业。

时在我看来,尽管有着对社会的所有批判,尽管对经济的霸权了然于胸,精神的绝对重要性本来就是不言而喻的。这不言而喻并非直截了当的,这一点我是在美国学到的,那里根本不盛行对一切精神事物的默默敬重,像在中欧和西欧广泛流布于所谓有教养阶层的那样;这种敬重的缺席促使精神转向批判性自省。这尤其触及音乐文化的那些我已浸润日久的欧洲式前提。我并非否认这些前提,在任何意义上出卖我关于这种文化的观念;然而是无反思地带上这些前提,还是恰当认识到它们与技术和工业上最发达的国家之间的差别,这两者却是截然不同的。此外我也没有看走眼,后来美国的物质资源使得音乐生活的重心发生了怎样的迁移。30年前当我在美国开始研究音乐社会学时,这一点我还看不出来。

735　　　更为根本也更令人喜悦的,是对民主形式的实质性要素的经验:这些形式在美国渗入生活之中,与此同时它们至少在德国从未超出形式上的游戏规则的水平,而且正如我担心的,慢慢就没了。在那里①我了解到真实人性的一种在旧欧洲已很罕见的潜力。那里民主的政治形式要无限更切近于人。有一种宁静、驯顺和慷慨的环节是美国生活所特有的(尽管它的仓促没耐性广受诟病),这个环节在像1933—1945年间德国爆发的那种累积而成的恶毒与忌恨的衬托之下至为耀眼。很可能美国不再是那个有着无限可能性的国度,但人们总还有着"一切皆有可能"的感觉。如果说在德国,人们在社会学研究中总是碰到受试者说"我们还没有成熟到能施行民主的程度",那么在据说年轻得多的新世界②,这类带着统治欲的同时也带着自我鄙视感的说法就很难想象了。我这并不是说,美国免除了倒转为极权主义统治形式的危险。这样一种危险隐藏在全部现代社会的发展趋势中。但美国内部抵制法西斯主义潮流的力量很可能比任何欧洲国家都大,唯一的例外可能是英国,这个国家在比我们习惯假定的还多的方面,绝非仅仅通过语言,将美国和

---

① 指美国。
② 一般指美国或整个美洲。

欧陆连接起来。

　　像我这类欧洲知识分子习惯于将适应(adjustment)概念仅仅看作负面东西,看作个人自发性、自主性的消解。但认为人性化和文雅化的过程必然和总是由内而外的看法,却是被歌德和黑格尔尖锐批判过的一种幻想。正如黑格尔说的,它也是和恰恰是通过"外化"完成的。我们成为自由人,并不是像一句令人生厌的套话说的那样,由于我们作为单个人实现了我们自身,而是由于我们走出我们自身之外,与他人产生关系,而且在某种程度上将我们自己交付给他人。只有这样,我们才能断定自己是单个人,而不是我们为了成为有教养的人而像小苗一样拿水浇灌我们自己。一个人若是在外部压力下,甚至包括由他自私的利益驱动而变得和蔼可亲,最终就会在他与他人关系上达到某种人性状态,而不是成为那样一个人,他仅仅为了与自身保持同一——仿佛这种同一总是值得想望的——而摆出一副恶毒的、死板的神情来,还从一开始就向人示意其目中无人,且无人能打动其内心,其实那个内心常常压根就不存在。在我们这里,当大家对美国式的肤浅愤怒莫名时,我们似乎应当努力不使自己在肤浅而非辩证的意义上变得冷酷无情。

　　除了这些一般性观察之外,还要补充说明社会学家或者(在并非专业科学的意义上说)那样的人的特殊情境,后者认为科学认识是核心,也是与哲学不可分的。在市民世界的整个发展过程内部,美国无疑达到了某个极端。它似乎呈现出完全纯净的、不带前资本主义残余的资本主义。与某种当然在顽固扩展的看法相反,人们假定,即便其他一些既非共产主义亦非第三世界的国家,也在走向类似的状态,因此美国给一个既不幼稚看待美国也不幼稚看待欧洲的人提供了最前沿的观察位置。实际上,归国的人①可能发现,他在美国头一次明显发觉的东西,在欧洲正无限加码地袭来和被证实。对于一种严肃对待文化概念的文化批判通过将该概念与自托克维尔与古恩伯格②以来美国的状况进行

①　指像阿多诺自己这样从美国回到欧洲的人。
②　斐迪南·古恩伯格(Ferdinand Kürnberger, 1821—1879),奥地利作家,著有《美国文化揽胜》(*Picture of American Culture*)。

对照,而总是要提出来反对那些状况的理由,人们只要不是以精英的态度加以抗拒,他们在美国是不可能回避这类问题的:关于使人得以变得伟大的文化概念,本身是否并未过时? 当今的文化在整体走势上的遭遇,究竟是否并非对它自己的失败,对它由于作为精神的特殊层面作茧自缚,并未在社会建制上实现自身而招致的罪责的报应? 当然,这一点目前即便在美国也看不到,但这种实现的前景并不像在欧洲那般受阻。考虑到美国的定量思维,以及这种思维将平均值不分青红皂白加以绝对化的做法带来的全部危险,欧洲人必定感到不安的一点是,在当今社会,质上的种种差别究竟在多大程度上还很根本。如今欧洲、美国、东方,很可能也包括第三世界国家任何地方的机场,看起来都极为相似,相互混同;现在从一个国家到最偏远的地方去旅游已经不是要花几天时间,而是要花几个小时的问题了。若是讲究各民族及其生存形式不仅在生活标准方面,也包括在特质方面的区别,这就显得是时代错乱了。当然还不确定的是,事实上是否相同之处才是关键,而质上的差别只是落后因素;尤其还不确定的是,是否在一个合乎理性地建立起来的世界上,质上的差别因素并未重新得到应有的重视(这种差别因素当下只是被技术理性的统一性压制了)。然而这一类的思索如果缺乏美国的经验,似乎根本就无法进行。有一点如何强调都不为过,即当今的任何意识都有某种反动的成分,这种成分(即便将抵制也考虑进来)真正说来是与前述经验不沾边的。

最后或许我还可以为我自己和我的思维起见,再就美国的科学经验的特殊意义补充几句话。这种思维明显偏离了常识(common sense)①。但黑格尔(在这一点上他胜过后来所有的非理性主义和直觉主义)极为强调一点,即思辨的思维并不是与所谓的健全人类理智、常识绝对不同的,而是本质上似乎以这种理智的批判性自我反思和自省为内容。一种拒绝黑格尔总体构想中的唯心主义的意识,也不可落后于这种认识。谁在批判常识方面走得像我这么远,就必须满足一个简单的要求,那就

① 本段下文中"常识"皆为英文,不另附原文。

256

是要具有常识。他不可声称自己超出了他本人未能满足其训练要求的东西。只有在美国，我才真正经验到经验的分量，尽管此外我也早就意识到，丰厚的理论认识除非与其材料最密切地结合起来，是不可能的。反之我在美国那种被移植到科学实践之中的经验论形态上必定看到，经验的那个完整的、不受经验论游戏规则约束的范围，要比经验概念本身狭窄一些。对抗经验论对经验的修整而对经验进行某种恢复，或许对于我认为浮现在所有人眼前的东西还不算最名不副实。除了在欧洲暂时可能不受阻碍地遵循自己的意图行事并协助做点政治启蒙的工作之外，上述这一点尤其促成了我的归国之举。然而归国丝毫没有改变我的感激之情，包括理智上的感激之情，我也并不认为，我作为学者会忽略我在美国和向美国学到的东西。

辩证法附论

论主体与客体 741

一

　　要致力于主体与客体的思索，就要指明真正应当谈论的是什么。很明显这些术语是模棱两可的。这样看来，"主体"可能与单个个体有关，也可能与（依照康德《未来形而上学导论》的用语）"一般意识"的普遍规定有关。模棱两可仅仅通过术语上的澄清是无法消除的。原因在于，这两个含义是相互需要的；一个含义没有另一个很难理解。没有任何主体概念是可以撇开单个人的因素——谢林那里称为"私己性"（Egoität）——不管的；如果完全不提这方面因素，主体就会失去全部意义。反过来，一旦在普遍概念的形式下反思单个人，而不是仅仅反思个体，而是不仅仅指某个特殊的人的当下情形，那么单个人就已经被做成了某个共相，就像唯心论的主体概念中很明显的那样；甚至"特殊的人"这个术语也需要类概念，否则似乎就空无意义。连专名中都隐含着与前述共相的关联。专名适用于那样的某一位（einem），他只叫作这个，没有别的称谓；而"某一位"（einer）则暗指"一个人"（einen Menschen）①。反之，倘若人们为了避免这类错综复杂的局面，而想将这两个术语②定义个一清二楚，就会陷入某种困境，这种困境充实了自康德以来的近代

---

① 这两方面分别指殊相与共相，二者的区别类似于黑格尔那里"意谓"与"这一个"的区别。
② 指"主体"和"客体"。

261

哲学总是一再觉察到的定义难题。这就是说,在某种意义上主体和客体这两个概念(毋宁说,它们针对的事情)优先于一切定义。定义活动堪称客观,无论在主观上被已确定下来的概念捕获的现象的实质是什么。因此主体与客体的对抗是违逆定义活动的。它们的规定恰恰需要

742 对事情本身进行反思,而为了方便概念上的操作,事情本身是被定义活动切除了的。因此比较可取的做法是,首先要按照作为历史积淀物的精打细磨的哲学语言当面交到我们手上的那样接纳"主体"和"客体"这些词汇;当然,也不必拘泥于这种习俗主义,而是要批判性地进一步加以分析。似乎应当从一个据说很质朴,然而本身已经被加工过的观点开始,即一个通常被归类过的主体,即一个认识者,与一个通常同样被归类过的客体,即认识对象对峙着。这之后的反思[这反思在哲学术语中通常归入"间接意向"(intentio obliqua)的名义之下]便是将那个多义的客体概念往回引向同样多义的主体概念。第二层的反思再反思这个反思,为了弄清主体概念与客体概念的内容而把这里含糊的东西进一步规定清楚。

二

主体与客体的分离又是实在的,又是假象。说它真实(wahr),是因为它在认识领域将人类境况中实在的分离和分裂状态,将某种完全强制性的现状表达出来了;说它不真实,是因为现有的分裂不可被实体化,不可被美化为某种恒常不变的状态。主客分离中的这种矛盾传染了认识论。虽然它们①作为分离的东西是无法忽视的,然而分离的虚假性(ψεῦδος)表现在,它们相互被对方中介,客体被主体中介,主体也被客体中介。分离一旦被无条件固定下来,就成了意识形态,那简直就是意识形态的标准形式。那样精神就篡夺了原本并不属于它的绝对独立东西之位:居于统治地位的精神在对其独立性的要求中呈现出来。

---

① 指主体和客体。

一旦与客体彻底分离，主体就已经将客体归于自身了；主体在遗忘了自己在多大程度上就是客体的时候，就吞噬了客体。然而那幅景象，即主体与客体有幸同为一体这种在时间意义上或超时间意义上堪称原始的状态，却是浪漫派的；那是偶尔为之的渴望的投射，在当今不过是谎言罢了。在主体形成之前浑然一体的状态①乃是对大自然盲目的整体关联（blinden Naturzusammenhangs）的惊恐，是神话；各大宗教都是在对这种状态的责难中获得其真理内容的。此外，浑然一体的状态并非统一（Einheit）；依照柏拉图辩证法，统一要求先有分离的东西，而统一正是这分离东西的统一。新的恐惧，即对分离的恐惧，在体验到这恐惧的人们那里便美化了旧的恐惧——混乱，而恐惧与混乱总是一体的。有了对深渊般张开的无意义状态的畏惧，过去同样巨大的对复仇欲强烈的那些神祇的畏惧便被遗忘了；那些神祇是伊壁鸠鲁唯物主义与基督教虔敬信徒希望你们不要听信于人的。若不是通过主体，这是做不到的。如果主体被消灭，而不是被扬弃为一种更高的形态，这就不仅会造成意识的倒退，还会使意识倒退到实实在在的野蛮状态。宿命，即神话陷落到自然状态，源自社会的全盘幼稚状态，即源自那样一个时代，那时自省之眼尚未睁开，主体还不存在。更可取的做法似乎不是通过集体实践重新唤回那个时代，而是消除古老的浑然一体状态的魅力。那种状态的延长便是精神的同一性意识（Identitätsbewußtsein），而精神则以压制的姿态强使他者与自身齐一。倘若允许关于和解状态的思辨，那么在那种状态中被想到的既不是主体与客体无区别的统一，也不是二者怀恨在心的敌对；被想到的毋宁说应当是有区别的东西的交流。那时交往概念作为客观的概念，方才得其所哉。当前的交往概念极为卑劣，因为它有了主体之间依照主观理性的要求进行的沟通，便背叛了最佳状态，即人类与事物之间达成某种共识的潜力。倘若交往概念得其所哉，那似乎是（即便在认识论上也是如此）在人类相互之间以及人类与他者之间都实现了和平的前提下，主体与客体的关系。和平是某种消

① 指人未能独立出来与自然相对峙时对自身与自然浑然一体的感受。

除了强行统治的有区别状态，在那种状态下，有区别的东西相互分担。

744

三

在认识论中人们对主体与先验主体的理解差不多。根据唯心论学说，主体或者是在康德的意义上从某种无性质的材料中建构出客观世界，或者按照费希特以来唯心论的看法，产生了整个世界。这样一个先验的、构造一切内容体验的主体本身疏离了活生生的个人，这一点无需等到对唯心论的批判才被发现。很明显，抽象的先验主体概念，即思维的种种形式及其统一性，以及意识的原初生产能力，是以它允诺要建立起来的东西为前提的：那实际上就是活生生的个别东西。这一点在种种唯心论哲学中都是成立的。虽然康德尝试在关于心理学谬误推理的那一章①中开展出先验主体与经验主体的某种根本性的、构造—等级上的差别，然而他的后学，尤其是费希特和黑格尔，也包括叔本华，在精微的论证中致力于克服显而易见的循环困境。他们乞灵于亚里士多德的那个论题，即对于意识而言首要的东西——这里是经验主体——并非在其自身而言首要的东西，而且预设了先验意识作为其条件或其根源。连胡塞尔对心理主义的争议连同对起源和效用的尊重，也落入上述论证方式的传统中了。这一争议具有护教性质。受限制的被辩称是不受限制的，推导出的被辩称是原初的。一再被重复的是贯穿整个西方传统的一个论题，依照那个论题，只有首要的东西，或者就像尼采批判性地表述的那样，只有非生成者（das nicht Gewordene）才可能是真的。该论题的意识形态功能明白无疑。个人越是通过结合到系统中去而被贬低为社会总体的功能，单纯的人作为具有创造力属性、具有绝对统治地位的本原这一形象就越是被精神安慰性地拔高。

745　　尽管如此，更为吃重的是追问先验主体的现实性，不能依赖这种现

---

① 应指《纯粹理性批判》第二编"先验辩证论"第二卷"纯粹理性的辩证推论"的第一章"纯粹理性的谬误推理"，该章讨论传统形而上学中的理性心理学。

实性在主体被拔高为纯粹精神的时候，尤其是在批判性地撤回唯心论的时候呈现出的样子。在某种意义上说（当然这种说法也是唯心论的最终基础），先验主体比起它所疏离的和在世界范围的问题上没有发言权的，本身成为社会机器附属品，最终成为意识形态附属品的心理个体来说，更为现实，即对于人类及其构成的社会的实际行为而言更具决定性。活生生的个人如果被迫有所作为且过去也以此为成长目标，作为具身的经济人（homo oeconomicus）毋宁说是先验主体，而不是他认为自己必定直接就是的那个活生生的人。就此而言唯心论的理论是实在论的，也不必在指责它有观念论①嫌疑的对手面前感到羞涩。在关于先验主体的学说中，抹去了个人及其关系的抽象理性关系（它以交换为典范）的优先性是属实的。如果说社会的关键结构是交换形式，那么这种结构的合理性就构造了人类；至于人类自为地是什么，他们自认为是什么，那是次要的。他们预先就被那个在哲学上被美化为先验东西的机制扭曲了。自以为最显白的经验主体，真正说来似乎必定被视为压根就不实存的东西；在这方面先验主体是"根本性的"。先验主体（所谓的一切对象之根源）在其僵硬的无时间状态下被对象化了，这完全是依照康德关于先验意识的种种固定不变的形式的学说而来的。先验主体的固定不变（依照先验哲学，它才产生了种种客体，至少确定了它们的规则）是在社会关系中被客观实现了的人的物化的反思性形式。物神特征这个在社会上必要的假象，在历史上成了先于它依照其概念而言似乎厕身其后的那个东西的东西。哲学上的构造问题以镜像的方式自行反转；然而在它反转的过程中，基于已达到的历史状态的真理表现出来；当然这一真理可能在理论上又要被第二次哥白尼转向否定。这真理当然也有它的肯定性环节：先行的社会维持着自身及其成员的生活。独特个体在生存上的可能性要归功于普遍因素；思维证实了这一点，而思维本身是

746

---

① 这里的观念论（Idealismus）是相对于实在论（Realismus）而言的，指唯心主义理论的对手对它的指责和误解，即误认为它只看重主观观念，而不具有客观实在性。在这一点上，阿多诺恰恰要为唯心主义理论辩护，强调它的客观实在性。该词在本书其他地方指的都是唯心论（唯心主义），因而此处是一特例，因而特别译作"观念论"。

一种普遍的、就此而言具有社会性的关系。思维并非仅仅在拜物教意义上为个人预备好。只不过在唯心论中,一个方面被实体化了,这个方面除非在与另一个方面的关系之中,否则根本不可能被理解。但既有的东西(这是唯心论没有能力移除的障碍)总是又展示出上述实体的挫败。

四

通过对客体优先性的洞察,不仅古老的直接意向(intentio recta)得到恢复,还有随之而来的对如其在批判的此岸显现的那般存在着的外部世界的信赖,即一种缺乏自我意识(自我意识只有在认识回溯到认识者这一背景下才凝结出来)的人类学状态。朴素实在论中主体与客体的生硬对立虽然在历史上有必要,也不能被任何意志活动消除,但同时也是虚假抽象的产物,已经是某种物化了。一旦看明白这一点,那种自我对象化的、恰恰在这样对象化的时候指向外部的、虚假地向外冲击的意识,在没有自省的情况下似乎是不可能前行的。转向主体的做法(这种做法当然从一开始就谋求主体的特权)当然不会简单地随着对这种转向的修正而消失;这种修正尤其会在维护自由的主观利益时发生。客体的优先性毋宁说意味着,主体本身在相比客体而言不同质的、更激进的意义上是客体,因为主体若不是被意识意识到(durch Bewußtsein gewußt),是不可能出现的,包括成为主体。这个被意识意识到的东西必定是某个什么(Etwas),中介(Vermittlung)以被中介者(Vermitteltes)为基础才可行。但主体作为中介的总括(Inbegriff),乃是方式,而永远
747 不是客体的对照物,乃是被关于主体概念的每一个可理解的观念预设了的东西。可以潜在地,尽管不是现实地,设想客体性在没有主体的情况下存在;不能在同样的意义上设想主体性在没有客体的情况下存在。无论主体如何被规定,都无法从主体中变现出一个存在者来。倘若主体不是某个东西①(而且"某个东西"指的是一个不可还原的客观环

---

① 指不是存在者。

节），那么压根就没有主体这回事；即便作为纯粹行动（actus purus），那也需要关联到一个行动者身上。客体的优先性是间接意向（intentio obliqua）的间接意向（intentio obliqua），而不是被重温的直接意向（intentio recta）；这是对向主体还原的纠正；这并不是否认主体的参与。客体也被中介了，只不过不是依照自身概念彻底被引向主体，像主体被引向客观性那样。唯心论忽视了这种差别，因此也放大了某种精神化的做法（Vergeistigung），那种做法中隐藏着抽象化。但这就促使人们修正传统理论中居支配地位的那种对待主体的态度。传统理论在意识形态中颂扬主体，在认识实践中则贬低主体。然而人们如果达到客体，那么客体的种种主观规定或主观性质便是不可消除的：这似乎恰恰违背了客体的优先性。如果主体以客体为内核，那么客体身上的种种主观性质便尤其是个客观环节了。原因在于，客体只有作为具备特殊规定者，才能成为某种东西。在似乎只有主体才能加给客体的那些规定中，客体自身的客观性才得以贯彻：那些规定全都是从直接意向（intentio recta）的客观性中借来的。即便依照唯心论学说，主观规定也绝非只是附加的东西，它们也总是从尚待规定者那里索取来的，而在这一点上客体的优先性得到了维护。反之，臆想中纯粹的、没有附加思维与直观的那种客体，恰恰是抽象主体性的反映：只不过这主体性通过抽象，使得他者成了自相同一的罢了。原汁原味的经验客体与还原主义弄出来的那种无规定的基体（Substrat）不同，要比那个基体更客观。在主观经验中，客体身上那些被传统的认识批判清除了，又被记到主体名下的性质，乃归因于客体的优先性；在这一点上间接意向（intentio obliqua）的支配起了欺骗作用。这种意向的遗产归那样一种经验批判所有，它触及经验自身的历史局限性，最终触及经验的社会局限性。原因在于，社会是经验固有的成分，绝非异类（ἄλλο γένος）。只有认识在社会意义上的自省才为自身获取客观性；而那客观性是认识一直都耽搁了的，因为它遵从在自身内部起支配作用的社会压力，却不动动脑子反思一下那些压力。对社会的批判就是认识批判，反之亦然。

748

267

五

要合法谈论客体的优先性,唯当那优先性对于具有最广泛理智的主体而言是可以规定的,方才可以;因而它是康德式的物自体,而不是现象那不为人知的原因。即便那样的物自体,尽管有康德,也由于与被范畴述谓者截然有别,而已经具有了最少的一些规定;这样一种规定是否定性一类的,是反因果性的。它足够建立起与传统观点的某种对立,而后者与主体主义沆瀣一气。客体的优先性表现在,它改变了物化意识的那些与主体主义严丝合缝的看法。主体主义并非在内容上切合朴素实在论,而只是试图指出这种实在论的有效性在形式上的一些标准,正如康德关于经验实在论的公式证实的那样。与康德构造学说不一致的某种因素很可能支持了客体的优先性:现代自然科学中的理性(ratio)望向了它自己建起的围墙之外;上述因素的一个尖端部位瞥见了与这些科学的种种精打细磨的范畴并不一致的东西。但这领先的客体该如何以有别于人们主观上为它配备的方式规定其自身,这一点要在范畴装备在它那里规定的东西上(它会依照主体主义模式被这装备规定),在限定者的局限性上来把握。范畴规定(依照康德,范畴规定才产生客体性)作为本身被设定者,只要人们愿意这么说,实际上"仅仅是主观的"。因此向人还原(reductio ad hominem)就演变成了人类中心主义的垮台。连作为构件的人都是一种由人制造的东西,这一点使得精神的创造失去了魔力。然而由于客体的优先性需要对主体以及主观反思进行反思,与原始唯物论(真正说来它并不容许什么辩证法)中的情形不同,主体性便成了固有环节。

六

现象主义的意思是:没有任何事物被认识,事物都被认识主体穿透了,而从哥白尼转向以来认识主体就与对精神的崇拜密不可分。主体和精神这两者都被对客体优先性的洞察彻底改造了。黑格尔在主体性钳制的内部要做的事情，在一以贯之的批判之下冲破了这种钳制。一旦主体性是客体的形态这一点被看透了，那种宣称神经分布、洞见、认识都是"单纯主观的"的一般性保证就不起作用了。主体陶醉于自己的规定根据，将它设定为真正的存在，这种情形很少见。主体本身意识到其客观性，主体的种种冲动不应被逐出认识之外。然而现象主义的迷误是一个必然的迷误。这迷误表现的是那样一种几乎势不可当的总体迷惑，后者是作为谬误意识的主体产生的，与此同时主体也是后者的一个环节。主体的意识形态便基于这种势不可当的局面。由于意识到某种缺陷，即认识的边界方面的缺陷，这就产生了某种优越性，因此上述缺陷据说就更容易忍受了。集体的自恋已经起作用了。然而如果不是有某个真实的东西以扭曲的方式充当了这种自恋的基础，它是不可能如此这般严格贯彻，也不可能产生那些最强大哲学的。先验哲学对创造性主体性赞扬有加的一点，就是主体将自身隐匿拘禁于自身之内的状态。在主体想到的所有客观东西中，主体总是像被包裹在护栏中的动物（它们徒劳地试图摆脱这护栏）一样被拘禁；只不过那些动物并没有到处将它们的拘禁当作自由去宣扬的念头。值得追问的很可能是，为什么人类这样做了。他们的精神的拘禁是极为实在的。他们作为从事认识者，依赖于空间、时间、思维形式，这表现出他们对所属之类的依赖。这个类在前述种种构造物中表现出来；因此这些构造物也一样有效。先天东西与社会相互融合。前述那些形式的普遍性与必然性，即康德赋予它们的名声，无非就是将人类结合为统一体的东西。人类为了存续（survival）才需要它们。拘禁被化入内心了：个体在自身内部被拘禁不亚于在普遍性（即社会）被拘禁。由此才有了对将拘禁解释为自由的兴趣。个体意识的绝对拘禁是对每个人实在的拘禁的重演。连看穿了那些人的意识洞察力，都是由移植到了他们内心的那些形式决定的。在内心的拘禁上，人类可能觉察出社会上的拘禁：过去与现在需要防止的都是对持存者的持存的那种强大兴趣。为了投合这种兴趣，哲学必然误入歧途，这一点几乎与前述那些形式本身同样必然。因此在

750

意识形态上，唯心论在起步之前便已打算颂扬世界是绝对理念了。根本的补偿措施已经包含下面这一点，即现实性在被提高为所谓的自由主体的产物之后，据说会自我辩解为自由的现实性。

七

同一性思维，即流行的二分法的表面形象，在主体乏力的时代不再表现为主体的绝对化。代之而起的是某种虚情假意地反主体主义的、在科学上显得客观的同一性思维，即还原主义；人们说早期罗素是新实在论者。还原论是当前特有的物化意识形式，它的谬误在于它潜在的和愈发灾难性的主体主义。残余的东西①是依照主观理性诸秩序原则的尺度来塑造的，而且与主观理性自己的抽象性相一致，在它自身便是抽象的了。误将自身当作天性的物化意识是幼稚的：它将自身这个既成的、本身尤其经过中介的东西（用胡塞尔的话来说）当作"绝对根源的存在领域"（Seinssphäre absoluter Ursprünge），而将与之相对的那个对立面当作渴望研究的事情本身。为了客观性起见而将认识去人格化（Entpersonalisierung）这一理想，在认识那里保留下来的不是别的，而是它的残渣（caput mortuum）。如果承认客体在辩证意义上的优先性，那么关于那样一门非反思性实践科学的假设就破产了，该科学研究作为排除主体之后的残余性规定的客体。那么主体就不再是客观性的某种可有可无的附赘。客观性通过排除它的一个本质性环节，是被伪造，而不是被净化了。主导着残留的客观性概念的想法，是以一个被设定的、被人类制造的东西为原型的；它绝非以它用被净化的客体代替了的那种自在体（An sich）的理念为原型。毋宁说原型就是以扣除全部成本费用后在收支表上剩余的利润为模型。但这利润是被置于和被限制在计算形式下的主观利益。可以算作利益思维的那种干巴巴的业务（Sachlichkeit）的东西，完全不同于事情本身（Sache）：在业务为某个人

---

① 应指还原后残余的东西。

挣得的收益中,事情本身毁了。然而认识似乎必须由并未被交换扭曲的东西来引领,或者——因为根本没有未被扭曲的东西了——由隐藏在交换过程下的东西来引领。客体就像被主体设定的东西一般,并非无主体的残余物。两个相互矛盾的规定相互适应:科学拿来冒充其真理的那个剩余的东西,乃是科学操纵的程序的产物,而那程序是以主观方式创建的。界定客体是什么,这本身仿佛就是这种创建包含的一个部分。客观性唯有通过如下方式才能澄清,即在历史和认识的每个层面都既考究当时呈现为主体和客体的东西,也考究种种中介方式。就此而言,正如新康德主义教导的,客体事实上是被"彻底交付出去"了。有时主体作为无拘无束的经验,倒是离客体更近,而不是离经过过滤 ⁷⁵² 的、依照主观理性的要求剪裁过的残余更近。未经还原的主体性依照它当前所处的历史哲学地位,依照论战中的位置,能比种种客观主义的还原更加客观地起作用。一切认识都尤其因为如下情形而中招了,那就是传统认识论的那些论点都使其对象头足倒置:美即是丑,丑即是美(fair is foul, and foul is fair)①。个体经验的客观内容不是通过比较后加以普遍化的方法,而是通过化解掉阻碍上述那种本身有所侧重的经验的东西才产生的;那东西阻碍经验无保留地,照黑格尔的话来说,自由地投身于客体,而自由使认识主体得以松弛,直至消失于它凭借自己的客观性存在与之关联起来的那个客体之中。主体在认识中的关键姿态就是经验,而不是形式;康德那里的赋形(Formung)本质上是夺形(Deformation)。认识的努力主要是解构其通常的努力,即解构对客体暴力相向的做法。认识客体可以比作主体撕碎客体表面编织出来的面纱的行动。只有当主体信赖无畏地接受自己经验的做法时,它才有能力如此这般行动。在主观理性察觉出主观偶然性的地方,客体的优先性便透射出来;客体身上的东西并不是什么主观的附加。主体是行动者,而不是客体的构件;这也对理论与实践的关系产生了影响。

---

① 莎士比亚戏剧《麦克白》中的名句。

八

即便依照对哥白尼转向的第二次反思①,康德最可争议的原理,即超越性的物自体与被构造的对象的区分,也还是保留了一些真理。原因在于,客体似乎原本是非同一性东西(Nichtidentische),在摆脱了主体魔力后就要通过彻底的自我批判来理解——如果说客体在根本上已然存在,而不是康德以理念概念(Begriff der Idee)勾勒的那样。这样一种非同一性东西似乎相当接近于康德的物自体,尽管康德固守这非同一性东西与主体相合时构成的避难所。非同一性东西似乎根本不是某种袪魅了的理智世界(mundus intelligibilis)的残留物,而是就康德的哥白尼转向疏离这非同一性东西并拘泥于此而言,要比感性世界(mundus sensibilis)更实在。然而在康德的意义上,客体是被主体"设定的东西",是主体蒙在被褫夺了性质的某种东西头上的形式编织物;最后是那种规律,它将由于向主体的回溯关联而四分五裂的现象归总为对象。康德加给他所强调的规律概念的必然性和普遍性这些属性,具有实实在在的坚固性,就像生动活泼的人与之相冲撞的社会世界一般密不透风。照康德看来把主体指派给了自然的那种规律(堪称他的构想中对客观性最高的抬举),是对主体及其自我异化的更完满表达:主体在其塑造与充当客体的要求达到极致时强加其自身于对方。此时主体又有了它吊诡的权利:事实上主体也是客体,只不过恰恰就在它自立为形式的过程中,忘记了它自身是如何和被什么建构起来的。准确来说,康德的哥白尼转向涉及主体的客体化,涉及物化的实情。它的真理内容是主体与客体之间绝非在本体论上,而是在历史上层累而成的同盟。主体建立起这个同盟,靠的是索取对客体的最高统治权,并由此骗取客体。作为实质上的非同一性东西,主体越是"建构"客体,客体便越是被推离主体。康德哲学铭记于心的这个同盟,本身也是这种哲学

①　可能指上文提到的"第二次哥白尼转向"。

的产物。作为纯粹自发性的主体,即原初统觉(看起来似乎是绝对动态性本原),却由于与一切材料相分离(Chorismos),而与依照自然科学模式构造起来的物的世界一样被物化了。原因在于,通过这种分离,所索取的绝对自发性在其自身而言,尽管不是对康德而言,就是静止的;形式虽然应当是某种东西的形式,依照其自身的特质来看却不可能与任何东西发生互动。形式与单个主体的行动(这行动必定被贬低为小群体的心理活动)截然有别的样子毁坏了原初统觉这个康德最核心的本原。他的先天主义夺走了纯粹行动的时间性,而如果没有时间性,动力学就根本毫无意义。行动回缩进某种次等的存在(ein Sein zweiter Ordnung)之中;众所周知,在后期费希特相对于1794年知识学而进行的转向中明显就发生了这样的事情。客体概念中这种客观的含糊性由康德确定下来,便再也没有任何有关客体的原理可以跳出它之外了。严格来说客体的优先性意味着,并不存在与主体抽象对立的客体,然而客体本身又必然显现;这种假象(Schein)①的必然性似乎是要加以克服的。

754

九

当然真正说来也没"有"主体。主体在唯心论中的实体化导致种种荒谬的事情。这些荒谬的事情可以概括为,主体的规定牵扯进了主体被设定要反对的东西。而且这绝非因为主体作为部件(Konstituens)预设了整个构造物(Konstitutum)。就下面这一点而言,主体本身就是客体:唯心论构造学说("必须有主体,这样主体才能构造某种东西")隐含的那个"有",本身就是从事实性(Faktizität)领域借来的。有的那个东西的概念,所指的无非是特定存在者的概念,而主体作为特定存在者,已先行落于客体之中了。但作为纯粹统觉,主体希望成为一切特定存在者的绝对他者。即便在这里,似乎也在否定的意义上显现出一点真

---

① 即"客体与主体对立"这种假象。

理:独立自主的主体使它所把握的一切都遭受到的物化乃是假象。看似脱离了物化的东西,便迁移到主体自身的深渊之中;当然这就带来一种荒谬的后果,即这样一来主体就为其他所有的物化签发了特许状。唯心论错误地向内部投射了正确生活的理念。主体作为生产性想象力、纯粹统觉,最后作为本原行动,为人类生活在其中实实在在地再生产自身的那种行动编码,并在其中很有道理地预见到了自由。因此很少会像它被实体化那样,简单地消失于客体中,或消失于任何一种据说更高级的东西中,即消失于存在中。主体在其自我设定中是假象,同时也是一种在历史上极其现实的东西。它包含了扬弃它自己的支配的潜力。

十

主体与客体的差别既切穿了主体,也切穿了客体。它既不能被绝对化,也不能被思想消除。在主体那里,真正说来一切都可以算作客体;在那里不是客体的东西,就会在语义学上冲破"是"(Ist)。传统认识论的纯主观形式总是要依照客体自己的概念,在并非没有客体和没有客体永远不成的情况下,仅仅被设想为客观东西的形式。认识论上的自我的要塞,即自我意识的同一性,明显是模仿了对坚定不移的、同一的客体的未经反思的经验;它也在根本上被关联到这种经验上了。康德若是没有默默地赋予主观形式某种客观性(这种客观性是他从他将主体与其对立起来的东西那里借来的),是不可能为主观形式索回客观性之条件的地位的。然而在主体性聚拢于其中的那一端,从它发生综合性统一的那个点来看,总是只有那本身就共属一体的东西被集中起来。否则综合就仅仅是任意归类了。当然,这种共属一体的局面若是没有主观上对综合的执行,也是不可想象的。即便对于主观的先天东西,也只有就它具有一个客观的方面而言,才能宣称它的作用具有客观性;若是没有这个方面,由先天东西构造而成的客体将是对于主体的某种纯粹同语反复。最终,客体的内容(在康德那里就是认识的质料)

便凭借其不可消解性、被给予性、对于主体的外在性,同样成为主体内
部的客观东西。此后,主体很容易像黑格尔说的那样,自认为什么都不 756
是,又是绝对的客体。然而这也是先验假象。主体通过它的实体化,即
通过对非物性东西的物化,成了虚无。主体的实体化遭遇了抗议,因为
它无法满足朴素实在论在最深处关于定在的标准。主体的唯心论构造
在它与某个作为自在存在者(它恰恰不是这自在存在者)的客观东西混
淆时破产了:依照存在者的尺度,主体被判决为毫无意义的。主体越是
不存在,它就越是误认为自己是自为的客观东西;它越是存在,它就越
是不那样误会。然而作为环节,它是不可消除的。若是消除了主观环
节,客体就会相互混同,就像主观生命短暂易逝的激动与瞬间一样。

十一

    客体尽管被弱化,也不能没有主体。倘若作为环节的主体在客体
那里付诸阙如,那么客体的客观性就是胡说八道(Nonsens)。在休谟认
识论的虚弱之处,这一点变得很明显。这种认识论在误认为缺了主体
也能行的时候,其实是以主体为指向的。据此便可评判个体主体与先
验主体的关系了。自康德以来个体的形象经过无数次变迁,它是经验
世界的组成部分。然而它的功能,即它的经验能力(这是先验主体没有
的能力,因为纯逻辑东西绝无经验),实质上远比唯心论赋予先验主体
的能力更具建构性;而先验主体本身是疏离了个体意识的,这种疏离以
极具前批判时期色彩的方式被实体化了。尽管如此,先验东西的概念
提醒人们,思维凭借其固有的普遍性环节,得以超越那约束它自己的个
体化过程。即便普遍东西与特殊东西的对照,也既是必要的,又具有欺
骗性。双方中的任何一方都不能没有另一方,特殊东西只能作为被规
定者,就此而言也只能以普遍的方式存在,普遍东西只有作为特殊东西
的规定,就此而言也只能以特殊的方式存在。双方存亡与共。这是非 757
唯心论辩证法最强的动因之一。

十二

主体对其自身的形式主义的反思乃是对社会的反思,这种反思的吊诡之处是,依据后期涂尔干的想法,起构造作用的那些部件来源于社会,然而另一方面(流行的认识论可能会引证这一点)在客观上也是有效的;它们已经由涂尔干的论证预设到每一个展示其局限性的命题中去了。这个吊诡之处可能与主体本身在客观上的偏向性一致。认识功能(没有认识功能,主体的差别以及它的统一性似乎都不可能)便源于这个吊诡之处。认识功能在本质上存在于前述部件中;只要有认识,认识就必须依照那些部件进行,即便它的眼力超出它们之外也是如此。那些部件决定了认识概念。然而这些部件不是绝对的,而是如同一般认识功能那样形成的。说它们有可能会消失,这并非奇谈怪论。断言它们具有绝对性,这就将认识功能、将主体设定为绝对的了;将它们相对化,则是教条地废除了认识功能。针对这类做法提出的异议是,这种论证包含了愚蠢的社会学主义(Soziologismus):据说上帝创造了社会,而社会则依照上帝的形象创造了人类与上帝。但关于优先性的论点①并不仅仅是在个体或其生物学雏形被实体化的时候才显得荒谬。在发展史上应予重视的是时间上的在先,至少是类(Gattung)的同时共在。说"那"人应当先于社会,这或者是《圣经》的残余,或者是纯粹的柏拉图主义。自然在其所处的那些较低层面上,充斥着非个体化的有机体。如果说依照近代生物学家们的论点,人类出生时的装备就像其他生命体一样少,那么他们很可能唯有联合起来,通过初步的社会性劳动,才能维持自身生命;个体化原理(principium individuationis)乃是他们第二步的事情,有可能是某种生物学上的劳动分工。单个的人首先以原型的方式出现,这样的情形难以置信。对这种景象的信仰是在神话意义上将已经在历史上完善了的个体化原理(principium individuationis)

758

---

① 应指社会优先的论点。

往回投射,或者投射到永恒的理念天国。类希望通过突变实现个体化,以便通过个体化,在诸个体之间依靠生物学上独一无二的特性再生产自身。人是结果,绝非形式(εἶδος);黑格尔和马克思的认识直抵所谓的构造问题的最深处。个人"的"本体论①——先验主体的建构模式——以已充分展现的个人为导向,正如"那"②这一表述的模棱两可在语言上表明的那样,该表述既指类本质,又指个体。就此而言唯名论与本体论相反,它比本体论更多体现了类的、社会的优先。当然社会与唯名论在下面这一点上是一致的,即它立即否定了类,那或许是因为类让人想起动物:让人想起本体论,如果本体论将个人提升为统一性形式,也针对杂多而提升为自在存在者;让人想起唯名论,如果唯名论无反思地依照单个人的模式将个人标榜为真正的存在者。唯名论通过将社会降格为个人的缩写词,而在概念中否定了社会。

---

① 原文(Die Ontologie "des" Menschen)中加引号突出的定冠词本身就含有性、数、格多重含义,大致可以说包含了中译文中"个"和"的"两个字,但中译文无法反映这一情形。

② 指前文中"'那'人"("der" Mensch)里的定冠词。

关于理论与实践的旁注

献给乌尔里希·索恩曼

一

　　对理论与实践的追问在多大程度上取决于对主体与客体的追问，一个简单的历史回想便可表明这一点。在笛卡尔的双重实体说认可主体与客体二分局面的同一个时代，实践由于其与反思的张力，在诗中首次被呈现为成问题的。纯粹的实践理性在所有勤勤恳恳的实在论中皆属无的放矢，正如对手工工场和工业而言，世界成了无特质的待加工材料，而加工本身唯有在市场上才取得合法性。当实践允诺引领人类走出其封闭于自身的状态时，实践一如既往还是封闭的；因此实践的东西固步自封，与客体的关联先天（a priori）就被实践捣毁了。似乎很可追问的是，是否迄今为止一切支配自然的实践在对客体漠不关心时并非虚假的实践。该实践也是在所有那些原封不动地接纳了实践旧有的粗暴姿态的行动上，将实践的虚假特征继承下去的。人们很有理由指责早期以来的美国实用主义，说它将认识在实践上的有用性当作认识的标准时，是宣誓效忠于现存的局面的，否则没有别处可使实践上的效用得到检验。但如果到最后，整体而言的理论若非徒劳无功，便被绑定在它此时此地的效用上，那么理论也会遭受同样的命运，尽管人们相信它能逃离受困在体系内部的境遇。理论要摆脱这种境遇，唯有挣脱实用

主义的那种无论是否有所缓解的束缚才可以。理论都是灰色的,歌德
让他的梅菲斯特这样劝诫那位任其摆布的学生;这个命题在出现的头
一天就成了意识形态,它所欺瞒之处在于,那棵由实践家种下,而魔鬼   760
在同一时刻又比作金子的生命之树根本没那么绿;理论的灰色本身就
是已失去特质的生命的功能。任何东西若是不被把握,据说就不存在;
并非思想才如此。被抛回自身的、被一道深渊与他者隔绝开的主体,据
说是无能于行动的。《哈姆雷特》既是一部陷入主观反思之境的个人的
史前史,也是一部讲述行动——因那种反思——瘫痪者的戏剧。个人
将自身外化(Selbstentäußerung)为与其不相同的东西,他感觉这是与
他不相宜的,也被阻碍去实现这一点。此后不久,就有小说描绘了对于
由"异化"(Entfremdung)一词错误命名的那种处境的反应(仿佛在前个
体性时代曾有过很亲近的状态,然而那种状态却很难被个体化之人以
外的人感受到:动物照博尔夏特①的话来说是"孤独的团体"),即以虚
假行动作出反应。堂·吉诃德的种种滑稽行为是在尝试弥补渐行渐远
的他人,依照精神病学的语言来说是补偿现象。自那以来堪称实践的
难题,今天又在对实践与理论关系的追问上尖锐表现出来的东西,与支
持恒久不变者的那种合理性导致的经验的失落(Erfahrungsverlust)相
符合。在经验受阻或根本不存在的地方,实践就受到伤害,因而也被渴
望、被扭曲、在绝望之下被高估。因此所谓的实践难题便与认识难题纠
缠在一起。理性化进程终结于其中的抽象主体性,在严格意义上说很
难做出人们期待于先验主体的事情来,那事情恰恰要在先验主体这里
来检验,即自发性。自从笛卡尔提出关于主体具有无可置疑的确定性
的学说以来(而描述这种确定性的哲学则将某种在历史上完成的东西,
将一个由主体与客体构成的星群进行了编码,在那种哲学中,依照古老
的套话,据说只有不同者才能认识不同者),实践具有了某种虚假的成
分,似乎它无法跨出坟墓之外了。像"忙碌"和"勤奋"这些词汇相当精

---

① 鲁道夫·博尔夏特(Rudolf Borchardt, 1877—1945),德国作家、抒情诗人、翻译家和
演说家。

辟,刻画入微。20世纪一些能干的群众运动营造的那些虚假现实(它
们后来成为最血腥的现实,然而又被并非完全现实的、幻想的东西掩盖
761　了),只有在被追根究底时才暴露真相。当思维将自身限制于主观的、
可为实践所用的理性时,脱离这理性的其他事物就相应地被指派给越
来越不遵守概念的某种实践,那种实践除了它自身之外不承认任何尺
度。正如承载市民精神的社会一般自相矛盾的是,市民精神也兼具自
相矛盾与实用主义那种对理论的仇视。仅仅由主观理性亦步亦趋模仿
构造出来的那个世界,虽说应该不断依照其经济扩张趋势而被改变,但
也一直保持本色。在思维上勾勒出那里活动着的东西:尤其是不满足
于模仿构造的理论。要建立的似乎是那样一种意识,它既不将理论与
实践分离,以致理论无力,实践任性,也不通过康德和费希特号召的、实
践理性在真正市民意义上的优先性来突破理论。思维是一种行动,理
论是时间的某种形态;只不过宣扬思维纯粹性的那种意识形态将这一
点蒙蔽了。思维具有双重特征:它是在内心被规定的和严格的,也是现
实中某种必不可少因而实实在在的举止方式。就主体这一哲学家们的
思维实体是客体而言,就主体落于客体之中而言,它从一开始也是实践
的。然而实践的那种总是最显眼地呈现出来的不合理性(它在审美上的
原型是突发的偶然行为,通过这类偶然行为,哈姆雷特实现计划,又在实
现过程中落空)不断激活主体与客体绝非分离的假象。当客体向主体呈
现出绝对不可通约的假象时,盲目的命运便掏空了两者之间的沟通。

二

当人们做事大而化之,便希望投合历史哲学的建构,将理论与实践
的分离追溯到像文艺复兴那么晚的时候。这种分离只不过是到那时
762　候,在敢于指定真理和好作品的等第的那种秩序(ordo)垮台之后,才首
次得到反思。那时人们是在如下形态下经历实践危机的:不知道该做
什么。在整个中世纪等级制中(这个等级制与决疑论相结合),实践的
指令都消融进去了,那时这些指令尽管都很可疑,至少显得像是适合那

个社会结构的。在康德伦理学那备受攻击的形式主义中,一场随着自主理性的解放而势不可当并带着批判的权利进入角色的运动,达到了顶峰。那时实践上的无能主要是,对缺乏规则性因素这一点的意识一开始就是虚弱的;犹豫踌躇(与作为思辨的理性亲如姐妹,且阻碍了实践)便由此而来。纯粹实践理性的形式性特征造成了它面临实践时的放弃,当然也促成了自省,而自省带人走出了对此负有责任的实践概念。倘若自给自足的实践从来都具有狂热的和强迫性的特征,那么与这些特征相反,自省就意味着中断盲目指向外部的行动;不再天真,就是向人性的过渡。谁若不是以浪漫化的心态向往中世纪,便必定会将理论与实践的分离一直回溯到体力劳动与脑力劳动最早的分离上,很可能一直回溯到幽暗的史前史。实践产生于劳动。当劳动不仅仅直接再生产生活,而要再生产生活条件时,实践就达到了它的概念:这就与已有的条件冲突了。实践来源于劳动,这给一切实践带来重负。迄今为止,它原先带有的不自由状态都伴随着它:为了自我保存,人们似乎必须违背快乐原则行事;尽管最小化的劳动不一定还要与放弃相结合。即便对自由的渴望与对实践的反感密切相关这一点,也是当前这种行动主义所排斥的。以往实践是对生活困境的反映;这会使实践走样,如果实践追求消除生活困境。就此而言艺术是在批判实践不自由;艺术的真理始于此。对于如今到处都极受推崇的实践的厌恶,在一些自然史现象上也能得到惊人的回响,比如河狸建房、蚂蚁和蜜蜂勤劳、搬运草茎的甲壳虫怪诞又不辞辛劳地一次次蜷缩身体。在实践上,最年轻的与最年老的别无二致;实践再一次成了圣洁的动物(heiligen Tier),正如史前时代不尽心竭力投身于类的自我保存活动便是渎神。实践生来便长了一副动物式认真的样子;天才摆脱了实践时,这种认真便消解了:这很可能就是席勒戏剧理论的意思。大部分行动主义者在并不比其他惯于附和发笑者更轻松的意义上,是没有幽默感的。自省的缺乏并非仅仅源于实践的心理机制。这方面的缺乏构成实践的标志,一旦实践作为自己的物神成了达到其目的的障碍。那样的辩证法是绝望的,即仅仅通过实践而走出实践给人类设下的禁令,但此时实践又强迫

763

281

性地作为实践而协同巩固了禁令,愚顽、狭隘而又蠢笨。这种局面激发出来的对理论的敌视,产生了一个走出去的计划。但实践的目的,包括解脱一切狭隘,对于致力于达到该目的的手段并非毫无所谓;否则辩证法就会退化为庸俗的耶稣会做法。多雷①漫画中愚蠢的国会议员曾自夸:"我的先生们,我是最懂实践的"他表明自己是一个鼠目寸光、沾沾自喜的侏儒;他的姿态实际是在责难实践本身的精神是野蛮无知。视野开阔是理论所提倡的。尽管理论在方方面面都不自由,它在不自由的人当中当上了自由的首领。

三

今天理论与实践的对照又被滥用,即被用于指责理论。当人们要打破一个宁愿用功学习也不愿参与活动的学生的房间,他们当着他的面在墙上这样涂鸦:忙于理论而不参与实践行动的人,是个社会主义②的背叛者[1]。实践并非仅仅针对他一人才成了制造良心压力的借口。被那些人诽谤的思维明显是不遗余力地使用了各种实践性因素:它做了太多的准备性工作,太懂实践了。谁在思考,就是在设置阻力;更舒适的做法是顺潮流而动,哪怕他嘴上声明自己是逆潮流而动的。当人们顺从快乐原则的某种退化扭曲的形态,将这原则弄得更容易接受一些,任由自己率性而为,他们除此之外还可以期待来自同类人的道德奖赏。集体提供的替代性超我在硬生生的颠倒中索取的就是旧的超我拒绝提供的东西:人对自身的让渡使得顺服的人有了善人的资格。即便在康德那里,真正意义上的实践也是善良意志;然而这种意志相当于自主的理性。然而一个不算狭隘的实践概念只关心政治,只关心那样的社会局势,它在很大程度上判定单个人的实践是不相干的。这就是康德伦理学与黑格尔观点显出差别的地方,黑格尔正如克尔凯郭尔看到

① 古斯塔夫·多雷(Gustave Doré, 1832—1883),法国画家、版画家、插画家。
② 可能指纳粹党奉行的国家社会主义。

的,真正说来并不了解传统所理解的伦理学。依照 18 世纪启蒙的状况,康德的道德哲学著作尽管彻底反心理主义,而且追求完全约束与支配人的有效性,但其实是个体主义的,只要它们诉诸个体,而不是诉诸作出正确的——在康德看来是彻底合乎理性的——行动的基体(Substrat)。康德的例子全都来自私人领域和商业领域;信念伦理学(Gesinnungsethik)概念(这种伦理学的主体必定是个体化的单个人)便由此而来。在黑格尔那里,经验首次表明,个体(哪怕个体具有极为纯粹的意志)的态度赶不上一种预先规定并限制了个体行动的条件的现实。当黑格尔将道德概念扩大到政治,他就消解了道德概念。自那以后,没 765 有任何对实践的非政治反思是有分量的。然而在这一点上人们似乎可以欺骗自己说,恰恰在实践概念向政治扩展时,就随之设定了个人被普遍性东西压制。若是没有个体化,人性便不存在;由于人们无知又傲慢地打发掉个体化,人性可能隐蔽地被撤除。然而如果单个人的行动,随之包括所有人的行动,被轻蔑对待,那么集体的行动也会瘫痪。鉴于客观局势事实上占据优势地位,自发性从一开始就显得微不足道。康德的道德哲学和黑格尔的法哲学代表了市民在实践方面的自我意识的两个辩证的层面。两者在依照特殊东西与普遍东西两极对立(这两极是前述意识撕扯开的)的模式分离开之后,也都是谬误的;当现实中还没有某种更高实践形态的可能性显露出来时,两者相互都显得有道理;更高实践形态的显露需要理论反思。毋庸置疑的是,对这种情境的合理分析至少构成了政治实践的前提:即便在实践粗鲁地占据优先地位的军事领域,也是如此。对该情境的分析并不限于对它的适应。当分析对此进行反思时,它便突出能将人们引出情境束缚之外的一些环节。这对于理论与实践的关系有难以估量的重大干系。通过与作为直接的、受制于处境的行动的那种实践相区别,因而通过独立,理论成了能改变局面的、具有实践性的生产力。如果思维触及它所探讨的某种东西,那么它就总是设定了一种无论对思维而言多么隐蔽的实践冲动。不愿被动接受既成事物的那个人,才是唯一在思考的人;从那位思索如何保护他的小火苗不被雨淋灭或上哪儿才能躲避雷雨的原始人,直到那位构造出人类出于自我保存的兴趣走出其自我招致的未成年状态之外的启蒙人士①,都是如此。这类动机一直在起作用;或许在没有任何实践上的动机直接成为主题时,尤其如此。就思想不止于资料排序和技术片段而言,似乎没有任何思想不怀有实践的目的。只要沉思不在实践方面自我设限并被剪裁得适合于推荐给它的结果,对自由的沉思便会扩展到对它可能的创建的构想中。然而主体与客体的分离越是不可直接被思想的命令撤回,理论与实践的直接统一便越是不存在;那样的统一(Einheit)是在模仿主体与客体的虚假同一(Identität),又将真正的实践势必要反击的那种设定着同一性的统治原则永久化了。对理论与实践的统一性的谈论有多少真理内容,这与当时的历史条件有关。在发展过程的一些交汇点、断裂处可能激发出反思与行动;然而这两者本身并非一体的。

四

客体的优先性是实践要重视的;唯心主义者黑格尔对康德良知伦理学(Gewissensethik)的批判头一次标明了这一点。如果理解得法,实践就主体本身是一个被中介者而言,乃是客体需要的东西:实践依着客体所需而来。但那不是通过主体的适应,那样的适应只不过固化了外来的客观性而已。客体的所需通过整个社会体系来调解;因此它只有通过理论才能批判性地加以规定。实践若是没有处于最高认识水平的理论,必败无疑,而实践依照其概念而言似乎希望做成此事。错误的实践根本不是实践。绝望之情由于发现出路被堵死而盲目地跌跌撞撞,即便在最纯粹的意志那里也与灾祸相伴相生。时代精神中对理论的敌视情绪,理论绝非偶然枯萎,理论被急于改造世界而不解释世界的那种氛围(而这种氛围实际上似乎意指的是,哲学迄今为止**只是**解释了世界)排斥——对理论的这种敌视情绪演变成了实践的软弱。认为理论应当顺从实践的看法,并没有什么真理内容,还判定实践是虚幻的东

---

① 指康德。

西;说出这一点实际上正当其时。看来不管集体运动具有何种内容都一样,只需一点点幻想便可为之带来不幸的吸引力。通过整合进集体幻想,个体克服了一己的分裂,依照恩斯特·西美尔的洞见,通过集体的狂热,个体克服了私人的狂热。眼下这种整合先表现为某种无能,即没有能力将客观上的、与主体无法和解的种种矛盾反映接纳到意识中;极力呈现出的没有争议的统一,其实是掩盖势不可当的自我分化(Selbstentzweiung)的假象。经过批准的妄想免除了现实中的检验,而这种检验必定基于在衰弱的意识看来难以忍受的一些对立之上才能成功,比如主观的需求与客观的拒绝之间的对立。快乐原则的那种谄媚恶毒的奴仆使幻想的环节带上某种疾病,这种疾病表面上假称自我(Ich)安全无虞,暗地里给它带来致命的威胁。戒惧于此,似乎是最简单的,因此也同样受排斥的自我保存:坚定不移地拒绝跨过理性与幻想之间那条迅速干枯的卢比孔河①。向无理论的实践的过渡是由于理论在客观上的无力而促成的,它又通过将历史运动中的主观环节(即自发性)孤立起来并加以神化,而加剧了那种无力。实践的畸变应当作为对被掌管的世界的反动,被推导出来。然而当它尽量无视它所属的总体,并表现得仿佛事情直接取决于人一样,它便顺从了日甚一日的去人化(Entmenschlichung)客观趋势;即便在其操作方法上也是如此。客体的缺失激发出来的那种自发性必定依附在已被固化的现实的薄弱之处,依附在固化的压力造成的断裂显现于外的地方;那种自发性必定不会盲目地、抽象地、在毫不考虑常常仅为投合宣传而被制服的那个东西的内容为何的情况下自鸣得意。

五

768

　　倘若人们不顾"理论"与"实践"这两个概念得以维生的种种历史差

---

① 　卢比孔河(Rubikon)是意大利北部一条关键性的分界河,古代罗马共和国的法律规定任何将领不得率军跨过卢比孔河,否则将被视作叛国者。然而公元前49年恺撒率领高卢军团跨越该河,将罗马共和国推向内战的深渊,彻底改变了罗马局势。后世用"卢比孔河"比喻不应跨越的关键分界。

异,破例拿一种所谓的大视野孤注一掷,就会觉察出理论与实践的那种被浪漫派抱怨,又遭到尾随其后的许多社会主义者——而非成熟的马克思主义者——诋毁的分离有无限进步的因素。精神免于物质劳动很可能是个假象,因为精神本身的实存就以物质劳动为前提。但这种豁免并非只是假象,也并不仅仅有利于进行压制。分离标志着从物质实践的那种晦暗不明的优势延伸而出(可能通往自由)的某种进程的一个层面。一些人无需物质劳动便可生活,并且像尼采的查拉图斯特拉一样,为他们的精神沾沾自喜,这种不公正的特权也意味着,所有人都能来分一杯羹;这就使事情完全取决于技术生产力状况,后者使人们看到了普遍免于物质劳动、将物质劳动降低到某个极值的希望。通过命令撤回前述分离的做法自认为是唯心论的,也是退化的。那种完全忠实地以实践为家园的精神似乎成了具体主义(Konkretismus)。那种精神似乎与技术至上—实证主义趋势很合得来,它本意是要反对这种趋势的,结果却比人们幻想的更亲近这种趋势(此外,甚至在某些学派中都是如此)。随着理论与实践的分离一道觉醒的是人性;人性是那种实质上顺从实践优先性的混沌状态所不了解的。动物就像正发生退化的脑损伤者一样,只了解行动的客体:感受觉知、诡计多端、大吃大嚼都是压力之下的既定动作,那压力落在无主体者(Subjektlosen)①身上要比落在主体身上更沉重。诡计必定独立,这就使得单个生物与大吃大嚼的状态拉开距离,它们的目的似乎是终结自然史的永久支配。实践中温和的、顺服的、柔软的因素——包括和解的因素——在效仿精神,是分离的产物,而分离的撤回会促进那本身太过不加反思的反思(die allzu unre-flektierte Reflexion)。去崇高化现象(Entsublimierung)(这种现象人们在当前时代根本不必特意介绍了)将一种其拥护者想要照亮的幽暗状态永久化了。亚里士多德将理智德性置于极高之处,这无疑在意识形态方面产生了影响,即希腊化的那种私人(Privatmann)的断念,这样的私人出于恐惧必定回避参与公众事务,也试图为这样的做法辩护。但

---

① 指动物、脑损伤者这类无主体意识者。

他的德性论也打开了极乐思考的视域；极乐，是因为似乎避免了施用和遭受暴力。亚里士多德的政治学比柏拉图的国家更有人性，正如某种虚假的市民意识比某种复辟的意识更有人性，后一种意识为了将自身强加给一个已然启蒙的世界而典范式地突变为极权意识。正当实践的目标似乎就是消除其自身。

六

马克思在致库格曼①的著名书信中提醒过倒退到野蛮状态的危险，那种倒退彼时一定已经可以预见了。保守主义与革命的亲缘性似乎表现得再明显不过了。革命在马克思看来似乎是终极手段（ultima ratio），来避免他所预测的崩溃。但马克思尤其可能担心过的事情，还是被超过了。倒退发生了。在奥斯维辛和广岛的事件之后，再也无法带着"将来可能会更糟"这种可怜的安慰，期待将来才发生倒退了。做下并忍受糟糕事情的人类，也以此认可了最糟糕的事情：人们能做的必定不过是倾听一下关于如何放松的废话罢了。到时该做的事情似乎只是努力挣扎着走出野蛮状态。随着历史加速到超音速，野蛮广为发展，以致传染了一切抵抗它的东西。许多人认为那样的借口合情合理，即要反对野蛮的总体，只有野蛮的手段才是有效的。然而在此期间事情达到了一个阈值。50年前，对于短时期内达到彻底改变这种太过抽象且虚幻的盼望来说可能还算正当的东西，即暴力，是与那原本必须被改变的东西难解难分的。如果社会的责任整体关联（Schuldzusammenhang），以及随之而来的灾难全景，都成了极权性的（而且不允许对此置疑），那就没有任何东西与之相对立（作为揭发那个蒙蔽心智的整体关联的东西，而不是以自己的方式参与它）。结果或者是人类放弃与暴力沆瀣一气，或者是所谓的激进政治实践将旧式恐怖推陈出新。

770

---

① 路德维希·库格曼（Ludwig Kugelmann, 1830—1902），德国医生，马克思和恩格斯的挚友。

像"市侩的机灵和法西斯主义都是一回事"这种说法,或者最新的说法,"议会外反对派①帮助了国家民主党②",可耻地得到了证实:市民社会完全成了市民们设想的那样。谁若是不参与促使局势转向非理性的和粗野的暴力,就会感觉受到周边的改良主义的逼迫,而改良主义本身是使糟糕的整体局势得以延续的同谋。但短路的做法根本没用,有用的东西又被密密实实地遮挡着。辩证法一旦在实用主义的意义上固执于下一个步骤,便堕落为诡辩;然而对全景的认识早就足以跨过那个步骤了。

<h2 style="text-align:center">七</h2>

　　实践的优先性在当今被利用时的错谬之处,在策略对于其他一切因素的优先性上显得一清二楚。种种手段使自身极大地独立。当它们不加反思地服务于某些目的时,就相对于这些目的将自身异化了。因此人们处处都要求讨论,当然首先是出于反权威的冲动。但策略完全毁掉了讨论(讨论就像公众性一样,完全是一个市民范畴)。从这类讨论中得出的成果(这类讨论是更高的客观性的终结,因为主观意图与论证犬牙交错、相互渗透),不会让那些自动就希望讨论(即便是在完全不相称的情境下讨论)的人感兴趣。每一次占据统治地位的小宗派都预先准备好了他们想要的结果。讨论服务于操控。每一个论证都依照意771图裁剪好了,根本不管有没有说服力。对手说的意思几乎不被注意到;这样人们充其量只能以标准的套话表达一点反对意见。就人们毕竟还可以取得经验而言,人们也不想取得经验。讨论的对手成了每一次的计划的功能部件:被物化的意识物化了,尽管不情愿(malgré lui-même)。人们希望要么通过讨论的技巧和团结的压力改造并利用他,

---

① 议会外反对派(Außerparlamentarische Opposition,简写为 ApO)是 20 世纪 60 年代兴起的议会外政治运动。

② 指 1964 年成立的德国新纳粹政治组织德国国家民主党(Die Nationaldemokratische Partei Deutschlands,简写为 NPD)。

要么在拥护者面前使他名誉扫地;要么这些拥护者只是白费口舌,为的是保持将他们拘禁起来的知名度:虚假的能动性只能以不间断的宣传维生。如果对手不让步,他就会丧失资格,并被指责正好缺乏似乎被讨论预设为前提的那些特质。这些特质的概念以异常灵巧的方式被扭曲,使得对方必定心悦诚服;这就使讨论蜕变为笑剧。在技巧背后起支配作用的是一个权威原则:异见人士必须接受群体的看法。不愿交流的人将自己不愿交流这个特征投射到那些不愿被恐吓的人身上。行动主义在它本以为或假装与其来路不同的那个潮流中适应了这一切:那个潮流就是市民工具主义,它将手段神化,因为对于它这种实践而言,对目的进行反思是不可忍受的。

八

　　虚假能动性、实践越是远离客体和失去分寸感,便越是认为自己了不起,也越是孜孜不倦地与理论和认识隔绝开来;它们是客观社会条件的产物。这种虚假能动性真正适应了禁闭(huis clos)之境。虚假的革命姿态与自主革命在军事技术上的不可能性互为补充,这种不可能性于尔根·冯·肯普斯基①在多年前指出过。在掌握炸弹的人面前,路障显得很可笑;因此人们假装做出路障的样子,而主宰者暂时也让假装的人做个路障。凭着游击战技术,第三世界对此的态度可能有所不同; 在被管理的世界中没有任何东西是不间断地充当功能部件的。因此人们在发达的工业国里选出不发达国家作为模范。这些模范就像对无助而可耻地被杀死的元首(Führer)的人格崇拜一般无力。不曾在玻利维亚丛林里经过考验的模式,是不可转借的。

　　虚假能动性由技术生产力状态促成,那种状态还假意谴责虚假能动性。正如那种喜爱将事物加以人格化(Personalisierung)的做法鉴于

---

① 于尔根·冯·肯普斯基(Jürgen von Kempski, 1910—1998),德国法学家、哲学家、社会科学家。

在默默无名喧嚣忙闹的营生中不再取决于个人,而错误地求得安慰,虚假能动性在那样一种实践的萎缩的问题上骗人了,该实践预设了自由而自主地行动者(那样的行动者再也没有了)。与政治能动性相关的问题还有,宇航员围绕地球飞行时究竟是否需要它;他们不仅按照按钮和设备行事,还要接受地面各大中心的详细指令。哥伦布和柏曼①的面相和社会性格截然不同。作为对被管理的世界的反映,虚假能动性在自身中重演了世界。从事抗议的那些名流乃是安排议事规程和形式程序的能手。制度的那些信誓旦旦的敌手偏爱提出的要求是,人们必须将这一点或那一点(大部分都是偶然建立起来的委员会的愿望)加以制度化;人们谈论的事情,据说不惜一切代价也应当"具有约束力"。在主观上,所有这一切都受到那种人类学现象的促进:工于机巧(gadgetee-ring),以及技术的那种超出一切理性、笼罩生活一切领域之上的情感支配。讽刺的是,在文明被降至最低的情况下,麦克卢汉的话还是有道理的:媒介即讯息(the medium is the message)。用手段顶替目的,这就替换了人本身固有的一些特质。内心化(Verinnerlichung)不是描述这一现象的正确词汇,因为上述机制根本不允许坚固的主体性形成;工具化现象篡夺了它的位置。在虚假能动性中,直至虚假革命为止,社会的客观趋势与主观的退化严丝合缝。如同滑稽模仿一般,世界历史再一次产生了它所需要的虚假能动性。

773

九

客观的社会理论,作为有关与鲜活之人对立的某个独立化东西的理论,是优先于心理学的,后者还没有达到权威性地位。当然,从黑格尔以来,在这种洞见中往往回荡着对个人以及他的(如果有的话)极为特殊的自由的怨恨,尤其是对本能的怨恨(Rancune)。这种怨恨如影随形一般伴随着市民主体主义(bürgerlichen Subjektivismus),最终就成

---

① 弗兰克·柏曼(Frank Borman, 1928—),美国宇航员。

了这种主体主义的坏良心。但禁绝心理学的做法即便在客观上也无法坚持到底。自从市场经济遭到破坏，从一个临时状态到下一个临时状态不断凑合行事，单凭它的规律就不足以说明问题了。若不是穿透了心理学（在心理学中，客观的种种压力总是不断内心化），便似乎既无法理解人类为何能被动忍受某种恒久不变的破坏性非理性状态，也无法理解他们为何参与一些一望即知与他们的利益相矛盾的运动。与此有关的是大学生的一些心理学要素的功能。与几乎感到不疼不痒的现实权力相比，行动主义是非理性的。机智一些的人都意识到它是没有前途的，其他一些人则费力向自己隐瞒这种状况。由于更大的人群很少决定殉道，所以人们必须将心理学动机考虑在内；此外，直接经济利益上的动机并不像关于富裕社会的陈腔滥调要使人相信的那么稀缺：有许多大学生一如既往地在饥饿的边缘艰难度日。很可能关于现实的虚假形象最终是由于客观障碍所迫而建立起来的；它在心理学上被中介过，思维的中断由欲望动力学造成。这里有个矛盾显而易见。如果说行动主义者们溺爱式地对其自身，即他们心灵的需求，对专注自身的做法顺便带来的快乐格外感兴趣，那么主观的环节就其在对手身上呈现出来而言，便在他们心中激发恶毒的狂怒。人们首先会在这里发现弗洛伊德的《群众心理学与自我分析》中的那个论点被放大了，即权威的种种形象（imagines）在主观上具有硬心肠、孤家寡人、冷酷的特征。正 774
如在反权威人士那里权威还在延续，他们以传统的元首品质来装备他们以否定性方式据有的形象（imagines），而一旦这些形象变了样，不符合反权威人士在各种权威那里偷偷渴求的东西，他们就坐不住了。他们最猛烈地抗议，就像那些服从权威的性格抵制反省一样；当他们关心自己时，那便是不折不挠无批判地、攻击性地朝向外部的。他们自我陶醉般高估自己的价值，却没有足够的分寸感。他们直接将其需求树立为实践的尺度，比如以"学习过程"为名义；迄今为止留给辩证的外化（Entäußerung）范畴的余地都很小。他们将自己的心理物化，又指望与他们对立的那些人有物化的意识。他们将经验列为禁忌，而一旦什么东西使他们想起经验，就变得十分敏感。在他们眼里，经验不过就是他们所谓的"信息突出部",却没有注意到,被他们开膛破肚胡乱利用的信息和交往等概念其实是从垄断主义文化工业和唯其马首是瞻的科学中运来的。在客观上他们有助于主体那里还残留的东西向条件反射（conditioned reflexes）基准点的转化。

<h2 style="text-align:center">十</h2>

就科学上而言,理论与实践在近代的分离,而且是在社会学中的分离（后者似乎必定使这一分离成为主题）,无反思地和极端地反映在马克斯·韦伯的价值中立学说中。这学说出现有将近 70 年了,影响所及远达最新的实证主义社会学。反面看法对现有科学的影响微乎其微。多多少少还比较坚决的、突然提出的对立立场,即一种质料的价值伦理学①立场（显而易见,它本应引领实践的）似乎由于带着复辟意味的任性而为,就名誉扫地了。过去韦伯的价值中立系于他的合理性概念上。尚不清楚的是,在韦伯版本的这两个范畴中的哪一个承载着另一个。正如众所周知的,合理性这个韦伯全部工作的核心,在他那里就像目的合理性（Zweckrationalität）一样占据优势地位。它被界定为合适的手段与目的之间的关系。原则上而言,这些目的落于合理性之外;它们被拱手让给某一类决断,这类决断的阴暗内涵并非韦伯所愿,在他死后不久便大白于天下。将目的从理性（ratio）中摘除的做法虽说被韦伯加了很多限制条款（然而无疑也构成了他的科学论,尤其是他的科学对策的要旨）,然而也像规定价格的法令一般任意。合理性正如为其服务的主观权威一样,正如自我一样,并不简单地与自我保存相分离;反心理学的,但又以主观为导向的社会学家韦伯也并不致力于此。理性（ratio）的产生完全是为了充当自我保存的手段,充当应对现实考验的手段。它的普遍化对韦伯而言来得正当其时,因为这使他能脱离心理学,这种普遍化是将心理学扩大到它的直接承担者即个人之外了。这就使他们

---

① 应指舍勒的价值伦理学。

摆脱了个人设定的目的的偶然性,很可能从他们存在以来便是如此。理性(ratio)的那个保存其自身的主体在其内在的精神普遍性方面是一个实实在在的普遍东西,即社会,就完整的后果而言是人类。人类的保存从来都是合理性的题中应有之义:它的目的在于合理地建立社会,否则便会独裁般地使其自身瘫痪的运动。人类得到合理的安置,唯当其能依照社会化了的主体无拘无束的潜力来维持这些主体。相反,下面这种局面便是不合理的幻想(这个例子不仅仅是个例子):据说毁坏的手段合乎毁坏这一目的是合理的,而和平以及消除从未(ad Calendas Graecas)能阻碍和平的种种抵抗这一目的反倒不合理了。韦伯作为他那个阶层的忠实传声筒,扭曲了合理性与非合理性的关系。似乎为了复仇,目的与手段的相对性在他那里违背他的意愿,在辩证的意义上发生了相互突变。韦伯明显战战兢兢预告的科层制这一理性支配的最纯 ⁷⁷⁶ 粹形式的发展,即发展为硬壳般的社会,是不合理的。像硬壳、固化、机构独立化这类词汇及其同义词表明,它们所说的手段本身成了目的,而不是实现它们在"目的—手段"架构中的合理性。然而这根本不像市民的自我理解乐见的那样,是什么蜕化变质现象。韦伯极为透彻地认识到,对他的构想也无果而终的一点是,他所描绘而又三缄其口的那种非合理性,源自将理性(ratio)规定为手段的做法,源自这手段对目的和对批判这些目的的那种意识的蒙蔽。韦伯的这种灰心丧气的合理性恰恰因为下面这一点而成为不合理的,即正如韦伯在盛怒之下与他的敌手异口同声假定的那样,在合理性采取的禁欲态度看来,目的总是不合理的。如果在客体的规定性上没了落脚点,理性(ratio)本身就脱了缰:它的原则就会成为某种糟糕的无限性①。那时被虚构出来的是韦伯对科学的虚假的去意识形态化(Entideologisierung),那实际上是违背马克思所作分析的意识形态。然而这种做法在对明显的疯狂无所谓时揭下了面具,它本身既没有说服力,也充满矛盾。理性(Ratio)形同自我保

---

① 糟糕的无限性(schlechten Unendlichkeit,阿多诺原文有误)本为黑格尔术语,一般译作"恶无限"或"坏无限",似含有过多道德意味,改为今译。

存,即个体的幸存在字面意义上仰赖的类的自我保存。通过自我保存,理性当然获得了可能超出自我保存的局限的反省能力,而在自我保存的基础上它通过限制自身,被规整为手段了。

十 一

　　行动主义是退化的。在禁绝那久已算作自我虚弱性的帮凶的实证性时,行动主义拒绝反思自身的无力。那些老是喊着"太抽象了"的人,努力尝试具体主义(Konkretismus),即某种直接性,这种具体主义要比现有的理论手段更优越。这对虚假实践有利。那些特别乖巧的人说,理论是压制性的(这话就像他们对艺术下判断那般肤浅);至于在现状(status quo)下的哪一种活动受到压制,这似乎并不像他们说的那样。但直接的行为总是让人想起拍板,它要比凝神屏气的思想离压制近得多。阿基米德点:一种非压制性的实践何以可能,人们如何能穿过自主性与组织的二元选择而安然前行,这些问题如果说还能回答的话,除非以理论的方式,否则找不到答案。如果概念被扔掉,那么像团结这类片面的、在恐怖之下退化了的特征便显现出来。人们中规中矩地与之搏斗的那种精神,使得手段超过目的,在市民的意义上居于至高地位。人们[或许还相当善意地(bona fide)]希望制止的那种技术至上论的大学改革,并非仅仅是对抗议的反击。抗议本身就促进了这种改革。学说的自由被降低为顾客服务,而且必须服从监督。

十 二

　　行动主义支配着的那些论证中,有一个论证虽然远离人们炫耀的那种政治战略,因此却具有更大影响力:人们必须选择抗议运动,这恰恰是因为人们认识到它在客观上是无望的;这是遵循了马克思在巴黎公社期间的模式,或者1919年慕尼黑的无政府—社会主义苏维埃政府垮台时由共产党顶替的模式。正如那些绝望之下的行为方式被触发一样,必定是对前途绝望的人支持毫无希望的举动。不可避免的失败充当道德裁判,甚至命令那些预见到灾难且不服从片面团结的强迫义务的人,要他们团结。但对英雄主义的吁求实质上延宕了上述强迫义务;谁若是还没有失去对这类事情的感知能力,便不会认不出其中的空洞调子。在安全的美国,人们希望身为移民就能忍受奥斯维辛的消息了;谁若是想象他作为这个社会的产物可以免于市民的冷酷,他便是对世界和他自身都怀着幻想了;没有了那种冷酷,无人能继续生活。认同外来痛苦的能力是很罕见的,在所有人那里都无一例外如此。人们只是再也不能忍受那痛苦了,没有任何意志善良之人可以再忍受它了,这就使得违心做事合理化了。既可能又值得赞叹的是在极度恐惧的边缘产生的那种态度,正如 7 月 20 日的密谋者①所经历的那样,他们宁愿冒着痛苦地毁灭的危险,也不愿无所作为。隔岸观火般要求人们与密谋者感同身受,这种做法混淆了想象力与直接现存的暴力。纯粹的自我保护本能在不在场的人心中便阻断了对最糟糕状况的想象;尤其是那些使他自身遭受最糟糕状况的行动。认识者对于在客观上强加给他的某种认同的界限(这种认同毗邻于他对于自我保存和幸福的要求),应该加以承认,而不应作出反常举动,仿佛他这个人已经属于那个在自由的状态,因而无恐惧的状态或许才能实现的类型了。面对如其所是的世界,人们怎么担心都不为过。如果一个人不仅牺牲他的理智,还牺牲他自己,那么任何人都挡不住他,尽管在客观上有虚假殉道的可能。从牺牲者的角度出发颁布某种诫命,这是法西斯主义的保留剧目之一。与人们看透其不可避免会破产的一件事情结为一体,可能需要抛弃自恋式盈利;这种结合本身就像那样一种实践一样虚妄,人们舒舒服服地等待该实践的某种核准,而该实践却很可能在下一刻就被撤回,因为理智上的任何牺牲都满足不了对于平庸浅薄的种种贪得无厌的要求。布莱希特在当时的情形下不得不与政治,而不是与其替代物打交道,他曾说过(大意如此),如果他忠于自己,令他感兴趣的说到底(au fond)是戏

---

① 1944 年 7 月 20 日由德国国防军军官和另一些人密谋刺杀希特勒的行动。

剧,而不是改变世界。①这种意识似乎是对那样一种戏剧的最佳修正,
该戏剧如今与现实相混淆,就像行动主义者偶尔会上演,而且拿审美的
779 假象与现实来作装饰的一些即兴艺术(happenings)一般。谁若是不想
落后于布莱希特自愿和大胆的表白,对这人而言当今的大部分实践都
有平庸无能之嫌。

十 三

当前这种事务主义(Praktizismus)②以那样一个环节为依据,该环
节洗掉知识社会学那套可鄙语言的意识形态嫌疑,仿佛批判种种意识
形态的动力并不是经验到它们的虚妄,而是由于所谓精神受制于利益
而贬低一切精神的那种市侩做法(受制于利益乃是多疑的既得利益者
投射到精神上的)。但由于集体性这剂鸦片的作用,实践迷迷糊糊中认
为自己实际上不可能成事,这样一来,这种不可能性就成了它的意识形
态。有一个可靠的迹象表明上述现象:对"什么"的追问自动锁闭了,这
种追问本应当在每一种批判性思想哪怕只是适当说出来之前,更别说
此后被协同实施之前,就在这种思想上得到回答。再没有什么地方的
蒙昧主义像年轻一代敌视理论时这样明显了。这种敌视的态度让人想
起伸手要求别人交出护照的姿态。虽说不太明显,然而更有力的是那
道命令:你必须签字。个人据说应当将自身让渡给集体;他跳进熔炉
(melting pot),这样得到的报酬是,他会预先知道在归属性上的神恩般
拣选。孱弱的、恐惧的人在仓皇奔突中保有自身时,还觉得自己很强
大。这是非理性主义中真正的突变之点。凭着成百上千的诡辩者而得
到辩护的,凭着道德压力的成百上千种手段而使信徒们牢记的一点是,
通过放弃自己的理性和判断,人们据说会分有更高的,即集体的理性;
而与此同时,为了认识真理,人们似乎还是需要那不可避免要被个体化

---

① 参见瓦尔特·本雅明:《布莱希特论集》(*Versuche über Brecht*),美茵河畔法兰克福
1966年版,第118页。

② 字面直译为"实践主义"。

的理性,而关于这种理性,一个人被叮嘱道,它已然被超过了,而它,比如说,要告知的东西,早就被同志们的那种永远优越的智慧驳倒和消灭了。这样人就倒退到共产主义者们很久以前就践行过的那种纪律性态度上了。依照马克思的一句格言,那种在处境还算宽松时极为严肃又产生了可怕后果的事情,在虚假革命中作为笑剧重现了。人们不是诉诸论证,而是诉诸一些明显由元首及其拥护者发布的标准化口号。 780

十四

倘若理论与实践既非直接合一,亦非绝对分离,那么它们的关系就是某种非连续性关系。没有任何连贯的道路从实践通往理论——这以前恰恰被参与者当作自发的环节。然而理论属于社会的整体关联,同时也是自主的。尽管如此,实践的运行并未脱离理论,理论也并未脱离实践。倘若实践是理论的标准,那么它为了迎合已证主题(thema probandum),就会成为马克思谴责过的那种诡计,因而也就无法达到它想达到的目标了;倘若实践完全以理论的指导为方向,那么它就会照本宣科地僵化,还会伪造理论。罗伯斯庇尔和圣茹斯特拿着卢梭的公意(volonté générale)(这种公意自然是不缺乏压制性特征的)做的事情,便是对这一点最著名也绝非唯一的证明。关于理论与实践相统一的教条,在非辩证的意义上违背了它依据的学说:在唯有二者的矛盾有机会产生丰富成果的地方,该教条窃取来浅薄的同一性。理论无法脱离社会的整个进程而运行,与此同时它即便在这个进程中也是具有独立性的;它不仅仅是整体的手段,也是整体的环节;否则它便不能在任何意义上抵制整体的魔力了。理论与实践的关系在二者相互远离后便成了质的突变,而不是过渡,尤其不是服从。它们如两极对峙。这样的理论原本可能还怀着对于实现的那种最常见的希望,那种希望不可被设想为对于实现理论的命令,就像(比如说)自然科学内部在原子论和核裂变之间发生的事情一样;两者的共同之处,即往回关联到可能的实践,就在技术导向性的理性本身中,而不在谋求运用的思想中。马克思的 781

297

统一性学说①（这一学说很可能是出于对"再不说就可能太晚了"的预感）适用于当下②，否则永远不适用。就此而言它那时一定是实用的；但对于真正得到详细阐明的理论即政治经济学批判而言，缺乏的是向着依照 11 条"费尔巴哈提纲"而言本应构成该理论存在的理由（raison d'être）的那种实践的过渡。马克思对于给实践开出理论处方的畏惧，丝毫不亚于对正面描述无阶级社会的畏惧。《资本论》包含无数的挖苦讽刺，大部分还是针对国民经济学家和哲学家的，但绝不包含行动计划；议会外反对派的每一位发言人要是研究过该书的语汇，必定会抽象地责骂这部书。从剩余价值理论中是读不出应当如何施行革命的；反哲学的马克思在考虑一般实践问题上——而不是在个别政治问题上——严守一个哲学论断，即无产阶级的解放只是他们自己的事情；而那时无产阶级的形象还是清晰可见的。在刚过去的几十年里，《权威与家庭研究》《权威主义人格》，包括《启蒙辩证法》的那套在许多方面属于非正统的统治理论，都是在没有实践意图的情况下写就的，却又很可能对实践产生了某些影响。那里放射出来的东西，尤其受到下面这种现象的激发，即在一个连思想也成了商品并激发起销售阻力（sale's resistance）的世界里，似乎没有任何人在阅读这些书时能联想起什么，据说什么都得兜售给他，都得推销给他。当我在狭义上以直接的方式、在可以看到实际效果的情况下加以干预之处，那都是仅仅通过理论发生的：在针对音乐上的青年运动及其拥趸们的争论中，在对新近德语中的本真性行话的批判中（这一批判坏了某种极为致命的意识形态的兴致，因为这种意识形态被引开到一边，又被带到了它自身的概念那里）。倘若前述种种意识形态都是虚假的意识，那么它们的消解（这种消解以思想为媒介广为传播）便使得某种运动臻于成熟；这种运动自然是实践上的。马克思关于"批判性批判"（kritische Kritik）的文字游戏，那种并不机智地冗长铺陈的机智（它以为指出理论是理论，就消灭了理论），只不

782

---

① 指马克思关于理论与实践统一的学说。
② 指马克思的当下。

过掩盖了它直接转化为实践时的不安全感。马克思即便在后来,尽管有了国际①(他因为争吵而与之不合),也从未投身于这种直接转化。实践是理论的力量源泉,并不被理论推重。在理论中实践仅仅(当然这也是有必要的)显得是黑乎乎的瑕疵,显得是痴迷于已遭到批判的东西;没有任何批判理论是要在个别事情上详加阐释的,批判理论并不高估个别东西;然而如果没有个别性,批判理论似乎什么都不是了。这里添加幻想物的做法似乎警醒人们防止僭越,在僭越时幻想物便会一发不可收拾地倍增。

注释

[1] 背叛者概念来自集体压制的长期库存,无论那种集体压制是何种性质的。组成发誓献身的共同体的规律便是誓言不容撤回;因此宣誓者乐于重温神话般的誓言概念。谁若有别的念头,便不仅被排斥,还遭到最严厉的道德制裁。道德概念需要自主性,然而自主性却是满口道德仁义的那些人不能容忍的。真正应当被称作背叛者的,似乎是亵渎自己的自主性的人。

---

① 指第一国际。

一些批判模式（再续）

批　　判

　　关于与政治发生整体关联的批判，应当说点什么。然而由于政治绝非在自身封闭的、被密封的领域，像它在（比如说）各种政治机构、手续与程序规则中表现的那样，而是只能在它与社会的力量游戏（这游戏构成一切政治事物的实体，又被政治的表面现象掩盖了）的关系中被理解，所以批判的概念也不能被限制在狭义的政治领域。

　　批判对于一切民主制都是本质性的。民主制不仅要求批判的自由，还需要批判加以促进。它简直就是由批判来定义的。人们可以在下面这一点上，仅仅在历史的意义上想想这事，即从洛克经过孟德斯鸠和美国宪法直到当今的所有民主制都基于其上的三权分立构想，都以批判为命根子。监察与制衡系统（system of checks and balances），即行政、立法和司法相互监督，说的无非是这些权力中的每一个都对其他权力进行批判，并以此限制任意而为的做法，而任意而为的做法则是每一个权力在缺少上述批判要素的情况下的倾向。批判与民主制的前提，即成熟状态，休戚相关。那样的人是成熟的，他为自己说话，因为他为自己思考过，而不仅仅人云亦云；他并未被监护。然而这一点也在奋力反抗预先规定下来的看法，随之必然也反对现有制度，反对一切单纯被设定的东西（这东西凭其存在为自己辩护）的时候表现出来。这种反抗作为区别被认识的东西与单纯在惯例意义上或在权威压力下被接受的东西的能力，与批判密不可分，而批判的概念产生于希腊语中的决断（krino）。谁若是将近代理性概念与批判等量齐观，那就稍显夸张

786　了。启蒙者康德希望看到社会摆脱其自己招致的不成熟状态，并教导与他律、与服从外来命令相反的自主，因而教导依照自己的洞见作出判断，他就将自己的三部主要著作称作"批判"。这不仅适用于他打算测定其边界并构造其程序的那些精神机能。正如，比如说，克莱斯特也非常生动地觉察到的，康德的力量在于极为具体的意义上的那种批判的力量。他批评过在他之前被接受的那些理性主义体系的独断论：纯粹理性批判首先是对莱布尼茨和沃尔夫的尖锐批判。康德的主要著作通过其否定性成果起作用，而这著作最重要的部分之一研究纯粹思维的越界，完全是否定性的。

　　然而批判这个理性和一般市民思维的基本成分，从未像人们依照其自我认识假定的那么多地支配精神。甚至这位击溃一切者（Alleszerschmetterer），正如200年前人们称呼康德的那样，也常常浮现出责备这批判太过分的人的表情。在他的词汇中表现出这一点，比如通过像"抽象推理"（Vernünfteln）这类敌意的词就表现出来，这类词不仅预料到理性的越界，还希望克制理性的运用，后者依照康德自己的洞见，会势不可当地催逼人们越界。黑格尔（始于康德的那场运动在他那里达到顶峰，他还在许多地方将一般思维等同于否定性，因而等同于批判）尤其还与此并行地具有相反的倾向：中止批判。谁若是信赖自身知性的那种局狭的活动，那么用一个政治上骂人的词来说，这人在他看来就该叫作说教者（Raisonneur）了；他指责那样的人空洞无物，因为那人没有想到自己的有限性，没有能力以概念性把握的方式（begreifend）厕身于某个更高的东西，即总体性之下。然而这个更高的东西在他那里却是持存者。黑格尔对批判的反感与他的"现实的东西就是合理的"①这一论题相互配合。依照黑格尔的权威指点，那样一个人是真正驾驭了自己的理性，他不拘泥于理性与持存的、现有的东西的对立，而是在

787　后者内部重获了自己的理性。单个的市民在现实面前应当投降。放弃批判的做法在更高的智慧中被颠覆了；青年马克思关于无所顾忌地批

---

① 通常简写为"现实的就是合理的"。

判一切持存的东西的那个公式乃是对此的简单回答,而成熟马克思也还给了他的主要著作一个名为"批判"的副标题①。

黑格尔前述那些文句,尤其是他的反批判趋势在其中得以总结的那部书(即《法哲学原理》)的那些文句,是社会性的。无需成为社会学家,就可以从对说教者和空想的世界改良家的嘲讽中听出一本正经的布道;这布道使臣民消停,而臣民由于愚笨(他的监护人明显也不指望改变这种愚笨了),认识不到一切最终都是为了奖赏他才存在和发生的,也认识不到在生活中高于他的一切,在精神上也应当优越于他。批判精神在近代的释放与其同时发生的衰减之间的某种矛盾关乎全部市民:从某个早期阶段开始,市民阶层就必定害怕他们自身的诸原则产生的后果越出他们自身的利益范围之外。哈贝马斯在公众意见——在政治上起作用的一切批判的最重要媒介——中展示过这一类矛盾,公众意见本身应当代表了社会主体在批判方面的成熟度,另一方面也成了商品,而且对抗批判原则,为的是把自己更好地推销出去。

在德国人们很容易忘记,批判作为精神的核心动力,在世界上从来就压根不受欢迎。然而在敌视批判的时候,人们尤其有理由在政治领域再思考一下特别具有德国色彩的一个因素。在德国,市民的彻底解放并不成功,或者只有在这种解放的前提(即分散的企业主阶层的自由主义)被掏空的阶段,才会成功。民族国家的团结(在其他许多国家是与市民阶层的强化同步达到的)也从历史背后跟跟跄跄地出现,还成了短暂的插曲。这可能造成了德国在统一和团结方面的心灵创伤,这种创伤在其合力构成了民主社会意志的大量人群中嗅出了软弱的气息。谁若是批判,便违背了统一性禁忌(Einheitstabu),后者追求的是建立极权主义组织。批判者成了分裂者,用一句极权主义的套话来说,成了阴谋破坏者。对所谓党争的告密那时是国家社会主义必不可少的宣传手段。统一性创伤在希特勒之后依然存在,还尽可能地通过德国在希特勒挑起的战争之后的分裂而得以强化。民主在德国来迟了,这是一

788

---

① 　指《资本论》副标题"政治经济学批判"。

句老生常谈。然而可能不那么广为人知的是,民主的迟来对精神的各分支都产生了影响。民主在德国遇到的种种困难中,要洞穿这个主权民族,除了经济方面的和直接意义上的社会方面的困难,下面这种困难也不可忽视,即前民主的和非民主的种种意识形式,尤其是源自国家主义和专制思维的那些意识形式,在突然引入的民主制中还维持下来,并阻止人们以民主制为己任。这样一种落后的行为方式是对批判的不信任,是无论采取什么借口也要将批判扼杀掉的倾向。戈培尔能将批判者概念贬低为吹毛求疵者概念,并恶意地将它与牢骚满腹者概念捏合到一起,还希望禁止对一切艺术的批判,这些做法可能不仅仅是束缚了自由的精神活动。那时宣传人员是以社会心理学的方式算计过的。他可能受制于德国人对一切批判固有的偏见,正如那种偏见源自专制主义一般。他对受束缚者说的是心里话。

倘若人们希望勾勒一幅德国人对批判的敌视情绪的解剖图,就会发现这种情绪毫无疑问是与对知识分子的怨恨结合在一起的。在公众意见或(依照弗朗茨·伯姆的说法)非公众意见中,被怀疑的知识分子很可能被与批判者等量齐观了。反智主义来源于专制国家思维这一点一目了然。正如一再念叨的,批判应当负责任。但这就导致那样的局面,即真正有资格从事批判的只有那些处在责任岗位上的人,甚至连反智主义在不久前也以不触碰有公职的知识分子和教授为限。依照教授们工作的内容来看,他们似乎必须被算作知识分子。然而一般而言,他们由于其公职的、官方的权威,在公众现有的看法中被评价极高,只要他们没有因为与学生的冲突而被证明实在是很无能。批判似乎被纳入某些部门了。从市民的某种人类权力和某种人类义务出发,批判成了那些由于其职位被认可和受到保护而有了相应资格的人的特权。谁若是进行批判,又不具有实施其意见的权力,也没有厕身于公众等级制,他就应当闭嘴——在这种形态下,关于臣民智力偏狭的陈腔滥调(Cliché)改头换面之后在平等流于形式的德国又重现了。很明显,那些在制度上与各种现状牵牵连连的人,一般来说会对批判这些现状感到迟疑。他们怀着自己群体的看法,畏惧这些批判甚于畏惧行政法上的种种冲突。通过区分负责任的批判(即担负起公众领域责任的批判)和不负责任的批判(即人们无法说明其后果的那种批判),批判预先就被中性化了。暗地里对无职无权之人的批判权的剥夺,便制造出教育上的特权,尤其是以考试(Examina)围护起来的职业生涯成了裁定谁可以进行批判的权威,与此同时这个权威才可以充当批判的真理内容。所有这一切都是在暗地里而不是在制度上被固定下来的,但却深深地烙印在无数人的下意识里,以致由此产生了某种社会监督。在最近一些年里不乏那样的情形,即一些人处在等级制之外,此外他们在社会名流支配的时代里绝不仅仅限于公职人员,他们进行批判,比如对某个特定城市里的法律程序进行批判。他们立马被当作爱发牢骚的人打发掉。与此相反,指出一些在德国质疑那些在个体主义意义上独立的、持异议的人是傻子的机制,是不够的。事态要严重得多:通过公众意识的反批判结构,持异议者这个类型**实际上**被置于爱发牢骚者的处境下,而且就该结构尚未将这个类型逼向固执的批判而言,带有了牢骚满腹的特征;坚定不移地进行批判的自由由于自身具有的那种动力学,很容易过渡为米夏埃尔·科尔哈斯①的态度,而科尔哈斯是个德国人,良有以也。德国公众的看法发生改变的最重要条件之一似乎是,我所指明的那类事态普遍被意识到,比如在政治学课程上被探讨,这样一来具有它们那种灾难性的盲目力量的某种东西似乎就会消失。德国公众的看法与批判的关系有时似乎正好被颠倒过来了。自由批判的权利被呼唤出来片面地投合那些反对民主社会批判精神的人。然而警惕此类滥用恰恰需要公众意见具有某种强度,而德国一如既往缺乏这种强度,这种强度仅仅通过号召是无法建立起来的。

　　公众看法与批判的那种隐蔽关系的标志也是这种看法对它的那些诉诸某种自由传统的喉舌的态度。一些绝不希望充当反动角色的报纸,努力采取人们在美国称作"教皇式"(pontifical)②(那里并不缺乏同

①　米夏埃尔·科尔哈斯(Michael Kohlhaas)为克莱斯特同名小说的主人公,中译本常将该小说篇名改作《马贩子科尔哈斯》。

②　讽刺语,指像教皇一般傲慢、武断。

类词汇)的某种语气。这些报纸说起话来仿佛高居种种争论之上，摆出
一副有涵养的样子，絮絮叨叨老妈子的名号倒像是挺适合那个样子。
然而它们那种疏远的优越感大都只对维护官方立场有利。权力最多只
能被谨慎地劝导，在怀有好意时不被动摇。这些报纸的语言让人联想
起政府公告，即便没有任何消息因政府之故被发布，也是如此。在冠冕
堂皇的姿态背后隐藏着服从权威的姿态：在采取前一种姿态的人那里
如此，在人们滑头地在其身上忽略此种姿态不计的消费者们那里也是
如此。在德国一如既往盛行的是认同权力的做法；这种做法当中隐藏
791 着一种危险的趋势，那就是从里到外彻彻底底认同权力政治。机构改
革中要求于批判性意识且在相当程度上被行政当局看出了的那种谨慎
态度，乃是基于对选民的恐惧；这种恐惧很容易使批判无果而终。这种
恐惧同时也表明，反批判性精神在那些似乎以批判为兴趣的人身上传
播多么广。

　　批判的无果而终在德国有个特殊的模式，很可能有军事上的起源：
不惜代价地保护下级的趋势（尽管他们的种种毛病和违规行为已被记
录在案）。在军事等级制中，这种团体精神的压制性环节可能随处可
见；然而倘若我并没有搞错，那么下面这种现象是德国特有的，即这种
军事行为模式也支配了国民的行为模式，尤其支配了特别具有政治色
彩的领域。人们依然保有那样的感觉，仿佛在任何公众的批判之上，居
于被批判者之上的当局（它最终承担责任）无论面对何种事态，首先是
支持被批判者的，并且从外部进行打击①。这种机制（社会学应当彻底
研究它）被打磨得极为精细，以致一开始就以威廉时代②用来警告敢于
抱怨上级的士兵的同一类命运来威胁政治上的批判。对军队监督机构
的怨恨（Rancune）可以象征全局的状况。

　　或许最容易理解的是德国人与批判的这种受损害的关系何以无果
而终。如果说德国当得上可被寄予无限厚望的国度（乌尔里希·索恩

---

① 指打击批判。
② 指威廉皇帝治下的普鲁士军国时代。

曼语)这个名号,那也与这一点相关。有一句空洞的废话说的是,某人被公众看法的压力打垮了;然而比起这句空洞的废话来,更糟糕的既不是尚未形成能施加这种压力的公众看法的时候,也不是这种事情发生并引发种种后果的时候。政治科学的一个主题就是研究英国、法国、美国这些老派民主制国家里公众的看法、无公职人员的批判,以与德国的这类情形相对比。我不敢预见这类研究的结果,但我可以想象它。倘 ₇₉₂ 若说到一个例外,说到《明镜周刊》事件①,那么值得思考的是,在那次事件中那些提出抗议的报纸,即公众意见的载体,展露它们罕见的热情,不是由于此事与批判的自由及其前提(即畅通无阻的信息)休戚相关,而是由于它们看到自己眼下的利益,即新闻价值(news value),受到了威胁。我并未低估德国在有效的公众批判方面的端倪。属于这类端倪的就有某个联邦州的一位极右翼文化部长的倒台。然而值得怀疑的是,在当今时代,在任何地方都不再像彼时的哥廷根那样有大学生与教授团结一致的景象之后,类似的事情是否还有可能发生。在我看来,似乎公众批判的精神自从由政治集团垄断,因而也在公众面前丧失名誉以来,遭受到明显的挫折;但愿我是弄错了。

有一种反批判的模式本质上是德国的,尽管并不像一个或许并无机会在其他国家观察到类似东西的人容易假定的那样彻底是德国的,这种模式出自那种抹黑说教者(Raisonneur)的哲学,堕落成空话一堆:诉诸实证的东西。人们总是发现"批判"这个词(如果这个词应当完全被容忍,甚或人们本身就以批判的方式行事)在建设性意义上被分派了。这里的假定是,只有代替被批判者而提出了更好建议的人,才能从事批判;在美学领域莱辛于 200 年前就嘲讽过这一点。通过覆盖上实证的东西,批判从一开始就被驯化,失去了它的激烈性。戈特弗里德·凯勒②曾在某处将催促人们有所建树的那种要求称作甜饼式话语。他大约是那样论证的,即当一个变质的东西弄得乌烟瘴气时,除去霉气就

---

① 指 1962 年由于警察搜查《明镜周刊》编辑部而引发的德国政治危机。
② 戈特弗里德·凯勒(Gottfried Keller, 1819—1890),瑞士诗人、政治家。

是很大的收获了。事实上永远不可能指望批判给出什么直接又实用的改进建议,尽管批判经常可以按这一程序进行,因为批判是拿现实与它所诉求的规范相对照:遵照规范行事,似乎就已经是改进了。"实证的"这个词(针对这个词,几十年前不仅卡尔·克劳斯,还包括像埃里希·克斯特纳①这样一位根本不激进的作家都颇有微词)在此期间在德国已经被魔幻化了。它自动就封闭了。它的毛病由下面这一点可以见得,即在当前处境下,依照进步构想社会应当会运行于其上的那种更高形式不再能从现实中作为某种趋势被具体解读出来。倘若人们因此便想放弃社会批判,那不过是将社会正好固定在那个阻碍了它向更高形式过渡的毛病环节上了。改良在客观上的受阻并非抽象地涉及大的整体。在人们批判的每一个现象中,人们都在急切地冲撞那个边界。对实证建议的渴望总是无法满足的,由此也就更方便地诋毁了批判。这里提示一种现象就够了,即在社会心理学上而言,沉迷于实证东西乃是掩盖那在稀薄表层之下起作用的解构本能的表面现象。谈论实证东西最多的人,与摧毁性暴力合为一体。对于追求一种允许直接移植到实践中去的实证性的集体压力,在此期间恰恰将那些自认为与社会截然对立的人囊括进去了。这样一来,这些人的行动主义便尤为顺从社会流行趋势了。与此形成对抗的现象似乎是,用斯宾诺莎的一个著名命题的改写形式来说,错误的东西一旦在某种程度上被认识和被阐明,便已经指引着正确的东西、更好的东西了。

---

① 埃里希·克斯特纳(Erich Kästner, 1899—1974),德国作家、评论家、剧作家。

弃　绝

　　我们这些被称作"法兰克福学派"的老一辈代表人物,最近往往被指责为弃绝了些什么。我们虽然像是提出了一种批判性社会理论的原理,却似乎并未准备好由此得出一些实践方面的结论。似乎我们既没有给出行动纲领,也根本不支持那些自认为受到批判理论激发的人们的行动。这里我撇开如下问题不管:对于理论思想家、对于相当灵敏却又绝非坚固的工具,能否提出这样的要求。在劳动分工的社会里赋予这些人和工具的规定可能是成问题的,这些人和工具可能被这种规定扭曲了。然而这些人和工具也受到这种规定的塑造;这些人和工具成为的样子,当然不能随意废除。我并不想否认主观上的虚弱这个环节,这个环节的出现取决于向着理论的狭隘收缩。我认为更重要的是客观方面。很容易听见人们嘟嘟囔囔提出的一种异议是下面这样的:一个此时此刻怀疑是否能深入改变社会,因而既不参与又不推荐那些耸人听闻的暴力行动的人,已经是放弃了。据说他既不认为脑海里的念头可以实现,真正说来也从未想过实现它。据说当他使现状一仍其旧时,他是以不明言的方式认可了现状。

　　与实践拉开距离在所有人眼中都声名狼藉。不想出苦力、不想弄脏双手的人是被怀疑的,仿佛对此反感就不合法,而且反感只有通过特权才改头换面。对不信任实践者的不信任,从那些向对话者絮絮叨叨说着"废话够了"这句老旧废话的人,一直延伸到推广积极能动的人(无论这人是经济领域翘楚还是体育健将)这一形象(他们称其为"模范")

795 的宣传中贯穿的客观精神。人们应当参与行动。据说谁若是仅仅思考，而把自己从行动中摘出来，就是孱弱的、胆小的，可能还是个叛徒。关于知识分子的那句怀有敌意的陈腔滥调（Cliché）深刻影响到那些本身被骂成知识分子的反对派群体内部，而他们却没有觉察到。

　　来自行动主义者的回答是：需要改变的除了其他东西之外，恰恰还有理论与实践的分离。为了摆脱实践之人和实践性理想的支配，似乎恰恰需要实践。只是由此马上产生了一个思维禁令。不费吹灰之力，就可以采取压制性的方式，将对压制的抵抗引向那样一些人，他们虽不想夸赞自己，却也不放弃他们的现状。理论与实践的那种久负盛名的统一，有转变为实践一家独大的趋势。有一些学派诋毁理论本身是一种压迫形式；仿佛实践不是直接得多地与理论关联起来了。在马克思那里，关于上述统一的学说因为近在眼前的行动的可能性（那时尚未实现）而栩栩如生。如今呈现出来的毋宁说是反面。人们由于行动不可想象而依赖行动。在马克思那里当然已经隐藏着一道创伤了。他想以极为权威的姿态陈明11条"费尔巴哈提纲"，因为他对这些提纲还没有十足的把握。在他的青年时代，他就要求进行"对一切现状无所顾忌的批判"。现在他嘲讽起批判了。然而他针对青年黑格尔派说的那句著名而机智的话，即"批判的批判"（kritische Kritik），是一颗哑弹，像一句单纯的同语反复一般烟消云散。强行制造出来的那种实践的优先性以非理性的方式中止了马克思本人也在进行的批判。在俄国，以及其他国家的正统派里，对批判的批判的幸灾乐祸的嘲讽变成了维护下面这种观点的工具，即现状可能非常厉害。那时实践仅仅意味着：增加生产工具的生产；批判不再被容忍，除非是那样的批判，即工作强度还不够。这样看来，理论服从实践极容易变味，变成给改头换面的压迫背书。

　　对于并未立即随之给出行动指示的那种思想的压制与不宽容，在796 根底里是恐惧。人们必定担忧无拘无束的思想，以及坚持不让这种思想打折扣的姿态，因为人们深知什么是自己不可承认的：思想有道理。18世纪启蒙者熟知的一种古老的市民机制又一次终止了，却是原样不变地终止了：某种负面状况带来的苦难，这次是被阻塞的现实带来的苦难,演变成了对将它说出口的人的狂怒。思想、有自知之明的启蒙,有使虚假现实祛魅的危险,而依照哈贝马斯的说法,行动主义运行于虚假现实中。人们之所以许可行动主义,只是因为将它当作虚假现实了。被归于虚假现实的是作为主观态度的虚假能动性,即那种行为,它超越自身,并为了自己的公众知名度(publicity)而不断加码(同时又不承认它在多大程度上有助于替代性满足),将自己提升为目的。被关闭者绝望地挣扎突围。在这类处境下,人们不再思考,或者说只在一些虚幻的前提下思考。在被绝对化了的实践中,人们仅仅作出虚假的反应,而且是因此才作出虚假反应。唯有思维才能找到一条出路,而且得是那种思维,它没有被预先规定应当产生什么结果,就像在那样一类讨论中常见的情况一样,在那类讨论中已经确定了谁必定保持正确,因而那类讨论无助于事情本身,而不可避免地退化为策略。门户可以被阻隔,思想尤其不可被断绝。思想似乎必须分析事情的根由,并由此得出结论。思维是不会将现状作为定局加以接受的。现状的改变,如果可能的话,要通过不屈不挠的洞见来实现。就思想被"这样下去不行"这一隐秘知识收买了而言,跃入实践之中并不能治愈思想的弃绝。

　　虚假能动性一般而言是试图在某种彻底被中介了的①和固化了的社会内部救出直接性的一块块飞地。这就使下面这种说法合情合理了,即细微的改变是通往整体改变的漫漫长路上的一步。虚假能动性糟糕的模式是"自食其力"(Do it yourself):即那样一些行动,仿佛用工业化生产的手段早就可以更好完成的事情,仅仅为了在那些不自由的、自发性已趋瘫痪的个人心中唤起信心,便取决于那些行动了似的。"自 ⁷⁹⁷食其力"这一说法的荒谬性在物质财富的生产上,包括在许多修复工作上,是显而易见的。当然也并非全然荒谬。在所谓"服务"(services)的缩减方面,依照当时的技术状况来看,私人实行的那些不必要的措施偶尔也能达成某种貌似合理的目的。政治上的"自食其力"并不完全是同

───────────

① "被中介了的"(vermittelten)与后文中的直接性(Unmittelbarkeit)在字面上正好相反,中译文无法表现这一意涵,读者可留意。

一个类型的。社会密不透风地与人们形成对峙，然而人们本身就是社会。对小群体受限制的行动的信赖让人想起在已板结的整体之下日渐萎缩的自发性，而整体若是没有这种自发性又不可能改头换面。被管理的世界有掐死一切自发性的趋势，尤其惯于将它转变为虚假能动性。此事发生起来至少不像被管理的世界中的代理人所期盼的那样千篇一律。然而自发性不宜被绝对化，尤其是不宜与客观处境分离开，并像对待被管理的世界那般加以偶像化。否则房子里挥舞的斧子（它从未让木匠幸免），就会劈开邻居家门，此时应急人员就该出现了。政治行动也可能堕落为虚假能动性，堕落为表演。绝非偶然的是，当各进步组织热心整合起来，并在全世界各国发展出它们曾与之针锋相对的东西的那些特征之后，直接行动的理想，甚至包括对行为的宣传，又复苏了。然而这样一来，对无政府主义的批判就还没有失效。无政府主义的重现乃是一个幽灵的重现。在这般的重现中展现出的对理论的不耐烦，并未驱使思想跨出自身之外。当不耐烦的情绪遗忘了思想，它就落于思想之后了。

个人通过在他所认同的集体面前投降，使得这一状况缓和了一些。他就免于认识到自己的无力了；众多微小的力量本身成了巨大的力量。这种行动，并非毫不动摇的思维，是弃绝性的。在自我的利益与它委身的集体的利益之间起作用的绝非透明的关系。自我必须将自身划掉，

798 这样它才能分享集体对它的神恩般拣选。一种不那么具有康德特色的绝对命令不显眼地被建立起来：你必须签字。新的被庇护感的获得以自主的思维为代价。这种安慰是欺骗性的，它与集体行动关联起来就被设想得更美好了：作为行动的单纯工具的思维，就像整个工具理性一般磨去了棱角。此时此刻根本没有任何更高的社会形态清晰可见：因此表面上比画着的姿势就有了某种退化的因素，后者仿佛触手可及。谁若是退化，依照弗洛伊德的说法，就没有达到他的本能目标。退化在客观上就是弃绝，即便退化自认为是反面，并无所猜疑地宣传快乐原则。

与此相反，毫不妥协地进行批判性思考的人既不让渡他的意识，也

不付诸恐怖行动,他实质上就是个不出卖的人。思维并不是在精神上再生产那无论如何都存在的东西。只要思维不中断,它就紧紧抓住可能性。它的不休不止,它对被人搪塞应付的反感,使它拒绝投身于进行弃绝的那种愚蠢的所谓智慧。思维越是——这也是退化的一种形式——不将自身对象化为乌托邦,因而也阻挠乌托邦的实现,它内部的乌托邦环节越是强大。开放的思维指向自身之外。思维本身是一种行为,一种实践形态,它比起某种为了实践的缘故服帖顺从的东西来,更接近于寻求改变的实践。真正说来,思维先于所有特殊的内容就已经成了抵抗的力量,而且只有很费劲才能疏离这种力量。这样一个强化的思维概念当然既不切合现存的局面,也不切合要达到的目的,更不切合任何一批人。过去一度被思考的东西,可能被压制、被遗忘,烟消云散。然而思维也不会被劝导放弃那样的信念,即这里有某些东西幸存下来。原因在于,思维具有普遍东西的环节。有理有据地被思考的东西,在别处必定由其他人想得到:这种信心甚至伴随着最孤独的和最无力的思想。谁若是有所思考,在一切批判中就不会愤怒:思维升华了愤怒。由于思想者不使自己遭受这种事,他也不愿意让其他人遭受这种事。思想者眼中的幸福乃是人类的幸福。普遍压制的趋势针对的是思想本身。即便思想确定了会产生不幸,它也是幸福的:因为它说出了不幸。只有这样,幸福的触角才能到达普遍的不幸那里。谁若是不想萎靡不振,他便没有弃绝。

799

术 语 索 引

（术语后的数字为德文版页码，即本书页边码；高频出现的术语未列出）

A

affirmative Philosophie, die　肯定性哲学　471

Aktionismus　行动主义　762，771，773，777，793，796

Aktuelle, das　现实事物　457

An sich　自在体　693

Anarchismus　无政府主义　797

Anthropozentrismus　人类中心主义　470，749

Anti-Intellektualismus　反智主义　524，788

Antinomie　二律背反　548—549

Antisemitismus　反犹主义　566，569—571，721—722，727

Apologetik　护教学　461

Apriorismus　先天主义　754

Arbeitsteilung　劳动分工　465

Arbeitszeit　劳动时间　507

Archaik　古风　463

Archaismus　拟古癖　472

Auschwitz　奥斯维辛　506，550，556，597—598，674，677，679，681—682，684，686—687，689—690，769，777

avantgardist　先锋派的　727

B

Beatles　披头士　666，672

Begriff　概念　462

Betrieb　运作　465

Bewegung　运动　465

Bewußtsein　意识　457

Bildung　教养　459

Bolschewismus　布尔什维主义　560—561

bürgerliche Gesellschaft, die　市民社会　534

C

Capacität　容受能力

Centro　核心

chemische Operation 化学运行

Christentum 基督教 479，613—
616，620，631，688

D

Demokratie 民主，民主制 536，
556，559—560，567—568，672，
677，735

Denken 思维 463

Destruktion 解构 468

Dezisionismus 决断论 632

Dialektik 辩证法 467，472，496，
548，558，597—598，611，625，770

Diamat 辩证唯物主义 469

Ding an sich 物自体 600—601，
624，748，752—753

Dogmatismus 独断论 635，786

Dritte, das 第三者 466

Dritte Welt, die 第三世界 772

Dynamik/dynamisch 动力学/动力
学的 482，523，526—527，537，
542，574，589，624—625，633

E

Egoität 私己性 741

Einheit 统一性 460

Einzelne, das 个别事物 457

Emanzipation 解放 465

Empirismus/empiristisch 经验论/
经验论的 462，480，605，738

Entideologisierung 去意识形态化
776

Entsublimierung 去崇高化现象
768

Epiphänomen 附带现象 466

Erkenntnistheorie 认识论 577，
742

Es 本我 527

Etatismus 国家主义 788

Euthanasiemorde 安乐死 689

Evangelium 福音书 616

Evidenz 明见性 468

Existentialismus 存在主义 463，
502，529

Existentialist 存在主义者 632

existentialistische Philosophie, die
存在主义哲学 491

Expressionismus 表现主义 485，
500，503

F

Faktizität 事实性 754

Faschismus/faschistisch 法西斯主
义/法西斯主义的 473，501，
503，522，536，556，559，561—
562，565—566，568，572—573，
677—678，696，699，722，726，
729，730—731，735，770，778

Fetisch 物神 497，576，584，649

Fetischismus 拜物教 637，649

Feudalismus 封建主义 565，659

Formalismus 形式主义 578，
757，762

Führer 元首 464

Führerstaat 元首制国家 464

Fundamentalontologie 基础存在论
465，471

G

Gefüge 构造 457

Geist des Zeitalters 时代精神 459

Gesinnung 信念 464

Gewissen 良心 527

H

Heilsgeschichte 救赎史 620

Heroismus 英雄主义 777

Heteronomie 他律 464，491

Hiroshima 广岛 769

humanistisch 人文主义的 459

I

Idealismus/idealistisch 唯心论/唯心论的，唯心主义/唯心主义的 466，470—471，478，484，494，564，601，606，632，668，675，695，737，741，744—745，747，750，754

Identitätsdenken 同一性思维 750

Identitätsphilosophie 同一性哲学 472

Ideologie/ideologisch 意识形态/意识形态的 462，469，472，502，506，508，514，516，518—519，521，524，526，530—532，536，540，543，547，551，560—562，578，584—585，588—589，593，612，629—631，633，642—644，646，648—649，653—654，658，669—671，687，689—691，699，718，722，734，742，744，747，749，759，761，776，779，781

Imperialismus 帝国主义 630

Impressionismus 印象派 485

Innerlichkeit 内在性 631

Instanz 权威 463

Instrumentalismus 工具主义 771

Intuitionismus 直觉主义 737

Irrationalität 不合理性，非合理性 465，587，761，775—776

Irrationalismus 非理性主义 612，626，737，779

J

Jargon 行话 462，492

Jazz 爵士乐 499，704—705，713

Jesuitismus 耶稣会 763

Junghegelianer 青年黑格尔派 795

K

Kapitalismus/kapitalistisch 资本主义/资本主义的 536，636，693—694，736

Kasuistik 决疑论 762

Kehre 折回 463

Klaustrophobie 幽闭恐怖 676

Kollektivismus 集体主义 516

Kollektivsubjekt 集体主体 691

Kommunikationsforschung 交往研究 707，711

Kommunismus 共产主义 559，770

Kommunist 共产主义者 779

Konkretismus 具体主义 768，776

Konservativismus 保守主义 769

Konstellation 星群 604，760

Konventionalismus 习俗主义 731，742

Konzeption 构想 464

Kosmologie 宇宙论 470

Kriminologie/kriminologisch 犯罪学(的) 536，551，553，569

Kritiker 批判者 462

Kubismus 立体派 499，502

Kulturindustrie/die kulturelle Industrie 文化工业 507—510，514—515，519—520，524，527，530，534，567，597，646，653—654，708，711，718，733，774

Kulturkonservativismus 文化保守主义 651

Kulturware 文化商品 513

L

Lebensphilosophie 生命哲学 485

Liberalismus 自由主义 566，592，787

logische Positivismus，der 逻辑实证主义 462，584

M

Macht 权力 528

Marktökonomie 市场经济 773

Marxismus 马克思主义 469

marxistische Philosophie，die 马克思主义哲学 469

Maschinerie 机械装置 461

Massenkultur 大众文化 513—514

Materialismus 唯物主义 471，528，564，743，749

Mehrwerttheorie 剩余价值理论 781

Meinen 意谓 462

Metaphysik 形而上学 460，462—463，467，480，485，549，581，593

Monarchie 君主制 559

Monopolkapitalismus 垄断资本主义 704

Moralismus 道德主义 524

Musiksoziologie/musiksoziologisch 音乐社会学/音乐社会学的 703，706，709，714，719，734

N

Naivetät 天真状态 467

Nationalismus 民族主义 565—566，588—589，689，699，703

Nationalsozialismus 国家社会主义 484—485，499，501，536，547，555—556，558—559，563，568，667，677，691，698

Nationalsozialist 国家社会主义者 477，573，682，689

Natur 大自然 462

Naturalismus 自然主义 484，666

Naturkraft 自然力 462

Neukantianismus 新康德主义 751

Nazis 纳粹 503，682，684—685，690

Nominalismus 唯名论 613，711，758

Norm 规范 468

O

Obskurantismus 蒙昧主义 779

Offenbarung 启示 596，608—611

Offenbarungsreligion 启示宗教 608，611，613

Ontologe 存在论哲学家 472

Ontologie 存在论 462—663，758

P

Pariser Kommune，die 巴黎公社 777

Phänomenalismus 现象主义 749

Phänomenologie 现象学 468

Philologie 语文学 463

Platonismus 柏拉图主义 757

positive Wissenschaft，die 实证科学 459，751

Positivismus 实证主义 462—465，496，593，597，726

Positivist 实证主义者 463—464，472

Pragmatismus 实用主义 759

Praktizismus 事务主义 779

Proletariat 无产阶级 469，781

Pseudokonkretion 伪具体化 467

Pseudorealismus 虚假现实主义 525，527

Psychoanalyse/psychoanalytisch 精神分析/精神分析的 513，524—528，535—536，543，551—553，569—570，575，633，656，664，667，669—670，684，698，724，726—728

Psychologismus 心理主义 572，744

Q

Qualifikation 本领 477

Quantenphysik 量子物理学 615

R

Radio-Industrie 广播工业 717

Radikalismus 激进主义 695

Rationalität 合理性 587，606—611，774

Realismus 实在论 600，609，666，746，748，759

Rechtfertigung 辩护 465

Reduktionismus 还原主义 747，750

Reflex 反映 457

Reform 改革 458

Reformismus 改良主义 770

Religion 宗教 529

Romantik 浪漫派 768

S

Sache 事情，事情本身 461，484，487，497，499，505，511，558，560，567，578—579，591，599，601—605，617，661，698，741

Säkularisierung 世俗化 611

Scholastik 经院主义 462，613—614

Sein 存在 462—463，464

Seinsdenken 存在思维 467

seinsgeschichtlich 存在史的 463

Seinslehre 存在学说 464

Seinsmythologie 存在神话 467

Seinsphilosophie 存在哲学 464

Selbständigkeit 自主性 464

Selbstbestimmung 自我规定 464

Selbstentfremdung 自我异化 490

Sexualtabu 性禁忌 533—540，542—544，551，554

Sophistik 诡辩 770

Soteriologie 救赎论 620

Sozialismus 社会主义 764

Sozialpsychologie/sozialpsycholo- gisch 社会心理学/社会心理学的 519，531—532，547，561，563—564，568，681，683，704，718，722—723，731—732

Soziologismus 社会学主义 757

Sprache 语言 459

Stalinismus 斯大林主义 501

Standpunkt 立场 467

Standpunktdenken 立场性思维 467

Stereotyp 原型 484，486，515，522，524，527

Stichwort 提示语 457

Stoa 斯多亚派 620

Subjektivismus 主体主义 586，591—592，748，750，773

Synthese 综合 465

Szientivismus 唯科学主义 468

T

Tabu 禁忌 457，496，500，559，588，656—657，774

Tathandlung 本原行动 693

Technik 技术 577，685

Teleologie 目的论 620

Temporalität 时间性 621

Theologie 神学 529，582，608，613

Totalität 总体性，总体 461，506，567，632

U

Überbau 上层建筑 533，536

Über-Ich/Überich 超我 527—528，666，679，764

Universalgeschichte 普遍历史 619

Unterdrückung 压迫 465

Unwesen 非本质 457

Urerfahrung 原初体验 462

Ursprünglichkeit 原初性 462，497

Utopie 乌托邦 501，627，632，798

V

Verbot 禁令 457

verdinglichte Bewußtsein, das 物化的意识 457，465，467，471，491—492，590，684—685，711—712，720，748，750—751，771—772，774

Verdinglichung 物化 497，576，591，614，746，753

Verfassung 形制 458

Vernünftigkeit 合理性 461，584

Vielschichtigkeit 多面性 520

W

Wahnsystem　空想体系　461

Wahre，das　真相　465

Wahrheit　真理　461—463，465，
471—472，524，533，550，567，
575—576，578，581，583—585，
762

Wahrnehmungspsychologie　知觉心
理学　708

Weltanschauung　世界观　484，713

Weltgeist　世界精神　503，563，
624，632，687

Weltgeschichte　世界历史　568，772

Wertfreiheit　价值中立　774

Willkür　任意，任意性　467

Wirkliche，das　现实事物　458

Wissenssoziologie　知识社会学
585，779

Wort　语词　457，463

Z

Zeitgeist　时代精神　558

Zeitlichkeit　时间性　754

Zirkel　循环　465

Zweckrationalität　目的合理性
587

zweite Natur，die　第二自然　459，
472，500，514

人 名 索 引

（人名后的数字是德文版页码，即本书页边码；高频出现的人名未列出）

A

Adorno, Theodor　特奥多·阿多诺
513，575，579，608，619，711

Aichhorn, August　奥古斯特·艾
希霍恩　536

Altenberg, Peter　彼得·阿尔滕贝
格　626

Amsberg, Claus von　克劳斯·
冯·阿姆斯贝格　654

Anders, Günther　君特·安德斯
467

Archimedes　阿基米德　777

Aristoteles　亚里士多德　462—
463，581，635，687，744，769

Aue, Hartmann von　哈特曼·冯·
奥厄　659

Augustin, Saint Aurelius　圣·奥勒
留·奥古斯丁　620—622，625，
631

B

Bacon, Francis　弗朗西斯·培根
624

Baudelaire, Charles Pierre　夏尔·
皮埃尔·波德莱尔　649

Bauer, Fritz　弗里茨·鲍威尔　533

Beatrix Wilhelmina Armgard　贝娅
特丽克丝·威廉米纳·阿贾德
654

Becker, Hellmut　赫尔穆特·贝克
尔　656

Beckett, Samuel　塞缪尔·贝克特
503，584，642

Beethoven, Ludwig van　路德维
希·凡·贝多芬　620，692

Benjamin, Walter　瓦尔特·本雅明
607—608，618—619，630，637，
690，706，778

Bergson, Henri　亨利·柏格森
484—485

Bismarck, Otto von　奥托·冯·俾

斯麦 558

Boger, Wilhelm 威廉·伯格 682，690

Böhm, Franz 弗朗茨·伯姆 558，788

Borchardt, Rudolf 鲁道夫·博尔夏特 760

Borman, Frank 弗兰克·柏曼 772

Bott, Alen 艾伦·波特 500

Brecht, Bertolt 贝尔托·布莱希特 482，500—501，503，579，598，705，778—779

Bröcker, Walter 瓦尔特·布勒克 464

Brown, J. F. J. F.布朗 725

Brühne, Vera 薇拉·布吕内 552

C

Campbell, Angus 安格斯·坎贝尔 519

Canova, Antonio 安东尼奥·卡诺瓦 603

Cantril, Hadley 哈德利·坎特里尔 705

Carnap, Rudolf 鲁道夫·卡尔纳普 463

Chamberlain, Arthur Neville 亚瑟·内维尔·张伯伦 560—561

Chamberlain, Houston Stewart 休斯顿·斯图尔特·张伯伦 561，693，694

Christie, Richard 理查德·克里斯蒂 729

Columbus, Cristóbal 克里斯托弗·哥伦布 772

Condorcet, Marie Jean Antoine Nicolas 马里埃·让·安托万·孔多塞 629

Cortés, Hernán 荷南·柯特兹 499

Creedon, Carol 卡罗尔·克里登 725

D

Damrosch, Walter 瓦尔特·达姆罗什 717

Dante Alighieri 但丁·阿利基耶里 521—522

Descartes, René 勒内·笛卡尔 462，480，482—483，759—760

Dietrich, Marlene 玛琳·黛德丽 473，500

Diotima 狄奥提玛 659

Don Quixote 堂·吉诃德 760

Doré, Gustave 古斯塔夫·多雷 763

Durkheim, Émile 埃米尔·涂尔干 548，710，716，757

E

Eichmann, Adolf 阿道夫·艾希曼 681，683，685

Eisenbarth, Johann Andreas 约翰·安德里亚斯·艾森巴特 529

Enzensberger, Hans Magnus 汉斯·马格努斯·恩岑斯贝格 534

F

Feuerbach, Ludwig Andreas 路德维希·安德烈斯·费尔巴哈 781, 796

Fichte, Johann Gottlieb 约翰·戈特利布·费希特 465, 477, 495, 550, 693, 744, 754, 761

Fontane, Theodor 泰奥多尔·冯塔纳 528, 545

Fourier, Charles 夏尔·傅立叶 688

France, Anatole 安纳托尔·法朗士 589

Francesca 弗兰切斯卡 546

Frank Anne 安妮·弗兰克 571

Frenkel-Brunswik, Else 埃尔斯·弗伦克尔—布伦斯维克 723—725, 729—730

Freud, Sigmund 西格蒙德·弗洛伊德 508, 527, 533, 535—538, 544, 563, 569, 576, 674, 676, 702, 722, 724—725, 733, 773, 798

Frisé, Adolf 阿道夫·弗里泽 499

Frundsberg, Georg von 格奥尔格·冯·福隆德斯伯格 660

G

Gauguin, Paul 保罗·高更 485

Göbbels, Paul Joseph 保罗·约瑟夫·戈培尔 788

Goethe, Johann Wolfgang von 约翰·沃尔夫冈·冯·歌德 495, 508, 516, 623—624, 641, 643, 692, 735, 759

Gontard, Susette 苏塞特·龚塔尔特 659

Grosz, George 乔治·格罗兹 501

Guttman, Louis 路易斯·格特曼 728

H

Haag, Karl Heinz 卡尔·海因茨·哈格 631

Habermas, Jürgen 于尔根·哈贝马斯 787, 796

Hacker, Frederick 弗雷德里克·哈克 725, 732, 734

Haggin, Bernard 伯纳德·哈金斯 717

Hamlet 哈姆雷特 759, 761

Hebbel, Christian Friedrich 克里斯蒂安·弗里德里希·黑贝尔 479

Hegel, Georg Wilhelm Friedrich 格奥尔格·威廉·弗里德里希·黑格尔 459—463, 465—466, 469, 471, 478, 481, 495, 575, 579, 581, 589, 599, 601, 603—604, 609, 614, 620, 624, 627—628, 631—632, 634—638, 643, 700, 735, 737, 744, 749, 752, 756, 758, 764—766, 773, 786

Heidegger, Martin 马丁·海德格尔 462—464, 497, 605

Heimpel, Hermann 赫尔曼·亨佩尔 558

Heraklit 赫拉克利特 577

Himmler, Heinrich 海因里希·希姆莱 681

Hitler, Adolf　阿道夫·希特勒
464, 501, 504, 547, 557, 560—
564, 566, 568, 695, 703, 788

Hobbes, Thomas　托马斯·霍布斯
487, 612

Hofmannsthal, Hugo von　胡果·
冯·霍夫曼斯塔尔　481

Hölderlin, Friedrich　弗里德里希·
荷尔德林　644, 659, 695

Horkheimer, Max　马克斯·霍克
海默　474, 558, 575, 653, 681,
684, 703—704, 709, 721—724,
732

Höss, Rudolf　鲁道夫·赫斯
681, 683

Humboldt, Wilhelm von　威廉·
冯·洪堡　496, 642—643, 701

Hume, David　大卫·休谟　462,
756

Husserl, Edmund　埃德蒙德·胡塞
尔　577, 607, 744, 751

I

Ibsen, Henrik　亨利克·易卜生
477

J

Jaensch, Erich Rudolf　埃里希·鲁
道夫·扬施　586

Jahoda, Marie　玛丽·亚霍达　729

Jochmann, Carl Gustav　卡尔·古
斯塔夫·约赫曼　632

Johst, Hanns　汉斯·约斯特　503

Just, Louis de St.　路易·德·圣茹
斯特　780

K

Kaduk, Oswald　奥斯瓦尔德·卡杜
克　690

Kafka, Franz　弗朗茨·卡夫卡
619, 660, 662

Kahnweiler, Daniel-Henry　达尼埃
尔—亨利·坎魏勒　499, 502

Kandinsky, Wassily　瓦西里·康定
斯基　504

Kant, Immanuel　伊曼努尔·康德
459—460, 461—462, 466—467,
479—480, 483, 548, 581, 585,
600—602, 606—607, 613, 618,
621, 624—625, 628, 635, 639—
641, 643, 650, 679, 692—693,
741, 744—745, 748, 752—756,
761—762, 764—766, 786, 798

Kästner, Erich　埃里希·克斯特纳
793

Keller, Gottfried　戈特弗里德·凯
勒　792

Kempski, Jürgen von　于尔根·
冯·肯普斯基　771

Kierkegaard, Søren　索伦·克尔凯
郭尔　529, 610, 616, 764

Klee, Paul　保罗·克利　504

Kleist, Heinrich von　海因里希·
冯·克莱斯特　786

Klytämnestra　克吕泰涅斯特拉
481

Kogon, Eugen　欧根·科贡　597,
679—680

Kohlhaas, Michael　米夏埃尔·科
尔哈斯　790

König, Josef　约瑟夫·柯尼希　617

Kopernikus, Nikolaus 尼古拉·哥白尼 602，746，749，752—753

Kraus, Karl 卡尔·克劳斯 457，501，533，547，639，666，793

Krenek, Ernst 恩斯特·克热内克 500

Kugelmann, Ludwig 路德维希·库格曼 769

Kürnberger, Ferdinand 斐迪南·古恩伯格 736

L

La Rochefoucauld, François de 弗朗索瓦·德·拉罗什弗科 572

Lassalle, Ferdinand 斐迪南·拉萨尔 638

Lazarsfeld, Paul Felix 保罗·菲利克斯·拉察斯费尔德 705—707，717

Legman, Gershon 格申·李格曼 513，523

Leibniz, Gottfried Wilhelm 戈特弗里德·威廉·莱布尼茨 462，481，483，587，786

Leites, Nathan 内森·莱特斯 534

Lenya, Lotte 洛特·莱尼亚 499

Lessing, Gotthold Ephraim 戈特霍尔德·埃夫莱姆·莱辛 792

Levinson, Daniel 丹尼尔·莱文森 723—724

Likert, Rensis 伦西斯·李克特 727

Locke, John 约翰·洛克 480—481，587，785

Lolita 洛丽塔 544—545

Luther, Martin 马丁·路德 513，631，660

M

Manet, Edouard 爱德华·马奈 484

Mann, Heinrich 海因里希·曼 665

Mann, Thomas 托马斯·曼 612

Mannheim, Karl 卡尔·曼海姆 580，585

Marcuse, Herbert 赫尔伯特·马尔库塞 599

Marx, Karl 卡尔·马克思 462，469，620，627，631—632，634，637—638，647，758，768—769，776，779—782，787，795

McDougald, Duncan 邓肯·麦克杜格尔德 720—721

McLuhan, Marshall 马歇尔·麦克卢汉 772

Mephistopheles 梅菲斯特 759

Merton, Robert 罗伯特·默顿 731

Mistinguett 米斯盖坦 500

Monet, Oscar-Claude 奥斯卡—克劳德·莫奈 485

Montaigne, Michel de 米歇尔·德·蒙田 582

Montani, Angelo 安杰洛·蒙塔尼 513

Montesquieu, Charles-Louis 查理—路易·孟德斯鸠 785

Mozart, Wolfgang Amadeus 沃尔夫冈·阿玛多伊斯·莫扎特 634

Müller, Richard Matthias　里夏德·马蒂亚斯·缪勒　672

Mussolini, Benito Amilcare Andrea　贝尼托·阿米尔卡雷·安德烈亚·墨索里尼　522

N

Neumann, Franz　弗兰茨·诺依曼　709

Newton, Isaac　艾萨克·牛顿　460

Nietzsche, Friedrich Wilhelm　弗里德里希·威廉·尼采　472，476，548，585，605，626，637，682，701，744，768

O

Ödipus　俄狄浦斯　543，667

P

Paolo　保罗　546

Pareto, Vilfredo　维尔弗雷多·帕累托　585

Pascal, Blaise　布莱士·帕斯卡尔　610

Pascha, Enver　恩维尔·帕夏　675

Pascha, Talaat　塔拉特·帕夏　675

Perón, Juan　胡安·贝隆　522

Picasso, Pablo　巴勃罗·毕加索　502，504

Pietranera, Guilio　吉利奥·彼得拉内拉　513

Platon　柏拉图　462—463，471，493，573，581，590—591，631，633，635—637，743，757，769

Pollock, Frederick　弗雷德里克·波洛克　725

Proust, Marcel　马塞尔·普鲁斯特　516

R

Ribbeck, von　冯·里贝克　545

Rimbaud, Jean Nicolas Arthur　让·尼古拉·阿尔蒂尔·兰波　473

Robespierre, Maximilien　马克西米连·罗伯斯庇尔　780

Rousseau, Jean-Jacques　让—雅克·卢梭　629，780

Russell, Bertrand　伯特兰·罗素　750

S

Sade, Donatien Alphonse François de　萨德侯爵　538

Sanford, Nevitt　内维特·桑福德　723—724

Sargeant, Winthrop　温思罗普·萨金特　704

Sartre, Jean-Paul　让—保罗·萨特　574，679

Scheler, Max　马克斯·舍勒　662

Schelling, Friedrich Wilhelm Joseph　弗里德里希·威廉·约瑟夫·谢林　493，495，741

Schiller, Friedrich　弗里德里希·席勒　479，620，652，763

Schnitzler, Arthur　阿图尔·施尼茨勒　582

Schönberg, Arnold　阿诺德·勋伯格　499，504—505

Schopenhauer, Arthur　阿图尔·叔本华　575，632，649—650，658，744

Schubert, Franz Seraphicus Peter　弗朗茨·泽拉菲库斯·彼得·舒伯特　715

Sebond, Raymond　雷蒙·塞朋德　582

Shaftesbury, 3. Earl of　沙夫茨伯里伯爵三世　480

Simmel, Ernst　恩斯特·西美尔　566，607，767

Simmel, Georg　格奥尔格·西美尔　607

Smythe, Dallas Walker　达拉斯·沃克·斯迈兹　519

Sokrates　苏格拉底　591

Sonnemann, Ulrich　乌尔里希·索恩曼　700，759，791

Spengler, Oswald　奥斯瓦尔德·斯宾格勒　612，697

Spinoza, Baruch de　巴鲁赫·德·斯宾诺莎　793

Stalin, Joseph Vissarionovich　约瑟夫·维萨里奥诺维奇·斯大林　769

Stanton, Frank　弗兰克·斯坦顿　705

Suchman, Edward　爱德华·舒赫曼　719

Swedenborg, Emanuel　埃马努埃尔·施威登贝格　585

T

Tatjana　塔季扬娜　545

Tell, Wilhelm　威廉·退尔　652

Thomas, Martin Luther　马丁·路德·托马斯　731—732

Thomas von Aquin　托马斯·阿奎那　613

Thorvaldsen, Bertel　贝特尔·托尔瓦森　603

Tillich, Paul　保罗·蒂利希　734

Tocqueville, Alexis de　阿历克西·德·托克维尔　736

Tolstoy, Lev Nikolayevich　列夫·尼古拉耶维奇·托尔斯泰　614

Tschaikowsky, Peter Ilyich　彼得·伊里奇·柴可夫斯基　720

Tucholsky, Kurt　库尔特·图霍尔斯基　671

V

Valéry, Paul　保罗·瓦莱里　684

Voltaire　伏尔泰　484

W

Wagner, Cosima　柯西玛·瓦格纳　693—694，706

Wagner, Richard　理夏德·瓦格纳　558，693，706

Weber, Max　马克斯·韦伯　715，774—776

Wedekind, Frank　弗兰克·韦德金德　665

Weigel, Julius Hans　尤里乌斯·汉斯·魏格尔　520

Weill, Kurt　库尔特·魏尔　500

Werfel, Franz　弗朗茨·韦尔弗　675

Wilde，Oscar　奥斯卡·王尔德
627

Wilhelm I.，Kaiser　威廉一世皇帝
558

Wolf，Christian　克里斯蒂安·沃尔
夫　786

Wolfenstein，Martha　玛莎·沃尔
芬斯泰因　535

Wyneken，Gustav　古斯塔夫·维内
肯　671

X

Xenophanes　克塞诺丰　462

Z

Zarathustra　查拉图斯特拉　637，
768

图书在版编目(CIP)数据

批判模式/(德)阿多诺(Theodor W. Adorno)著；
林南译.—上海：上海人民出版社,2023
(阿多诺选集)
ISBN 978 - 7 - 208 - 18128 - 1

Ⅰ.①批⋯　Ⅱ.①阿⋯ ②林⋯　Ⅲ.①阿多诺(
Adorno，Theodor Wiesengrund 1903 - 1969)-哲学思想
Ⅳ.①B516.59

中国国家版本馆 CIP 数据核字(2023)第 015032 号

责任编辑　毛衍沁
封面设计　零创意文化

阿多诺选集
批判模式
［德］阿多诺　著
林　南　译

出　　版　上海人民出版社
　　　　　(201101　上海市闵行区号景路 159 弄 C 座)
发　　行　上海人民出版社发行中心
印　　刷　上海商务联西印刷有限公司
开　　本　635×965　1/16
印　　张　21.5
插　　页　2
字　　数　290,000
版　　次　2023 年 4 月第 1 版
印　　次　2023 年 4 月第 1 次印刷
ISBN 978 - 7 - 208 - 18128 - 1/B · 1671
定　　价　88.00 元

Theodor W. Adorno, *Kulturkritik und Gesellschaft II: Eingriffe, Stichworte, Anhang*, in ders.: *Gesammelte Schriften*, Band 10.2, hrsg. v. Rolf Tiedemann unter Mitwirkung von Gretel Adorno, Susan Buck-Morss und Klaus Schultz, Suhrkamp Verlag, Frankfurt am Main 1977 (5. Auflage 2015), S. 455—799.

阿多诺选集·哲学

《道德哲学的问题》

《否定的辩证法》

《美学理论》（修订译本）

《最低限度的道德》

《黑格尔三论》

《认识论元批判》

《本真性的行话》

《批判模式》

《棱镜》

阿多诺选集·音乐

《论瓦格纳与马勒》

本社将继续分批推出阿多诺其他著作，敬请关注。

马克斯·霍克海默

《启蒙辩证法：哲学断片》

《批判理论》

《文化批判》

特奥多·阿多诺

◇ 阿多诺选集·哲学

《道德哲学的问题》

《否定的辩证法》

《美学理论（修订译本）》

《最低限度的道德：对受损生活的反思》

《黑格尔三论》

《认识论元批判：胡塞尔与现象学的二律背反研究》

《本真性的行话：论德意志意识形态》

《批判模式》

《棱镜》

◇ 阿多诺选集·音乐

《论瓦格纳与马勒》

尤尔根·哈贝马斯

《交往行为理论（第一卷）：行为合理性与社会合理化》

《包容他者》

《后民族结构》

《欧盟的危机：关于欧洲宪法的思考》

《社会科学的逻辑》

《真理与论证》

《在自然主义与宗教之间》

阿克塞尔·霍耐特

《权力的批判：批判社会理论反思的几个阶段》

《为承认而斗争：论社会冲突的道德语法》

《承认：一部欧洲观念史》

《理性的病理学：批判理论的历史与当前》

《再分配还是承认？———一个政治哲学交辩》

《正义的他者》

《时代的活体解剖：20世纪思想史画像》

南希·弗雷泽

《食人资本主义》

《正义的中断：对"后社会主义"状况的批判性反思》

《正义的尺度：全球化世界中政治空间的再认识》

《伤害＋侮辱：争论中的再分配、承认和代表权》

哈特穆特·罗萨

《新异化的诞生：社会加速批判理论大纲》

《不受掌控》

《危机中的晚期现代社会：社会理论能做什么？》

莱纳·福斯特

《辩护的权利：建构主义正义论的诸要素》

《正义的语境：超越自由主义与社群主义的政治哲学》

《冲突中的宽容：一个争议性概念的历史、形态和当下境遇》